„Hier sind wir zu Hause"

Frankfurt, heißt es, tauge vielleicht als Job-Exil, auf keinen Fall aber als Heimat. Die Frankfurter sehen das anders: Sie sind dieser Stadt verbunden, manche in Haßliebe, viele auch in reiner Zuneigung. Frankfurt erzeugt extreme Stimmungslagen, die doch eng beieinanderliegen: heftiges Schimpfen über die Stadt – und auch strikten Lokalpatriotismus. Angst vor dem Verlust des menschlichen Maßes und der sozialen Nischen – und Selbstbewußtsein, das mit den Hochhäusern wächst. Ein Metropolengefühl nistet in der Seele dieser Stadt, in der jeder vierte von über 600 000 Einwohnern aus dem Ausland kommt und Neubürger aus der ganzen Republik das Lokalkolorit verfärben: Ideen haben Konjunktur. Und dabei gilt die Nachfrage originellem Geschäftssinn ebenso wie kreativem Freigeist. Walter Gerlach (Text) und Rainer Drexel (Fotos) stellen Frankfurter Charaktere vor. Gesichter einer Stadt, die immer zum Widerspruch einlädt – und in der doch viele nach ihrer Fasson selig werden können

C 1334 F
Nr. 5 / Mittwoch, 5. 10. 1988
DM 13,50
sfr 13,50; öS 100,–

GEO SPECIAL
FRANKFURT

TREND
Platz da, der
Zeitgeist kommt

LEUTE
»Hier sind wir
zu Hause«

ARCHITEKTUR 2000
Mit Macht durch
die Wolken

BAHNHOFSVIERTEL
Wohin mit der
Sünde?

LOKALHUMOR
Hesselbach hat
ausgelacht

AMERIKANER
Warten auf den
letzten Tag

Grand-Hotel – Tradition par excellence

Steigenberger Frankfurter Hof –
das klassische Grand-Hotel der Main-Metropole

Seit mehr als einem Jahrhundert sind die Frankfurter stolz auf ein Hotel, das heute wie zur Kaiserzeit die erste Adresse am Kaiserplatz ist. In der Nähe so bekannter Sehenswürdigkeiten wie Römer, Paulskirche und Goethehaus gelegen, war der

Präsidenten-Suite – 300 qm Luxus und Eleganz

Frankfurter Hof von Anfang an gesellschaftlicher Mittelpunkt der Stadt und Domizil von Gästen aus aller Welt.

Luxus, mit dem man Staat machen kann

Als „Flaggschiff" der Steigenberger Hotelgesellschaft genießt der Frankfurter Hof die besondere Aufmerksamkeit des Unternehmens. Und das spürt man auf Schritt und Tritt. Es wird behutsam renoviert und erneuert, aber stets so, daß die Atmosphäre des Hauses hinter der prachtvollen, denkmalgeschützten Gründerzeit-Fassade lebendig bleibt. Außer wertvollen Gobelins, Frankfurter Schränken und alten Gemälden begegnet man überall liebenswerten Erinnerungen an Anno dazumal.

Der Komfort ist selbstverständlich ganz von heute. Neuestes und schönstes Beispiel: die 300 qm der Präsidenten-Suite. In fünf Räumen bietet sie eine luxuriöse Großzügigkeit, für die es hierzulande wohl nichts Vergleichbares gibt. So selbstverständlich wie die kostbaren Möbel oder Marmorbäder mit Whirlpool sind hier natürlich auch höchste Sicherheit und perfekter Butler-Service nach britischem Vorbild. Und wem das alles nicht ausreicht, weil er mit „Gefolge" reist, der kann den gesamten „Friedens-Flügel" mit 34 ebenfalls neu und nobel eingerichteten Zimmern und Suiten reservieren lassen.

Die hohe Kunst der Köche – ein Genuß für Feinschmecker

Vier Restaurants unterschiedlicher Konzeption verwöhnen Gäste des Frankfurter Hofs auf ihre Weise. Ganz exquisit diniert man im Restaurant „Français", in dem sich der Gourmet wie Gott in Frankreich fühlt. Die internationalen Spezialitäten des „Hofgarten" und die kleinen Köstlichkeiten des Biedermeier-Bistros „Kaiserbrunnen" geben dem Tag kulinarische Würze. Und wer es regional-rustikal mag, ist in der „Frankfurter Stubb" herzlich willkommen. Sie prägt das gastronomische Angebot des Hotels durch einen liebenswürdigen hessischen Akzent und bezaubert durch das Lokalkolorit ihrer Natursteingewölbe.

Gern trifft man sich an der Aperitifbar oder in der Lippizaner Bar, dem abendlichen Meeting-Point eines internationalen Publikums. Und wenn bis zu 700 Gäste auf

---

Steigenberger Hotels gibt es in:

Aachen · Augsburg · Baden-Baden · Bad Griesbach i. Rottal · Bad Kissingen · Bad Kreuznach · Bad Neuenahr · Bad Orb · Bad Reichenhall · Berlin · Bonn · Davos · Düsseldorf · Duisburg · Frankfurt/Main · Freudenstadt · Grafenau/Bayer. Wald · Konstanz · Lam/Bayer. Wald · Mannheim · Reith/Seefeld · Saanen-Gstaad · Scheveningen · Side-Antalya/Türkei · Stuttgart

---

einmal angesagt sind, heißt es im Festsaal und den Salons des Hotels „Bühne frei" für glanzvolle Veranstaltungen und erfolgreiche Konferenzen.

Weitere Informationen: Steigenberger Frankfurter Hof, Am Kaiserplatz, 6000 Frankfurt 1, Tel. (0 69) 2 15 02, Fax 21 59 00.

Liebe Leserin, lieber Leser

SPECIAL

Verlag Gruner + Jahr AG & Co, Warburgstraße 50, 2000 Hamburg 36, Redaktion: Warburgstraße 45, 2000 Hamburg 36. Postanschrift für Verlag und Redaktion: Postfach 30 20 40, 2000 Hamburg 36. Telefon: 0 40/4 11 81. Telex: 2 1 952-16. Telefax: 0 40/41 18-22 53.

CHEFREDAKTEUR
Hermann Schreiber
STELLV. CHEFREDAKTEUR
Emanuel Eckardt
CHEF VOM DIENST
Ernst Artur Albaum, Wolfgang Vollmert
ART DIRECTOR: Erwin Ehret
FOTOGRAFIE: Christiane Breustedt
CHEFREPORTER: Peter-Matthias Gaede
TEXTREDAKTION
Rolf Bökemeier, Dr. habil. Reinhard Breuer, Claus-Peter Dechau, Manfred Feldhoff, Günter Haaf, Uta Henschel, Klaus Imbeck, Peter Jordan, Hans-Werner Kühl, Dr. Erwin Lausch, Karsten Mehner, Wolfgang Michal, Dr. Jürgen Neffe, Jens Rehländer, Johanna Romberg, Alexander Rost, Wolfgang Schraps, Hinnerk Seelhoff
INFO-TEIL: Brigitte Strunck
BILDREDAKTION
Elke Ritterfeldt (Stellv. Leitung), Juliane Berensmann-Nagel, Nele Braas, Venita Kaleps, Sabine Wuensch
LAYOUT
Franz Braun (Leitung), Peter Dasse, Johannes Dönges, Andreas Knoche, Andreas Krell, Peter Voigt
KARTOGRAPHIE: Günther Edelmann
DOKUMENTATION
Peter Flak, Dr. Arno Nehlsen, Uwe M. Reisner
Dr. Peter W. Reuter
GEO-BILDARCHIV
Sybille Dürmeyer, Birgit Heller, Peter Müller
FARBIMPRIMATUR: Norbert Kunz
GEO-BÜROS
Moskau: Helga Engelbrecht, Kutusowskij Prospekt 7/4, Kw 314, Tel. 2 43 42 64;
New York: Brigitte Barkley, Chris Pullo, Wilma Simon, 685 Third Avenue, 23rd fl., New York, N.Y. 10 017, Tel. (212) 599-4040/43/44/45
Verantwortlich für den redaktionellen Inhalt:
Wolfgang Vollmert

VERLAGSLEITER: Heiner Eggert
ANZEIGENLEITER: Rolf Grimm
(verantwortlich für Anzeigen)
VERTRIEBSLEITER: Udo Steinmetz
HERSTELLER: Bernd Zahn

GEO-LESER-SERVICE
Gruner + Jahr AG & Co
Postfach 11 16 29, 2000 Hamburg 11
Postscheckkonto Hamburg 240 00-209
BLZ 200 100 20
Tel. 0 40/41 18 32 36
Schweiz: GEO-Leser-Service
Seeburgstraße 18, 6002 Luzern
Tel. 0 41-31 37 41

Heftpreis: DM 13,50
Auslandspreise: Schweiz sfr 13,50; Österreich öS 100,–; Finnland Fmk 42,–; Frankreich FF 52,–; Italien Lit 13 000,–; Niederlande hfl 17,–; Spanien Ptas 1000,–; übriges Ausland auf Anfrage.
© 1988 Gruner + Jahr, Hamburg
ISBN-Nr.: 3-570-05899-9
ISSN-Nr.: 0723-5194
Anzeigenpreisliste Nr. 15 vom 1. 1. 1988. Bankverbindung: Deutsche Bank AG, 2000 Hamburg 1, Konto-Nr. 03 22 800
Offsetdruck: MOHNDRUCK
Graphische Betriebe GmbH, Gütersloh.

Johann Wolfgang von Goethe, der berühmteste Sohn der Stadt, wußte Bescheid: „Frankfurt stickt voller Merkwürdigkeiten." Das Resümee des alten Meisters, so scheint es, hat seine Gültigkeit nicht verloren. Denn keine Stadt in der Republik produziert mehr Widersprüche, keine steht schon so lange im Kreuzfeuer der Kritik. Größenwahn und Unwirtlichkeit wirft man ihr vor. Dabei schimpfen solche Zeitgenossen am lautesten – Kollegen aus der Medienzunft eingeschlossen –, die gar nicht in Frankfurt leben.

Uns in der GEO-Redaktion erschien es an der Zeit, die gängigen Klischees in die Schublade zu packen, einen gedanklichen Schlußstrich unter Frankfurts „wüste" Vergangenheit zu ziehen und befreit einen nüchternen Blick auf die Stadt zu werfen – eine Inventur der Mainmetropole vorzunehmen, die mit rasantem Tempo dabei ist, in vielen Bereichen Deutschlands Nummer eins zu werden.

Die meisten Beiträge in diesem Heft stammen von Journalisten, die in Frankfurt zu Hause sind. Wer sonst wäre geeigneter dafür, die Befindlichkeit dieser – im Sinne Goethes – „merkwürdigen" Stadt und ihrer Menschen zu ergründen? Wirklich vereinfacht aber hat der Heimvorteil die Arbeit selten. Renate von Forster etwa kann davon ein Lied singen. Sie sollte den problematischen Alltag junger Juden fotografieren – eine Aufgabe, die ihr viel Zähigkeit und Ausdauer abverlangte. Noch nie, so sagt sie selbst, sei ihre Arbeit mit größerer Skepsis und Zurückhaltung begleitet worden. Der Grund liegt auf der Hand: Das Trauma des deutschen Antisemitismus lebt bis heute im Bewußtsein aller Juden fort. Daß mitten in der Recherchezeit, im April 1988, ein Bombenanschlag das gerade eingeweihte jüdische Gemeindezentrum erschütterte, stärkte diese Ängste – und hätte die Fotografin um Haaresbreite zum Aufgeben gezwungen.

Ausdauer erforderte auch die Aufgabe von Walter Gerlach und Rainer Drexel. Meine Kollegin aus der Bildredaktion, Juliane Berensmann, und ich hatten sie gebeten, Menschen in Frankfurt zu portraitieren. Ein Schauplatz ihrer Arbeit war die Zeil, Deutschlands umsatzstärkste Einkaufsstraße. Doch trotz tagelanger Bemühungen ließ sich ausgerechnet hier weder ein Bauchladenverkäufer noch ein Geschäftsinhaber fotografieren. Warum? Wir werden es wohl nie erfahren.

Daß die Tücken aufwendiger Projekte in solchen Details stecken, erfuhren wir auch in Hamburg. Kaum eines der abgelieferten Manuskripte, in dem der Apfelwein nicht erwähnt worden wäre – immer aber in einer anderen Schreibweise. Dem GEO-Dokumentar Dr. Peter W. Reuter war die undankbare Aufgabe zugefallen, die „richtige" Schriftform herauszufinden: Äppelwei? Äppelwoi? Oder gar Ebbelwoi? – Das Ergebnis von Reuters Recherchen: Es gibt keine verbindliche Form. Unter allen Möglichkeiten entschieden wir uns am Ende dafür, Frankfurts berühmteste Merkwürdigkeit „Ebbelwei" zu nennen – auch wenn diese Lösung vielleicht nicht jedem „Schoppepetzer" schmecken wird.

Herzlich Ihr

Jens Rehländer

Wochenlang waren Rainer Drexel (l.) und Walter Gerlach (r.) in Frankfurt unterwegs, um Mitbürger zu portraitieren. Hier sind sie zu Gast beim Mainschiffer August Burck

LEUTE
»Hier sind wir zu Hause«

Zwischen Zuneigung und Haßliebe schwanken die Gefühle, die Frankfurter ihrer Heimatstadt entgegenbringen. Aber – und diese Einsicht teilen Walter Gerlach (Text) und Rainer Drexel (Fotos) mit den Punks aus der »Batschkapp«-Disco: Die Mainmetropole bietet Nischen für jedermann. Seite 6

ARCHITEKTUR 2000
Mit Macht durch die Wolken

Im Vergleich mit den Wolkenkratzern der jüngsten Generation ist das 117 Meter aufragende »Torhaus« ein Zwerg. Anselm Spring rückte Frankfurter Riesen ins Bild, Joachim Riedl hat die Hochhauskultur kritisch unter die Lupe genommen, Albert Speer die Skyline der Zukunft entworfen. Seite 44

FINANZPLATZ
Die Schein-Welt

Banken geben den Ton an, auf dem Geschäft mit dem Geld beruht die Bedeutung der Stadt. Peter Lieser recherchierte, wer und was den Pulsschlag des Geldkreislaufs auf Touren hält. Seite 76

JUNGE JUDEN
Durch die Seele geht ein Riß

Der 40. Geburtstag Israels ist auch für die Kinder der jüdischen Nazi-Opfer ein Grund zum Feiern. Auf ihrem Alltag jedoch lastet ein schweres Erbe: Claudia Michels berichtet über die Probleme jüdischer Jugendlicher, die in Deutschland leben. Seite 86

SCHWEIZER STRASSE
Platz da! Der Zeitgeist kommt.

Sachsenhausens Magistrale war eine Straße biederer Beschaulichkeit – bis ihr Lifestylisten ein neues Image verpaßten. Peter-Matthias Gaede hat sich auf den Boulevard der Eitelkeiten begeben. Seite 102

KUNST UND KOMMERZ
Immer kühn nach vorn kaufen

»Kontinuität« symbolisiert die Granitskulptur von Max Bill vor der Deutschen Bank. Wer etwas auf sich hält, investiert in Plastiken und moderne Malerei. Manfred E. Schuchmann beschreibt, wie Frankfurt die führende Kunststadt der Bundesrepublik werden will. Seite 120

AMERIKANER
GI Blues

Mit Böllerschüssen und Feuerwerk, wie zu Hause, feiert auch das V. U.S.-Corps in Frankfurt den Unabhängigkeitstag der Nation. Heimweh, so empfand Eva Demski, ist ein ständiger Begleiter der 27 000 Amerikaner, die in Frankfurt leben. Seite 138

ACHTUNDSECHZIGER
Der Widerspenstigen Zähmung

Vor 20 Jahren marschierten sie bei allen Demos in vorderster Front; heute sind aus den meisten Studentenführern »normale« Bürger geworden – in derselben Gesellschaft, die sie einst auf den Kopf stellen wollten. Bernd Eilert und Hans Traxler karikierten fiktive 68er-Karrieren. Seite 160

GEO SPECIAL

BAHNHOFSVIERTEL
Wohin mit der Lust?
Der Magistrat ist fest entschlossen, die Prostitution gegen alle Widerstände mit eisernem Besen aus dem Bahnhofsviertel in neue »Toleranzzonen« zu kehren. Benno Kroll traf indes viele Kiez-Veteranen, die sich sicher sind, daß am Ende alles bleibt, wie es ist.   Seite 68

WERBUNG
10 000 schnelle Brüter
Es ist ein hartes Geschäft, nicht nur den Schampus, sondern auch die Ideen für ein zugkräftiges Stadtimage sprudeln zu lassen. Dennoch machen sich die Werbemanager der Stadt auf alles einen Reim. Bertel Schmitt weiß warum.   Seite 98

MESSE
Party für Schausteller und Voyeure
Das »Messe«-Theater hat das ganze Jahr Saison. Die Dekorationen und Statisten wechseln mit dem Spielplan, doch das Stück bleibt immer das gleiche: hartes Business mit einem Schuß Amüsement. Jens Rehländer schaute hinter die Kulissen.   Seite 128

STADTIDYLL
Die Mauerblümchen
An schönen Sommertagen setzen die Ausflügler mit Frankfurts letzter Fähre scharenweise über den Main. Jutta Stössinger entdeckte auf ihren Spaziergängen Oasen und ländliche Provinzen im Schatten der betonierten Welt.   Seite 166

Wo merr aan hinne die Bind giesst
*Das Wasserhäuschen ist eine Institution: Kiosk, Trinkhalle und Nachbarschaftstreff.
Von Eva Demski*   66

Park-Plätze
Oasen zum Abschalten und Ausspannen in einer Stadt, die grüner ist als ihr Ruf   84

Spielwiese der Geist-Reichen
*In der Stadt der Dichter und Denker werden aus Kopfgeburten Bücher und aus Büchern Geld.
Von Otto A. Böhmer*   96

Hesselbach hat ausgelacht
*Der Volksmund ist gestopft und der lokale Humor verstummt.
Von Matthias Beltz*   116

Domizil der »Jatzer«
*Ob Cool oder Hot, Dixie oder Bebop – der Jazz hat hier eine große Tradition.
Von Uwe Schmitt*   136

Pro & Contra
Frankfurt – Metropole oder Provinz? Ein Schlagabtausch zwischen Walter Wallmann und Joschka Fischer   154

INFO
Ankommen	180
Klima · Zahlen · Hotels	181
Sehenswertes	182
Mainpromenade: Aus dem Ufer soll ein Kunstwerk werden	184
Cafés	189
Restaurants	190
Küche: Die »Grie Soß« deckt vieles zu	190
Apfelweinlokale	194
Ebbelwei: Zu Weihnachten neues »Stöffche«	198
Blattkritik: Der Zeitungskonkurrenz den Marsch geblasen	198
Frankfurt feiert	200
Museen	202
Galerien	204
Theater	206
Philosophen: Denkhilfe zum Stundentarif	208
Musik	210
Einkaufen	214
Kneipenbummel · Szene-Treffs	218
Tigerpalast: Für den Nervenkitzel ein neues Zuhause	220
Freizeit	222
Eintracht: Selten goldene Schüsse	222
Sportliches	223
Karten	182, 223, 226/227

Titelfoto von Rainer Drexel: Goethe-Büste von Christian Daniel Rauch

Redaktionsschluß: 31. 8. 1988

"Ohne diesen Rummel könnte ich nicht leben"

Nostalgie und Ebbelweischwemme machen Alt-Sachsenhausen zum Tummelplatz des Frankfurter Frohsinns – vor allem für Touristen. Aber da tingelt auch noch immer der »Brezel-Karl«, bürgerlich Karl Schneider, durchs Viertel, mit »Mohnweck, Kümmelweck, Käsestangen, Hartekuchen«. Der 60jährige ehemalige Metzger gehört zu den seltener werdenden Sachsenhäuser Originalausgaben: »Früher hatte ich ein Zimmer bei einer alten Frau in der Großen Rittergasse. Bei der standen noch eine Ziege und ein Schwein im Hof«

❝ Mir ist es egal, ob ich im 5. oder im 50. Stockwerk arbeite ❞

Baustellen gibt es in Frankfurt wie Sand am Meer. Und wo Eisen montiert, verlegt oder gebogen werden muß, ist der Eisenflechter Frano Cosić, 36, zur Stelle: »Ob auf einer Brücke oder einem Hochhaus, das spielt keine Rolle.« Von Unfällen blieb der Jugoslawe bisher verschont: »Aber früher war es sicherer. Heute ist der Druck größer, und wenn es die Termine verlangen, geht man an eine hohe Wand, selbst wenn das Gerüst noch nicht hundertprozentig steht.« Seit 1970 lebt Frano in Frankfurt, ist Besitzer einer Eigentumswohnung in Sachsenhausen und schickt seinen Sohn aufs Gymnasium. Frano Cosić empfindet sich als eingemeindet und hat sich auch beim Durstlöschen den lokalen Gepflogenheiten gut angepaßt: »Früher trank ich Bier – bis ich einen Bauch bekam. Seit ich Ebbelwei trinke, habe ich damit keine Probleme mehr«

Vor der Johann Wolfgang Goethe-Universität, an der kunstvollen U-Bahn-Station Bokkenheimer Warte, klagen Cornelia Schöppner (2. v. r.), 24, und Uwe Kauß (vorne), 23, im Kreis der Kommilitonen ihr Leid. Uwe: »Wer neu ist an dieser Uni, der kämpft gegen die Anonymität. Denn in Frankfurt muß es stets eine Nummer gewaltiger sein als in anderen Städten. Das merkt man auch an den Vorschlägen zum Uni-Ausbau.« Cornelia ist nicht nur aufs Studium fixiert: »Als ich zu studieren begann, war schon Aussteigermentalität mit im Spiel. Ich bin in Frankfurt geboren, und seine Entwicklung betrachte ich mit Sorge, die Hochhäuser, die Schnellstraßenprojekte. Dagegen engagiere ich mich. Ich kämpfe für die Stadt, weil ich an ihr hänge«

> **Manche pauken, bis ihnen die Birne raucht**

> **Fun, gute Laune – der helle Wahnsinn ist hier los**

Oliver Gaubatz (M.), 26, verkauft Immobilien. Luca Anzilotti (l.), 25, und Michael Münzing (r.), 36, verkaufen Musik. Luca: »Wir arbeiten 14 bis 16 Stunden am Tag knallhart für die Tanzflächen-Verbrauchermusik. Zu 90 Prozent läuft alles über den Computer.« Was die Jungdynamiker produzieren und komponieren, betexten sie auch. Etwa: »Beim pogo pogo pogo hast du mich angemacht/pogo ist mein liebstes/ich schrei es in die nacht.« Lucas Maxime: »Du mußt Spaß haben.« Der Spaß mit Pogo, Pop und Elektro-Punk kommt – auch – aus klingelnden Kassen: »Mit ›Electrica-Salsa‹ hatten wir einen Riesenerfolg. Danach hieß es auf einmal: ›The sound of Frankfurt‹ und natürlich haben sich alle drangehängt«

> **Wir sind eine Familie. Die »Batschkapp« ist unser zweites Zuhause**

Wenn die Batschkapp-Disco »Idiot Ballroom« lockt, werfen sich die Fans, etwa von »The Pogues« oder »Phillip Boa & The Voodoo Club«, in ihre schrillsten Klamotten und treffen sich in ihrem Stammschuppen neben der S-Bahn-Haltestelle Eschersheim. 1976 gründeten Frankfurter Spontis das alternative Kulturzentrum. Für viele Gäste ist das heute Steinzeit. Christian Pedersen (4. v. r.), 19: »Spontis? Ist mir kein Begriff.« Egal, die »Batschkapp« hat alle Haarmoden, Musikstile und Existenzkrisen überdauert. Christian: »Vorher war ich in diesen Nobeldiscos. Aber das hat mir nicht gefallen. Hier ist es einfach unglaublich locker. Wenn die ›Batschkapp‹ dichtmachen müßte, gäbe es einen Volksaufstand. Die ›Batschkapp‹ ist so 'ne Art Mythos.« Annabel de Vetten (7. v. r.), 17: »Ich steh' auf Friedhöfe. Ich fahr' voll auf Piraten ab. In der ›Batschkapp‹ habe ich Millionen nette Leute kennengelernt. Das freut mich total. Natürlich gibt's auch ein paar Bescheuerte, wie überall«

> **Zu dieser Stadt gehört das dialektische Spiel mit Worten**

Es gibt nur wenige deutsche Regisseure, die den Schauspieler Alfred Edel, 56, noch nicht vor die Kamera geholt haben. Aber Edel mimt nicht nur während der Dreharbeiten. Wo immer er auftaucht, ist Bühne. Seit 1963 stellt sich der Schwabinger in Frankfurt dar, auf der Basis einer Erkenntnis Odo Marquards: »Das Leben ist kurz, Prinzipien sind ewig – das spricht leider gegen Prinzipien.« Am liebsten agiert Edel auf der Meile zwischen Römerberg, Freßgass' und Opernplatz: »Ich bin ein passionierter Fußgänger. Frankfurt ist eine hochmobile Stadt, mit einer ständigen Veränderung der Kulisse, in der sich die Wege nicht abnützen. Nie hat man das Gefühl, denselben Weg zu gehen, selbst wenn man es 20 Jahre lang tut.« Auf dem Bahnsteig offenbart sich der sonst so Selbstbewußte, wie ihn kaum einer kennt: »Mein Gefühl hier kann man mit einem Filmtitel von Alexander Kluge beschreiben: ›Zu böser Schlacht schleich ich heut nacht so bang.‹ Der Hauptbahnhof ist für mich ein psychischer Knotenpunkt. In Frankfurt lebe ich in einer festen Form und in München zum Beispiel werde ich wiederaufgefangen. Dort kannst du, anders als in Frankfurt, Gespräche nahtlos fortsetzen, die du vor 20 Jahren unterbrochen hast. Aber das Zwischendurch, die Reise selbst, das sind bange Stunden für mich. Darum die vielen Koffer. Sie geben mir ein gewisses Maß an Sicherheit«

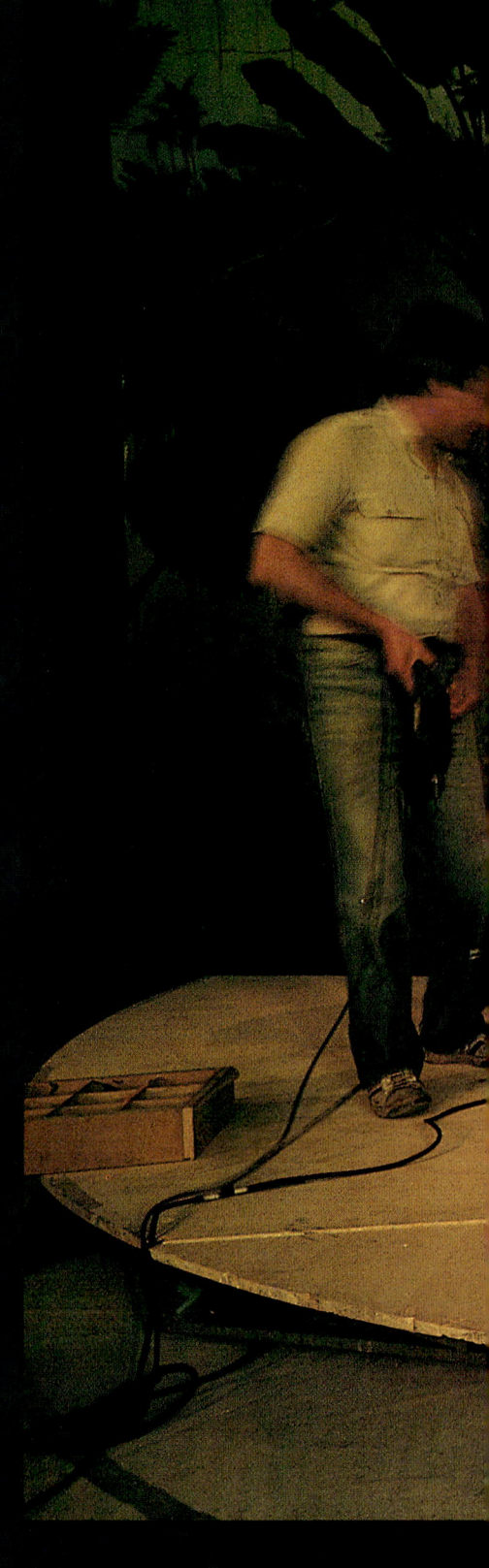

Seit fast 40 Jahren leitet Rudolf Rolfs, 68, die »Schmiere«, laut Eigenwerbung »Das schlechteste Theater der Welt«. Von den meisten Kulturpolitikern fühlt sich Rolfs seit je vernachlässigt, von den Medien mißachtet. Dabei laufen manche seiner Satiren schon 20 Jahre. »Düsseldorf protzt mit seinem ›Kom(m)ödchen‹. Wir aber werden von den hiesigen Publikationen nur erwähnt, weil es sich nicht vermeiden läßt. Egal. Wir haben die Bude voll.« Das Schmiere-Publikum gibt, was Rolfs zum Überleben braucht: Geld, Beifall – und Treue: »Die Stühle hier haben die Gäste im Laufe der Zeit selbst mitgebracht«

> **Ohne Sturheit und Durchsetzungsvermögen gibt es keinen Erfolg**

> **"Meine Eltern waren keine Schauspieler, das waren anständige Leut'"**

»Goldisch« war's, wenn Liesel Christ, heute 69, als Mama Hesselbach auf den Bildschirmen der Nation auftauchte und »babbelte«: »Noch heute werde ich darauf angesprochen. Dann frage ich mich, was ist in den letzten 25 Jahren gelaufen, daß ich immer noch die Mama Hesselbach bin. Aber natürlich freut's mich.« Seit 1971 leitet die Erz-Frankfurterin das »Volkstheater«, direkt neben dem Goethehaus. Den »Urfaust« des Meisters hat sie bereits auf die Bühne gebracht – auf hessisch. »Wir haben schon mehrere Klassiker im Dialekt gespielt, natürlich ohne den Dichtungen die Melodie zu nehmen. Kleist, Hauptmann und Shakespeare bleiben wie sie sind. Bis auf unseren Zungenschlag. In unserem Theater werden keineswegs Seniorenabende veranstaltet. Wir haben viel junges Publikum. Jedes Jahr führen wir für die ganz Kleinen ein Weihnachtsmärchen auf. Und dann kommen oft die, die hier schon als Knirpse saßen, mit ihren Kindern«

❝ Das gab's in Friedenszeiten wohl noch nie: daß einem neuen Opernchef die Oper abbrennt ❞

Die Macht des Schicksals: Kaum war Opernintendant und Generalmusikdirektor Gary Bertini, 61, in Frankfurt angekommen, um die Arbeit seines Vorgängers Michael Gielen fortzusetzen, legte im November 1987 ein Brandstifter die Bühne in Schutt und Asche. Nicht genug des Unglücks: Ein geplatztes Rohr setzte im Frühjahr 1988 Bertinis Wohnung unter Wasser, so daß er ins Hotel ziehen mußte. »Von Natur und Erziehung her bin ich jemand, der Katastrophen kämpferisch begegnet«, sagt Gary Bertini. Er kämpft – wenn auch nicht ohne Anfechtungen: »Der Durchhaltewillen des gesamten Ensembles war nach dem Brand ganz besonders stark, aber der Alltag ist schwer; es kommen Fragen und Zweifel und Momente der Schwäche. Alle Opernfreunde müssen uns helfen, diese Periode durchzustehen.« Wird Frankfurt seinen Rang in der internationalen Opernszene halten können? »Ich bin kein Prophet. Ich bin nur ein Mensch«

" Handkäs mit Musik? Dann schon lieber Frankfurter Würstchen! "

Tag für Tag landen japanische Touristengruppen auf dem Rhein-Main-Flughafen. Dort empfängt sie Yoshiko Petrosch, 35, und bringt sie an den Geburtsort des Mannes, den sie zumindest dem Namen nach kennen. Nach der Besichtigung des Goethehauses zeigt sie ihnen dann das, was in Frankfurt sonst noch als sehenswert gilt: »Wir fahren zum Römer, weiter durch das Bankenviertel und vorbei an der Alten Oper und dem Eschenheimer Tor. Manchmal haben wir sogar noch Zeit für Alt-Sachsenhausen.« Yoshiko, die mit einem Deutschen verheiratet ist, hat sich nicht nur mit dem exotischen Speisezettel Frankfurts ganz pragmatisch arrangiert: »Ich denke, es gibt an jedem Ort der Welt Vor- und Nachteile. Für viele Deutsche ist München die Stadt *mit* und Frankfurt die Stadt *ohne* Herz. Ich sehe das nicht so.« Und was gefällt japanischen Besuchern am besten in Frankfurt? »Das japanische Kaufhaus an der Kaiserstraße«

> **Ich hätte gern das Wahlrecht, aber ich glaube nicht, daß Ausländer es bekommen**

Werktags bietet der türkische Metzger Sevki Filik, 42, seine Spezialitäten in der Kleinmarkthalle an. Der Samstagnachmittag aber gehört dem Fußball. Kein Heimspiel der »Eintracht«-Kicker ohne Sevki im Waldstadion. Und auch den Weg des Jupp Derwall verfolgt der Fan mit Begeisterung: »1988 ist der mit seiner Mannschaft zum zweitenmal türkischer Meister geworden!« Der deutsche Gastarbeiter in Istanbul war ohne Quartierschwierigkeiten, der türkische in Frankfurt hat sie dafür um so mehr: »Seit zehn Jahren lebe ich in einem 28 Quadratmeter großen Zimmer. Ich suche schon lange eine Zwei- oder Dreizimmerwohnung. Aber als Ausländer hat man kaum Chancen. Hier zu arbeiten ist kein Problem, aber ein Zuhause zu finden schon«

> **Wir verkaufen den Heiligen Koran wie warme Semmeln**

Bundesweit zählt die »Ahmadiyya-Bewegung des Islam« 6000 Mitglieder, in Frankfurt sind es 1000. Und hier ist das umtriebige und erfolgreich publizierende deutsche Missionszentrum der friedlichen, in weiten Teilen der islamischen Welt als abtrünnig verfolgten Gemeinschaft. Leiter der Nuur-Moschee am Rande Sachsenhausens ist der Imam Al-Hadsch Ataullah Kaleem, 66: »Unsere Religion kennt keine Gewalt. Doch hierzulande wurde der Islam mißverstanden. Ich aber vertraue auf die Prophetie unseres Glaubensgründers: ›Die Westländer, die seit langem im Dunkel der Verwirrung leben, werden durch die Sonne der Wahrheit erleuchtet werden und so am Glauben des Islam teilnehmen‹«

❝ Bei uns haben Drogenschmuggler keine Chance❞

Über 40 000 Menschen arbeiten am Frankfurter Flughafen. Für sie und für das Personal und die Passagiere der Fluggesellschaften wurde die »Airport-Klinik« eingerichtet, eine von ihrer Größe und ihren Arbeitsmöglichkeiten einzigartige Institution auf der Welt. Chef des Ärzteteams ist Dietrich Lapsit, 58: »Kreislaufkollapse, Herzinfarkte, Geburten, Augenverletzungen, Stoffwechselkrankheiten, Impfungen, Arbeitsunfälle – wir leisten jede medizinische Versorgung, sind vorbereitet auf alle nur denkbaren Notfälle und werden häufig schon von Bord aus angefunkt.« Ein Schwerpunkt des ärztlichen Schaffens allerdings liegt in einem Bereich, der wohl sonst in keinem Krankenhaus zum Alltag gehört: »Die Zollfahndung bringt uns Leute zur Untersuchung, bei denen der Verdacht besteht, daß sie Rauschgift schmuggeln. Die Drogenkuriere transportieren Heroin oder Kokain rektal oder vaginal oder schlucken das Zeug, verpackt in kleine Latex-Behälterchen. Mich wundert's immer wieder, welche Mengen die runterkriegen«

66 Für einen Eisenbahner ist Frankfurt die Hauptstadt der Bundesrepublik 99

1988 hatte Deutschlands größter Schienenknotenpunkt 100. Geburtstag. Und seit fast 40 Jahren ist der Streckenfahrdienstleiter Willi Kröcker, 59, dabei – am längsten und liebsten im Herzen des Riesenbetriebs, dem Stellwerk des Hauptbahnhofs. Von hier aus überwacht er mit seinen Kollegen 100 Schienenkilometer, regelt täglich 6000 Rangierbewegungen. Er sorgt dafür, daß mehr als 2000 Signale und Weichen die 1500 täglich ein- und ausfahrenden Züge aufs richtige Gleis führen. »Jede Schicht ist anders. Das lernt sich nicht von heute auf morgen, da muß man langsam hineinwachsen, gerade bei so einem großen Bahnhof. Unsere Arbeit läßt sich mit der von Fluglotsen vergleichen«

»Feuerbekämpfung macht nur noch etwa 30 Prozent unserer Arbeit aus.« Ernst Achilles, 59, ist Chef der 2000köpfigen Feuerwehr in einer Stadt, deren Lage und Gefahrenpotential eine besondere Herausforderung bedeuten: »Frankfurt ist Verkehrsmittelpunkt, Luftkreuz, Wasserstraße. Es gibt Gefährdungen durch die Großindustrie, die chemische vor- neweg. Wir haben den Ölhafen und mehr Hochhäuser als sonstwo in der Bundesrepublik.« Der findige Achilles – ein von ihm entwickeltes Löschmittel wurde in Tschernobyl eingesetzt – betreibt die Veränderung des Berufsbilds: »Der Feuerwehrmann der Zukunft ist nicht der mutige Draufgänger – sondern der qualifizierte, vielseitig ausgebildete Fachmann«

66 Schauen Sie, wie schön die Wildkirschen da unten blühen! 99

Wenn Helmut Lingnau, 40, Hauptkommissar und Pilot bei der hessischen Polizei-Hubschrauberstaffel, freitagnachmittags in die Luft geht, hat er nur selten Zeit, der Natur mehr als einen flüchtigen Blick zu schenken. Denn auf dem Boden stehen häufig alle Räder still: »Richtung Norden 22 Kilometer Stau«, meldet er dann dem Verkehrsfunk. Das übliche Wochenendchaos rund ums Frankfurter Kreuz. »Konzentriertes Beobachten entlang der Autobahn – das geht auf die Knochen.« Zuständig ist die Crew für die Bergung von Unfallopfern, für Umweltsünder, Bankräuber, Vermißte, Waldbrände, kurzum: »Wir machen alles, was kommt«

66 Termine vergeben, Kaffee kochen, Schreibmaschine – aber diesmal kommt's auf die Figur an 99

»Beach-Party« in Frankfurts Nobeldiskothek »Dorian Gray«: Gesucht wird ein Mädchen für das Finale der »Miss Formel Eins«-Wahlen. Mittendrin, blond und im roten Badeanzug, Martina Grebe, 21. Was verlockt die Sekretärin aus einem Stadtteil-Büro des Oberbürgermeisters, sich im Badeanzug den Blicken einer fachmännlichen Jury zu präsentieren; der Traum von einer Filmkarriere? »Das wäre viel zu hoch gegriffen. Ich würde meinen Beruf nie aufgeben, aber ich hoffe, vielleicht bei einer Modenschau oder einem Werbespot mitmachen zu können.« Und in diesem Sinne sind ihr Schönheitskonkurrenzen im »Dorian Gray« allemal lieber als die windigen Angebote mancher Agenturen: »Eine Freundin hat 1500 Mark bezahlt; dafür wurde sie fotografiert und bekam eine Mappe mit ihren Aufnahmen – aber nie einen Auftrag«

" Die Zukunft des Waldes? Da sehe ich schwarz "

Frankfurt und: äsende Rehe? Liebliche Waldweiher? Lauernde Wilddiebe? Aber ja! Zwar donnern Jumbos über die Wipfel, durchs zerstückelte Grün rasen die Autos, aber die Statistik belegt: Frankfurt besitzt die meisten Waldhektar unter den bundesdeutschen Großstädten; mit 7000 Nistkästen, 1600 Sitzbänken, 450 Kilometer Fuß-, Rad- und Reitwegen. Der Chef im Revier heißt seit 1973 Werner Ebert, 52: »Forstdirektor in einer Wirtschaftsmetropole, das ist vorwiegend ein Manager-Job.« Heute im Clinch mit begehrlichen Straßenbauern, Flughafenerweiterern oder Sportfunktionären. Und morgen konfrontiert mit neuen Zahlen von der Waldfront: »Auf natürliche Weise sterben pro Jahr fünf bis sechs Prozent des Waldbestandes. Jetzt aber sind wir bei 15 bis 20 Prozent«

»Wir wollen weg vom Einschlußvollzug alter Art«, sagt Hadmut Birgit Jung-Silberreis, 33. Darum auch wird der Trakt abgerissen, in dem die Leiterin des einzigen hessischen Frauengefängnisses, der »Justizvollzugsanstalt Frankfurt am Main III« im Stadtteil Preungesheim die Hand am Gitter hat. Die Klischees über ihren Beruf sind ihr zuwider: »Hier laufen keine Aufseherinnen mit Dutt herum und schlenkern mit den Schlüsseln. Hier arbeiten engagierte Beamtinnen und Psychologinnen«

" Die Frauen sind hier schon sehr verlassen "

« Ich bin auf dem Wasser geboren und gehöre aufs Wasser »

Einmal holte ihn Robert Lembke in sein »Heiteres Beruferaten«. Zehn Fünfmarkstücke füllten am Ende das »Schweinderl« von August Burck, 61. Niemand hatte seine Profession erraten können: Bis zum Sommer 1988 war er der letzte Proviantschiffer auf dem Main. Sein Wohnschiff ankert in der Nähe der Gerbermühle. »Im Umkreis von zehn Kilometern können die Schiffe per Funk bei mir bestellen. Das Lebensmittelgeschäft, das ich an Bord meiner ›Gisela‹ eingerichtet hatte, wurde mir zuviel. Nun liefere ich nur noch technischen Schiffsbedarf.« Nebenbei ist Burck, Sproß einer uralten Sachsenhäuser Familie, auch Schiffseichmeister und Vorsitzender der Frankfurter Fischer- und Schifferzunft. Und an der Wand seines Büros zeugen Urkunden von anderen ehrenamtlichen Wassereinsätzen: »für die Rettung von Menschen vor dem Tod«

« Condomeria! Wir haben uns gesagt: das wär' doch was »

Den bislang wirkungsvollsten Schutz vor Aids vertreibt die erste deutsche, von »Pro Familia« im Frankfurter Gutleutviertel eingerichtete »Condomeria«. Kunden können wählen: etwa zwischen der herzförmigen Schachtel mit präservativem Inhalt und dem Kondom mit Musik, Marke »Hoch soll er leben«. Gertrud Halberstadt, 60: »Anfangs wollten wir keine ›Gag-Abteilung‹, weil wir meinten, das sei unseriös. Jetzt sind die lustigen, spielerischen Artikel die erfolgreichsten«

66 Man sieht mir an, daß es mir schmeckt 99

»Frankfurt«, sagt Klaus Trebes, 41, »liegt an der Grenze zwischen dem süddeutschen Küchenreichtum und der Kochwüste des Nordens. Es ist eine häßliche Stadt, aber wenn ich aus schönen Gegenden zurückkomme, freue ich mich jedesmal, wenn ich diesen Schrott hier sehe.« Nach Jahren radikaler politischer Arbeit kämpft er nun für die Kultur des Gaumens. Der Ex-Jurist, Ex-Mietstreiker, Ex-Straßenkämpfer, Ex-Schauspieler und Ex-Kabarettist zelebriert seit 1983 in seinem »Gargantua« die hohe Schule der klassischen französischen Küche – für Gäste, die es sich leisten können. Verrat an den alten Idealen läßt er sich indes nicht vorwerfen: »Die früher gar keine Politik gemacht haben, überholen einen heute links. Wir wollten immer schon mehr als eine sozialdemokratische Arbeitswüste. Wir wollten alles – aber subito!«

66 Zombie? Das ist ein Cocktail für Selbstmörder 99

In »Jimmy's Bar« ist Tradition Trumpf. Der Spanier André Amador, 34, ist erst der dritte Erste Shaker in 37 Jahren: »Man muß die Technik perfekt mit der Hand beherrschen. Denn elektrische Mixer sind tabu.« Frankfurt betrachtet er als einen idealen Standort für seine Bar – mit einer Einschränkung: »Leute, die richtig verdienen, leben meist außerhalb«

66 Hier spielt der Arbeiter gegen den Professor 99

Bevor Alfred Ziegler, 57, das »Schach-Café« übernahm, war er dort 20 Jahre Stammgast. »Im Endeffekt«, sagt er, »ist das Schachspiel eine Droge.« Noch heute sitzt er jeden Tag am Brett. »Wenn einer unserer ›Blutgruppe‹ zum erstenmal in der Tür steht, spürt der sofort, daß er seine Heimat gefunden hat.« Seit 1920 existiert diese Zuflucht für Schachbesessene aus allen sozialen Schichten im Bahnhofsviertel, eingekeilt von einem Nachtclub und einem marokkanischen Kaufmannsladen. Eine Frankfurter Institution – doch wie lange noch? »Wenn die Miete zu hoch wird, kommt vielleicht mal eine Bar rein«

66 Die Leut' trinken im Sommer bis zu 500 Liter am Tag 99

Sein Geschmack zieht dem einen die Schuhe aus, dem anderen ist er »en wahre Göttertroppe«: der Ebbelwei. Heute hat er seine Hochburg im Stadtteil Sachsenhausen. Doch noch immer zieht er viele Frankfurter nach Bornheim. Dort ist der »Eulenburg«-Wirt Otto Rumeleit, 74, einer der letzten, die unter dem Zunftzeichen mit grünem Kranz und Bembel Geschichte und Rezept des Apfelweines pflegen. »Anfangs tranken der Magistrat und die reichen Bürger natürlich Wein. Der Apfelwein wurde seit dem 17. Jahrhundert gewerblich ausgeschenkt.« Ob es »e fei Stöffche« wird, bestimmt natürlich die Qualität der Äpfel: »Früher haben wir gern die Chaussee-Äpfel verarbeitet. Die mögen nach heutigem Geschmack minderwertig sein, waren aber trotzdem gut geeignet.« Die Rezepte der Kelterer sind seit Jahrhunderten unverändert. Bei den »Schoppepetzern« aber zeigt sich ein Wandel: »Früher wurden keine Frauen mitgenommen. Die Emanzipation beim Ebbelwei ist eine moderne Erscheinung«

« Es gibt kaum noch Verlage, die in der Tradition von '68 stehen »

1967 wurde KD Wolff, heute 45, Bundesvorsitzender des Sozialistischen Deutschen Studentenbundes (SDS) und zog nach Frankfurt. Inzwischen ist es politisch ruhiger geworden um den einstigen Studentenführer. Doch für regelmäßiges Aufsehen sorgen die Klassiker-Editionen, die Wolff in seinem Verlag »Stroemfeld/Roter Stern« herausgibt. Ehrgeizige Projekte, die viel kosten: »Ich habe das vollkommen unterschätzt. Inzwischen besteht ein Drittel meiner Arbeit darin, Geld zu besorgen. Da gehört Zähigkeit dazu. Aber die Leute, die sich in der Studentenbewegung engagiert haben, waren ja auch zäh.« Wolff ist sich sicher: »Als Verlagsstadt wird Frankfurt immer wichtiger. Selbst wenn das Image noch schlecht ist. Wenn man zum Beispiel mit Feuilletonleuten in Hamburg spricht – die wollen nicht mal zu Besuch herkommen. Und ich finde: Die sollen ruhig wegbleiben«

« Hier herrscht die Mentalität des Machens »

Joachim Unseld, 34, ist seit Januar 1988 zusammen mit seinem Vater Leiter des Suhrkamp-Verlages. Frankfurt sieht er »am Schnittpunkt der geistigen Tendenzen. Diese Stadt ist provozierend widersprüchlich: einerseits unglaublich sentimental und andererseits enorm professionell und rational. Eine spannende Mischung. Geistige Enge kann sich Frankfurt nicht erlauben«

« In Frankfurt ist die Lage der Republik zu spüren »

Jahrelang saß der S. Fischer-Verlag in einem Haus, das den Charme einer Knäckebrotschachtel hatte. Seit April 1988 freut sich Verlagsleiterin Monika Schoeller, 49, über das neue Domizil in einer ehemaligen Fabrik: »Dieser Ort eignet sich ausgezeichnet für Begegnungen und Gespräche. Hier herrscht eine produktive, kommunikationsfreundliche Atmosphäre – wie überhaupt in der Stadt«

"Wo ich bin, ist Atmosphäre"

Frankfurt ist Frankfurt. Aber Marcel Reich-Ranicki ist Marcel Reich-Ranicki ist Marcel Reich-Ranicki. Marcel Reich-Ranicki, 68: »Ich bin in die Stadt gezogen, in der die ›Frankfurter Allgemeine Zeitung‹ erscheint. Wäre sie woanders erschienen, wäre ich dort hingegangen.« Daß die Stadt wenig Atmosphäre hat, schreckt ihn nicht. Die schaffe schließlich er selber. Immerhin: »Das literarische Leben ist im Rhein-Main-Raum intensiver als etwa in Hamburg.« Probleme bereiten ihm die schönen Künste in einer anderen Disziplin: »Als ich nach Frankfurt kam, hatte ich den Eindruck, daß das Theater hier sehr gut ist. Aber es wurde mit der Zeit schlechter. Und dann habe ich gedacht, jetzt ist es so schlecht, daß es nicht mehr schlechter werden kann. Doch es wird von Jahr zu Jahr noch schlechter. Es gibt kein Ende des Schlechterwerdens.« Kleiner Trost: »Ich glaube, daß die Entwicklung Frankfurts in den letzten Jahren erfreulich war. Genaueres kann ich nicht sagen. Unter uns: Ich interessiere mich nicht dafür, und den Lokalteil der ›FAZ‹ kann ich leider nur selten lesen«

❝ Zu mir kommen Maulwürfe und Eulen, Feldhamster und Falken ❞

Weil sie ihr Atelier im Garten nicht abgeben und »ihre« heimisch gewordenen Wildtiere nicht missen will, durchkreuzt die Bildhauerin Marita Kaus, 48, die Pläne der Stadt für die Bundesgartenschau 1989. »Es fing mit Briefen an: ›Wenn Sie nicht für 40 Mark verkaufen, werden Sie für 30 Mark enteignet!‹« Marita Kaus aber will bleiben, ihre Arche Noah gegen »dieses saubermännische Verschönern« zum Bürgerpark verteidigen. Gleichzeitig grübelt sie über ein Geschenk für die Bundesgartenschau: »Vielleicht mache ich einen riesigen Gartenzwerg – aus Marmor«

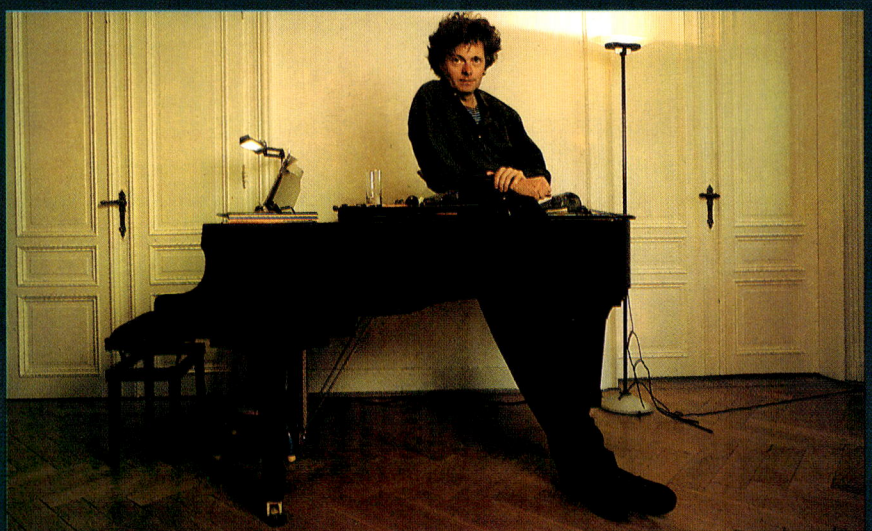

❝ Wirklich zu einer Radikalität gelangen ❞

Was der Musiker Heiner Goebbels, 36, an kulturellen Taten und Torheiten beobachtet, motiviert seine eigene Suche nach politischen und neuen akustischen Ausdrucksformen, nach Experimenten mit Geräuschen, Bildern, Sprache. Frankfurt als Stimulans: »Was sich gerade in der Architektur an niveauloser Anpassung breitmacht, schärft den Blick für die eigene Arbeit. Die darf nicht so halbherzig sein«

❝ Wir nehmen der Musik die Heiligkeit ❞

Frankfurt ist kein Kurort, drum ist auch sein »Kurorchester« keines. Denn wenn Jos Rinck, 34, zur Flöte greift, Willi Kappich, 37, am Schlagzeug arbeitet, Frank Wolff, 42, sein Cello quält und Anne Bärenz, 37, Klaviertasten oder ihre Stimmbänder malträtiert – dann herrscht auf der Bühne immer Chaos mit Hintersinn. Anne spricht für die vier: »Ein Stück von Olivier Messiaen machen wir neu hörbar, wenn wir zuvor ein Jandl-Gedicht interpretieren und nachher eine Stones-Nummer spielen«

❝ Die Ästhetik der Plätze ist kleinbürgerlich. Das verkrampft ❞

Mit ihren Lampen hatten die Designer Jean-Marc da Costa (r.), 30, und Manfred Wolf, 29, rasch Erfolg. Unzufrieden sind die Lichtgestalter mit dem Stadtdesign. Manfred: »Frankfurts Architektur ist zu angepaßt, zu organisiert. In Amsterdam dachten wir an verschiedenen Stellen, so etwas Reizvolles würde hier garantiert weggehauen. In Frankfurt hat man eine Panik davor, etwas Kaputtes oder Verrostetes kaputt oder verrostet zu lassen. Nur keine Vergänglichkeit zeigen«

66 Wenn man's genau nimmt, leben wir besser als die Durchschnittsbürger 99

Sie waren Koch, Weißbinder, Autoschlosser oder Textilkaufmann, bevor sie sich unter einer Main-Brücke niederließen; zu einer alternativen Wohngemeinschaft von, wie sie sich nennen, »Edelberbern«. Das Lachen ist ihnen nicht vergangen, selbst wenn Charly (3. v. l.), 34, meint: »Du mußt hart sein, um dieses Leben auszuhalten. Und dabei Mensch zu bleiben. Das ist 'ne Kunst.« Seiner bürgerlichen Vergangenheit weint er nicht nach: »Morgens um sieben: all die Schleimscheißer im Dauerlauf. Schweißperlen auf der Stirn. Aktenkoffer unterm Arm. Ich kann auch arbeiten, ich arbeite sogar gern. Aber ich muß darin einen Sinn sehen. Und den seh' ich meist nicht.« Werner (5. v. l.), 44: »In Frankfurt gibt's genug leere Häuser. Ich bin imstande, mit den Kumpels so 'ne Bude zu renovieren. Warum bekommen wir keine Gelegenheit dazu?« So bleibt das Nichtstun. Und auch das kann anstrengen: »Wir unterhalten uns, spielen Karten, saufen. Oft hängen wir nur rum und gehen uns auf'n Geist«

66 Die Stadt ist mediterraner geworden, ich fühle mich hier sauwohl 99

Walter Schobert, 45, ist der Direktor des in seiner Art einzigartigen Deutschen Filmmuseums. Wenn er den Kulissen entsteigt, blickt er mit Sympathie auf eine Stadt, deren Kulturdezernenten Hilmar Hoffmann er für den »ersten Politiker in Deutschland« hält, »der den Film überhaupt ernst nahm«. Und Schoberts Mitarbeiter? »Als ich die hierher holte, stöhnten sie: ›ausgerechnet Frankfurt!‹ Jetzt sind alle bekehrt«

66 Filme zu finanzieren halten Banker für total uneffektiv 99

Die Regisseurin Heidi Ulmke, 43, stört an einer Stadt ohne Spielfilmkultur nur die Knausrigkeit der potentiellen Geldgeber. Ansonsten sieht sie Vorteile: „Ich bin über die üblichen Frauenjobs wie Scriptgirl und Assistentin zur Regie gekommen. So ein Seiteneinstieg ist nur hier möglich, weil die Konkurrenz klein ist. Und wenn ich Komparsen suche oder eine Drehgenehmigung brauche, freuen sich die Menschen aufs Mitmachen. Ganz anders als in Berlin oder München«

Ein Zeichen für Technologien von morgen

Das Alphabet der technischen Innovation ist kurz und bündig: AEG. Das ist der internationale Technologiekonzern, der in den Geschäftsfeldern:
Industrie- und Automatisierungstechnik · Büro-, Informations- und Kommunikationstechnik · Energietechnik · Bahntechnik · Luft-, Raumfahrt- und Verteidigungstechnik · Gebrauchsgüter · Serienprodukte und Komponenten technologische Spitzenleistungen mit marktgerechten Produkten anbietet.

Dafür arbeiten über 80.000 Menschen in 111 Ländern. In den AEG Forschungsinstituten wirken fast 7.000 Wissenschaftler und Mitarbeiter im Dienste des Fortschritts.

Ein kundennah gestaltetes Netz von 39 Vertriebsniederlassungen und -stützpunkten erstreckt sich über das Bundesgebiet und Berlin (West).

Ein breites Spektrum von Produkten, Anlagen, Systemen und Dienstleistungen auf einem hohen Stand der Technik sichert dem Konzern einen jährlichen Umsatz von über 11 Milliarden Mark.

Der Lohn außergewöhnlicher Leistungen und Ideen. AEG Aktiengesellschaft · Theodor-Stern-Kai 1 · D-6000 Frankfurt 70

AEG

66 Der Strauß ist eine Henne. Aber wir rufen sie Harald 99

An Wochenenden, wenn der Frankfurter Zoo mit Besuchern überfüllt ist, wird der Dienst der Tierpflegerin Anni Fuchs, 25, zu deren Schützlingen auch Harald gehört, ein Alptraum: »Füttern ist ja sowieso verboten. Aber den Waschbären geben sie Popcorn, den Ziegen werfen sie Pfennige und Taschentücher ins Gehege, obwohl Ziegen bekanntlich alles fressen. Dann ist wieder der Tierarzt angesagt. An einem Sonntag mußte ich einen Eselhengst mit der Schippe schlagen. Die Leute randalierten. Daß der einem kleineren Esel schon das Genick gebrochen hatte und daß er gerade dabeiwar, ein Pony zu töten, wußten sie ja nicht. Ich kam raus und dachte, die lynchen mich«

66 Als erste im Ziel zu sein ist ein unglaubliches Gefühl 99

Frühmorgens fährt Christine Gräfin von Kageneck zur Rennbahn nach Niederrad, um für den nächsten Wettkampf zu trainieren. Tagsüber sitzt sie als Abteilungsdirektorin einer Bank am Schreibtisch. »Bei den Jockeys gibt es immer weniger männlichen Nachwuchs. Der Lohn ist gering. Ohne Passion läuft da nichts. Und Mädchen sind meist passionierter.« 46 Rennen hat sie schon gewonnen: »Es rührt einen, wenn ein Pferd sich so einsetzt«

66 Selbst für die Olympiade sind wir groß genug 99

»Schwimmoper« nennen die Frankfurter ihre größte Badeanstalt, das Rebstockbad. 2600 Quadratmeter Wasserfläche mit Meergefühl: Alle halbe Stunde wogen die Wellen im Brandungsbecken. Daß niemand in Seenot gerät, dafür sorgt die »staatlich geprüfte Schwimmeistergehilfin« Monika Berges, 22. Morgens Wasser, mittags Wasser – aber bitte kein Wasser mehr nach Feierabend: »Höchstens noch duschen und ab nach Hause«

Die führende deutsche Tages- und Wirtschaftszeitung erscheint in Frankfurt: Die Frankfurter Allgemeine Zeitung ist überall in der Bundesrepublik Deutschland mit West-Berlin und in 144 Ländern der Erde verbreitet.

Die Frankfurter Allgemeine Zeitung verschweigt nicht ihren Standort, sondern rückt ihn mit Stolz an die erste Stelle ihres Kopfes. Der Titel gewinnt dadurch an Anschaulichkeit. Im Namen einer Stadt drückt sich ein stärkerer gesellschaftlicher Zusammenhalt aus als in irgendeinem anderen Begriff. Gleichwohl kommt bei der „Frankfurter" niemand auf den Gedanken, es handele sich um eine Zeitung von rein lokaler Bedeutung, die nur für die Bürger dieser einen Stadt bestimmt sei. Gibt es eine deutsche Stadt, deren Namen besser die Absicht ausdrückt, in kosmopolitischem und weltoffenem Geist der ganzen Nation zu dienen, und zwar weit über die Grenzen des eigenen Landes hinaus? Frankfurt ist nicht Deutschlands Hauptstadt, aber es ist dank seiner Tradition und seiner einzigartigen Verkehrslage der ideale Standort für eine national verbreitete Zeitung. Der Name der alten freien Reichsstadt – der Stadt der Paulskirche –, in der vor hundertdreißig Jahren die frühere „Frankfurter Zeitung" gegründet wurde, hat nicht von ungefähr im Zeitungswesen der ganzen Welt einen besonderen Klang bekommen. Frankfurt ist der Mittelpunkt der deutschen Wirtschafts- und Finanzwelt. Hier befinden sich die Bundesbank, zahlreiche große Gesellschaften, Deutschlands größte Börse, mehr internationale Banken als in irgendeiner anderen Stadt des europäischen Kontinents. Doch trotz des Namens – oder vielleicht gerade deswegen – gehen Reichweite und Einfluß der Frankfurter Allgemeinen Zeitung weit über Frankfurt hinaus, sie wird überall in der Bundesrepublik Deutschland mit West-Berlin und in 144 Ländern der Erde täglich gelesen.

Frankfurter Allgemeine
ZEITUNG FÜR DEUTSCHLAND

> **Die wenigen Menschen, die den Mut haben, wirklich frei zu leben, die leben nur nachts**

Zu Hause bleiben oder »um die Ecke gehen«, das war früher keine Frage: Da stand Peter »Hamlet« Kuper, heute 52, sobald es dunkelte auf den Kneipenmatten und erarbeitete sich redlich seinen Ruf als »Nachtfossil Nr. 1«. Daß sich daran etwas geändert hat, liegt nicht nur an seinem fortgeschrittenen Alter: »Es ist keine Seele mehr in der Stadt. Die Entwicklung in den letzten Jahren törnt mich unheimlich ab. Die paar Nerzmäntel auf der Freßgass' und die paar Freibiergesichter, eine grauenhafte Leere und Oberflächlichkeit. Um die Jazzgass' und die Freßgass' herum sieht zwar alles picobello aus, ist aber total steril geworden. Selbst in den Apfelweinwirtschaften in Sachsenhausen oder Bornheim, wo früher die Oma gekocht hat, werden jetzt die Zwiebeln fürs Rumpsteak in der Friteuse gemacht.« Und die Kumpels von ehedem? »Die sind mittlerweile verheiratet, haben Kinder und's Geschäft und's Geschäft und's Geschäft. Die können es sich gar nicht mehr leisten, mal einen Tag im Bett zu bleiben«

DER AUGENBLICK NATÜRLICHER HARMONIE.
DAS GEFÜHL, SO VIELES SCHENKEN ZU KÖNNEN. OMEGA.
FÜR DIE ENTSCHEIDENDEN MOMENTE DES LEBENS.

Significant Moments

Geschütztes Modell

OMEGA. FÜR JENE MOMENTE, DIE ZUM
EREIGNIS WERDEN. IN DER GESCHICHTE DER
OLYMPIADE. IN DER RAUMFAHRT. IN IHREM LEBEN.
OMEGA CONSTELLATION. FÜR SIE UND IHN.

Ω OMEGA

OMEGA ZUM 20. MAL OLYMPISCHE ZEITMESSUNG IN SEOUL

«Wir wollen Geld sinnvoll anlegen»

»Als Standorte für unsere Ökobank kamen nur Berlin und Frankfurt in Frage«, meint ihr Sprecher Torsten Martin (l.), 34. »Es ist Frankfurt geworden, weil Berlin die ›taz‹ hat.« Zum Kundenkreis der Turnschuhbanker zählen vor allem selbstverwaltete Betriebe und autonome Projekte. Mit Firmen aus Kernenergie, Rüstung, Gentechnologie und Großchemie haben die Ökobanker nichts am Hut. Aber auch ohne Krawattenzwang sind sie um Seriosität bemüht: »Die Kunden müssen uns vertrauen. Sie müssen überzeugt sein, daß es sich nicht bloß um eine linke Idee handelt, und die Einlagen morgen futsch sind. Sonst würde ich mein Geld auch nicht hierher bringen«

«Die Schonzeit ist vorbei. Jetzt werde ich deutlich»

»Wir haben eine völlig falsche Geldpolitik gemacht«, sagt Johann Philipp Freiherr von Bethmann, 64, der Prophet einer Krise des Kapitalismus. Der Mitverantwortung am diagnostizierten Crash entzog er sich 1983, als er das Bankhaus Gebrüder Bethmann verließ, das seine Vorfahren über 200 Jahre lang führten. Wenigstens Frankfurt aber gibt er Chancen: »Die Stadt ist im Ausland sehr attraktiv geworden«

40 GEO

Wir sind ein weltweit einzigartiger Verbund: Metall, Chemie, Pharma. Ebenso ungewöhnlich ist die Vielfalt unserer Verfahren und Produkte auf fast allen Gebieten, auch in den Bereichen an der Grenze von Gegenwart und Zukunft: z. B. Biochemie und Hochvakuum- Technologien. Investitionen fördern das Wachstum auf breiter Front. Dabei bleiben wir auch den Edelmetallen treu, unserem Arbeitsgebiet mit der längsten Tradition. Der Umgang mit Edelmetallen zwingt zu Solidität und Genauigkeit. Eine gute Basis für zuverlässige Produkte zum Wohle einer wachsenden Bevölkerung in einer sich wandelnden Welt.

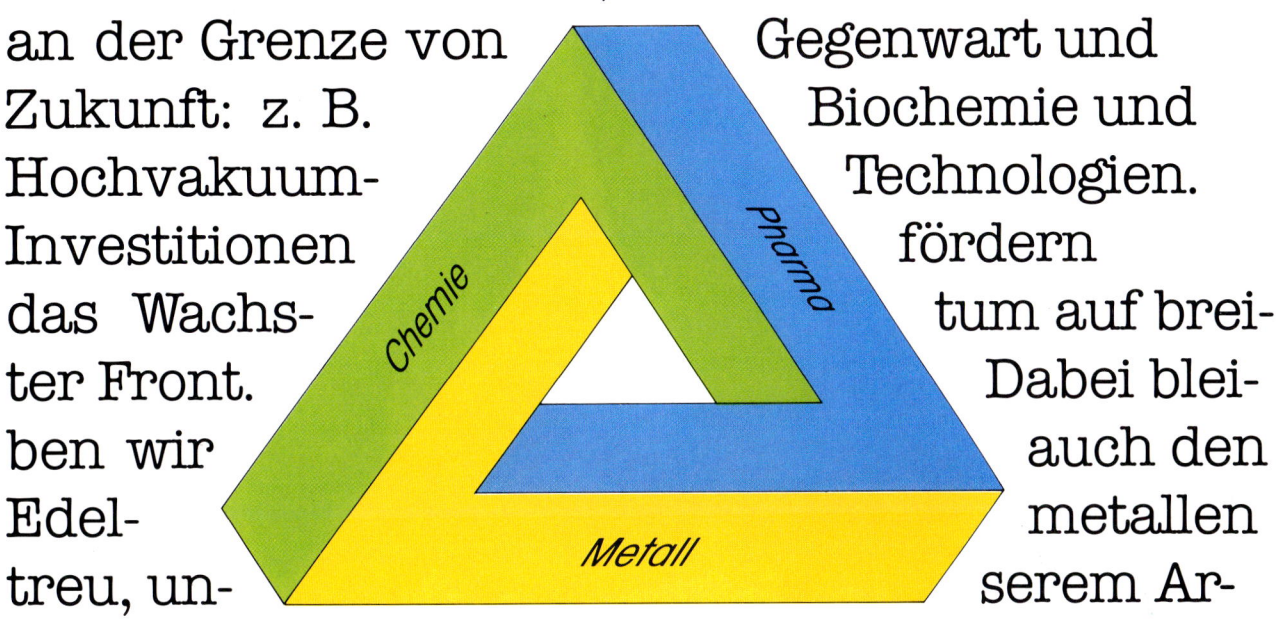

Degussa

Metall. Chemie. Pharma.

FRANKFURT

Filmaufnahmen im Palmengarten

DIE STADT, DIE IHRE MENSCHEN MAG

ANZEIGE

Günter Strack,
Schauspieler

„Herr Strack, ein Wort zu Frankfurt"

„BESSER ALS SEIN RUF"

Neben der so typischen Skyline bietet Frankfurt ganz andere Kulissen.

Wer dem Ruf des Dschungels folgt, findet sein grünes Paradies inmitten der Großstadt. Wer lieber auf dem Pfad der Muse wandelt, der kann am einzigartigen Museumsufer anregende Streifzüge unternehmen oder die beeindruckende Theaterlandschaft erkunden.

Frankfurt hat sich ganz auf die individuellen Wünsche seiner Einwohner eingerichtet – vielfältige Schauplätze machen diese Stadt immer wieder zu einem lebendigen Ort überraschenden Geschehens.

Es liegt an jedem selbst, wie intensiv er dieses Frankfurt erlebt.

STADT FRANKFURT AM MAIN

Houston, bei Offenbach

Bisher ist es nur wenigen Aufsteigern gelungen, über den Dächern Frankfurts ganz groß raus- und den amerikanischen Vorbildern nahezukommen. Jetzt aber wollen viele mit Macht nach oben: Wolkenkratzer wachsen um die Wette. Denn die besten Adressen zu ebener Erde sind in Frankfurt längst ausverkauft. Neue Siedlungsgründe müssen in der Luft erschlossen werden. Dabei sind Hochhäuser mehr als nur Bürobehälter; sie sind Reklamesäulen und Imageträger, steile Beweise für die ökonomische Potenz ihrer Bewohner. Im Bewußtsein vieler Bürger adelt die Skyline ihre Stadt zur Metropole. Der Fotograf Anselm Spring setzte die Frankfurter Riesen in Szene

GEO **45**

Ein Bunker
erinnert an den Krieg, an dessen Ende
Frankfurt ein Schuttplatz war. Banken begründeten die Nachkriegs-
karriere der Stadt. Ihre Türme zeigen, wo das große
Geld zu Hause ist. Es ist das Maß auf Frankfurts
senkrechtem Weg in die Zukunft

GEO 47

Hinter spiegelnden
Fassaden verstecken die Geldfabriken ihr Innenleben.
Die Zentralen der Finanzmacht bleiben anonym und doch auf Außenwirkung
bedacht: Drinnen regeln Tausende von Angestellten
den Kapitalverkehr, draußen darf
nur gestaunt werden

GEO 49

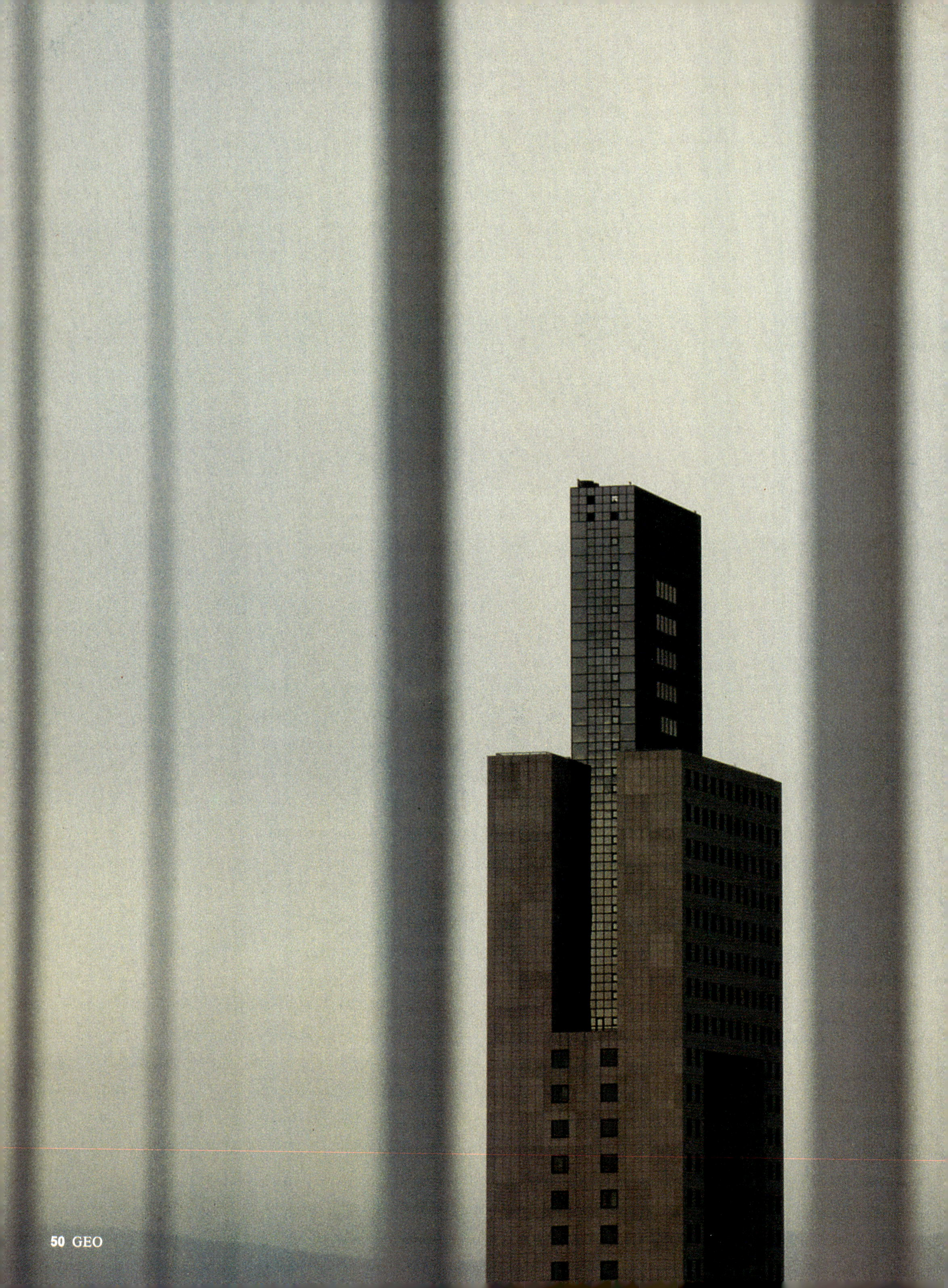

W
ie ein Fingerzeig,
eine ironische Anspielung auf den Wettlauf zum
Himmel, wirkt das Haus im Haus des Architekten Oswald M. Ungers. Denn als
hätte den mächtigen Sockel auf halbem Weg die Kraft verlassen,
drängt aus dessen Innerem ein Sproß unver-
drossen weiter in die Höhe

Die Philosophie der Banken gewinnt in der Geometrie ihrer Domizile Gestalt: als Vereinigung von Fortschrittsglauben mit nüchternem Konservativismus. Eine Architektur, die gradliniges Selbstbewußtsein mit kühl kalkuliertem Showeffekt koppelt

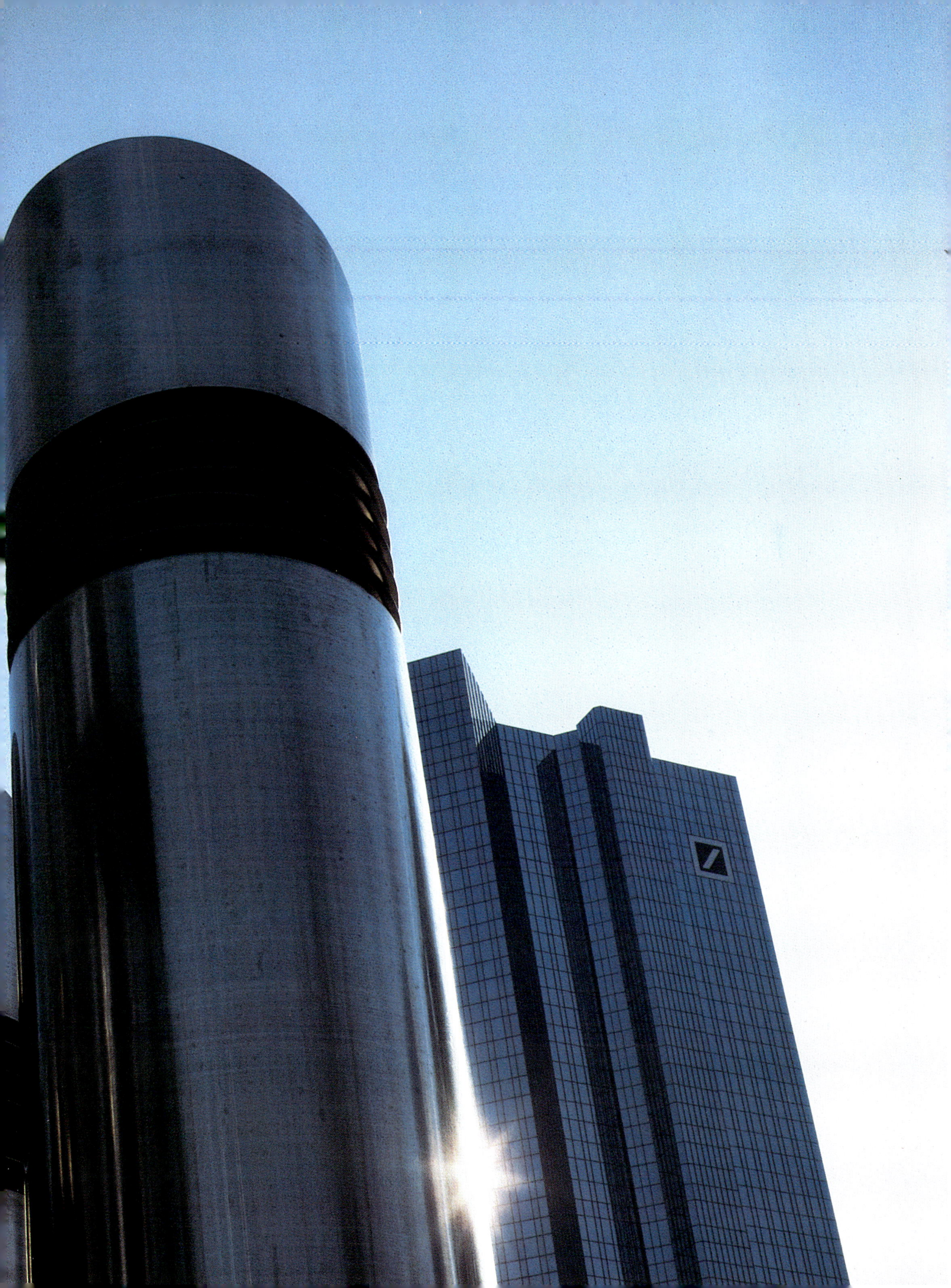

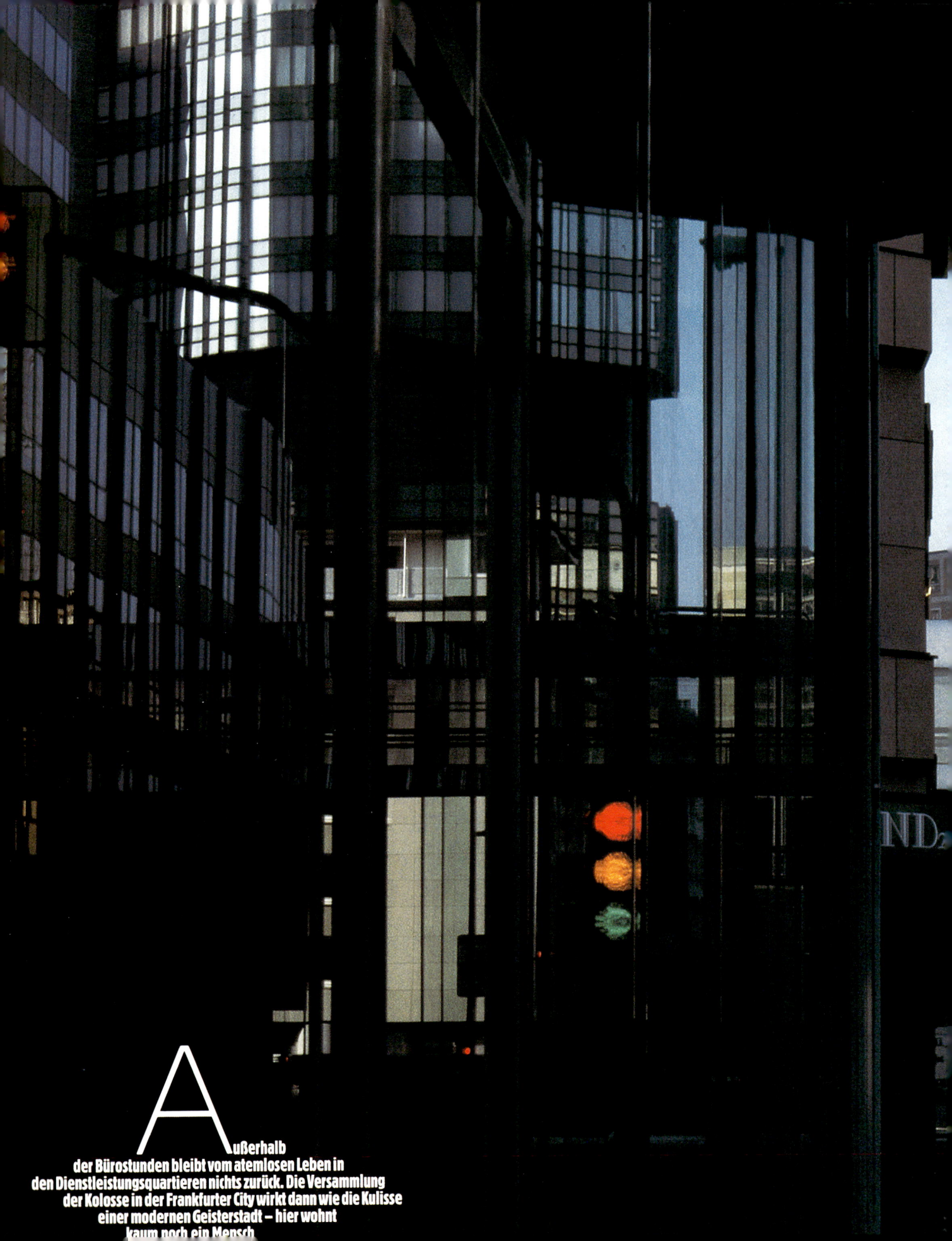

Außerhalb
der Bürostunden bleibt vom atemlosen Leben in
den Dienstleistungsquartieren nichts zurück. Die Versammlung
der Kolosse in der Frankfurter City wirkt dann wie die Kulisse
einer modernen Geisterstadt – hier wohnt
kaum noch ein Mensch

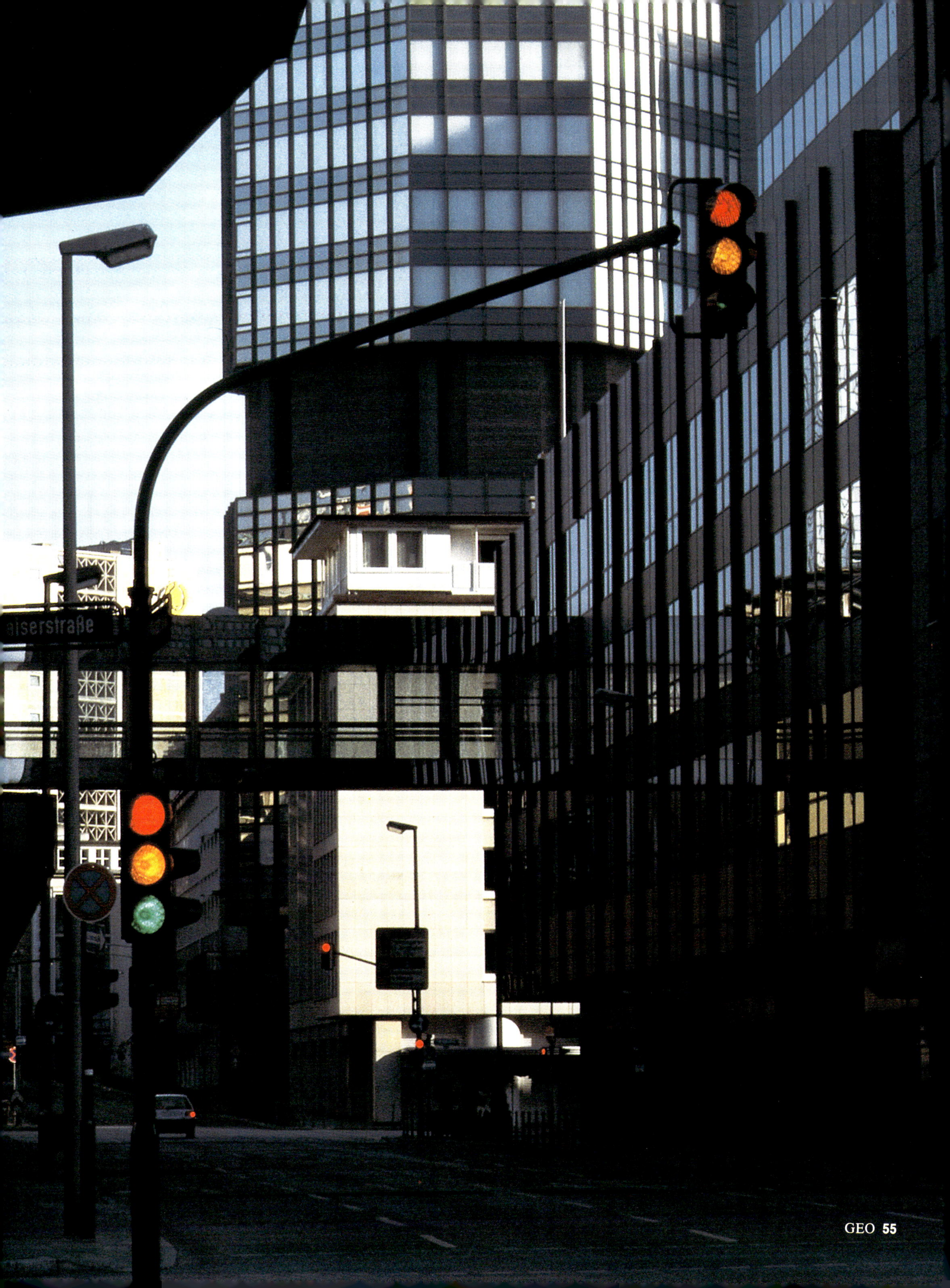
aiserstraße

VON JOACHIM RIEDL

Mit Macht durch die Wolken

Kein Entwurf ist ihnen zu kühn, keiner zu protzig – schließlich geht es den Architekten darum, Frankfurt Weltgeltung zu verschaffen. Einwände betroffener Bürger wischen die Städteplaner und -bauer in ihrem Höhenrausch forsch vom Tisch. Kritiker fürchten, daß die neue Skyline das Stadtbild sprengt und den »Niederungen« immer mehr Lebensqualität nimmt

Blickt man an schönen Tagen vom Taunus herab, so blitzt in der Talsenke ein modernes Wolkenkukkucksheim auf. Glitzernde Riesen wachen über die Stadt. Das alte, graue Häusermeer überragen sie um 100 Meter und mehr. Wuchtig und schlank zugleich, streben sie himmelwärts. Ihre gläserne Haut funkelt im Sonnenschein.

Da also liegt Frankfurt, Parvenü unter den Metropolen, Reichs- und Residenzstadt der deutschen Wirtschaftsmacht. Der Traum von der Weltgeltung ist ihr zu Kopf gestiegen. Wer hoch hinaus will, der müsse auch hohe Häuser bauen, so scheinen die Stadtväter aus Finanz und Politik zu denken.

Jeder Quadratmeter ist kostbar, versinnbildlicht ein kleines Stück Kapitalkraft. Aufeinandergetürmt bis in schwindelerregende Höhen, entsteht solchermaßen aus Tausenden Quadratmetern ein mächtiger Monolith, der ein Vermögen wert ist. Schon von weitem kündet die Silhouette der Stadt davon, daß Geld die Welt regiert. Und wer dann in den Straßen von Frankfurt steht, der muß den Blick zum Himmel heben, um zu sehen, wo göttergleich die Herren dieser Stadt residieren.

Wie Ausrufezeichen stehen die Hochhäuser im Herzen der Frankfurter City. In ihnen haben sich die Banken einquartiert; in ihnen denken Tag und Nacht die Elektronengehirne und dirigieren den Milliarden-Strom. Die Banken haben dem provinziellen, zerbombten Frankfurt wieder zu Bedeutung verholfen. Ihre Geldtürme sind nicht schiere Verwaltungsbauten. Sie sind Monumente. Sie sind Totempfähle, die den Glauben an den Fortschritt und an eine goldene Zukunft beschwören. Sie sind zum Signum von Frankfurt geworden – und zum Stigma der Stadt.

„Flammende Visionen voller Stolz und Zuversicht" nannte die große alte Dame der Architekturkritik, Ada Louise Huxtable, die Wolkenkratzer: „Hochhäuser verherrlichen gesellschaftliche Macht, sie zelebrieren Geldfluß und Wirtschaftskraft, sie sind ein gewaltiger Schauplatz von Habsucht und Chaos."

Wolkenkratzer entstanden, als die merkantile Epoche nach neuen Kathedralen

Auf Postkarten und in Prospekten wird nach wie vor ein Idyll präsentiert

verlangte, nach steinernen – oder stählernen – Zeugen für die Allmacht ihres neuen, profanen Glaubensbekenntnisses. Ein „himmelstürmender Gedankenflug" – so hieß es um die Jahrhundertwende auf New Yorker Verhältnisse gemünzt – eroberte nach dem Zweiten Weltkrieg auch die Mainmetropole. Die deutsche Bourgeoisie und ihre Kontorwirtschaft, die deutsche Industrie mit ihren prächtigen Fabrikantenvillen hatten ausgedient. Ein amerikanischer Alptraum erfaßte die jahrtausendalte Stadt. Seither fiebert Frankfurt im Hochhausrausch.

Längst reicht die stattliche Anzahl hoher Häuser nicht mehr aus, das Selbstbewußtsein der Stadt zu stützen. Westend-Center: 94 und 72 Meter hoch, Messe-Hochhaus: 117 Meter, Uni-Turm: 130 Meter, Selmi-Haus: 142 Meter, der Klotz der Bank für Gemeinwirtschaft: 148 Meter, der Wolkenkratzer der Dresdner Bank: 166 Meter, die beiden spiegelverglasten Monolithen der Deutschen Bank, die der Volksmund „Soll" und „Haben" nennt: jeweils 155 Meter. Aber das soll noch nicht das Ende sein. Dem Direktor des Frankfurter Architekturmuseums etwa, Heinrich Klotz, wird nachgesagt, daß er vehement immer neue Wolkenkratzer fordert. Ihm könnten die Türme gar nicht dicht genug stehen. In Frankfurt, so klagt die Hochhaus-Lobby der Stadt schon, gebe es keine Architektur, die in die Zukunft, ins nächste Jahrtausend weisen würde. Nur die Relikte vergangener Jahrzehnte.

Es gibt fast 400 Geldinstitute in der Stadt, und sie alle lechzen nach Raum. Jährlich, so hat die Stadtverwaltung errechnet, wächst der Bedarf um 100 000 bis 150 000 Quadratmeter Bürofläche. Mit dieser Zahl rechtfertigen Architekten, Spekulanten und Planer ihre Hochhausträume. Mögen sich die Nachbarn auch sträuben und Beschwerde darüber führen, daß diese Zusammenballung von Prestige und Kommerz ihr Leben langsam unerträglich mache. Auf einer Bürgerversammlung im Kino „Harmonie" belehrte der Urbanistik-Dozent Frank Herterich solche Kleingeister: „Wer will, daß Frankfurt Weltstadt oder zumindest Großstadt ist, muß Hochhäuser wollen, sonst ist er eine Landpomeranze."

Im Auftrag der Stadt entwickelte das Frankfurter Architekturbüro „Albert Speer & Partner" eine Bebauungsstudie für die Mainzer Landstraße. Empfehlung der Planer: eine Turmreihe an der Galluswarte im Westen, ein Turm am Güterplatz und zwei Türme zur Komplettierung der Hochhauskette zwischen Selmi-Haus und den Riesenzwillingen der Deutschen Bank. Nach diesem Plan könnte die ehrgeizige Finanzkapitale zumindest entlang eines Straßenzuges endgültig das ersehnte Niveau New Yorks erreichen: eine innerstädtische Verdichtung von 450 000 Quadratmetern Geschoßfläche.

Speer nennt diese und andere Wolkenkratzer-Meilen „Entwicklungs-Achsen". An ihnen wären die Triumphbauten aufgereiht, unübersehbare Trophäen zügelloser Stadterhoberer. Einer dieser Türme, ein Projekt der Bank für Gemeinwirtschaft, soll sich über seinem Y-Grundriß 172 Meter zum Himmel empor erheben. Ein zweiter, preisgekrönter Entwurf für den „Platz der Republik" lockt mit der Idee, die 200 Meter hohe Fassade so zu strukturieren, daß man an ihren Rückstufungen die Gesimshöhen der überflügelten umliegenden Hochhäuser ablesen könnte – zynische Ausgeburt eines Wettlaufs, bei dem eben immer einer der Größte sein will.

Mut haben sie von jeher bewiesen, die Frankfurter Oberbürgermeister, bis hin zu Wolfram Brück. Mit kühner Hand, tatentschlossen zupackend, ließen sie eine Stadt der winkeligen Gassen und gedrückten Häuser nach dem Zweiten Weltkrieg gar nicht erst zu. Ein paar Fachwerk-Veteranen durften als historisches „Disneyland" inzwischen Wiederauferstehung feiern: Ein Stück historische Kulisse, das vornehmlich als Motivbild, als neues Identifikationsmerkmal einer Stadt dienen soll, die sich in den vergangenen Jahrzehnten einen schlechten Namen erwarb. Als „Mainhattan", als „Bankfurt" und „Krankfurt", als die Stadt der zügellosen Bodenspekulanten und Abbruchkaiser. Wiederaufbauprojekte wie der neumittelalterliche Römer sollen den Schaden wiedergutmachen. Eine Ge-

GEO 57

PROST HENNINGER
Das schmeckt!

In Kamingesprächen, Briefen und Bürgerrunden wirbt die Stadt um Sympathie für noch mehr Wolkenkratzer

schichtsfälschung, der die Propaganda-Absicht anzumerken ist. Geschickt für Prospekte und Plakate fotografiert, gelingt es den verwunschenen Häusern, in der Betonwüste ein Idyll zu verheißen, das es in Wahrheit nicht gibt. Und nicht geben wird.

Die Verquickung der Postkartenansicht, die Touristen „good old Europe" verspricht, mit den Monumenten aus Stahl und Glas, die Geld und Einfluß signalisieren: Im Rathaus wird dies Standortpolitik genannt. Das Ziel: Frankfurt – ähnlich seinem Vorbild Houston, Texas – schon an seinen Umrissen erkennbar zu machen, das Leben einer Stadt planvoll in Szene zu setzen. Es ist das Design, das Identität schaffen soll und die Skyline, die die Stadt ersetzt.

In diesem Sinne droht Frankfurt schon wieder das höchste Haus Europas. Kurzfristiger Titelanwärter war der 254 Meter hohe Messe-Turm, den der Chicagoer Architekt Helmut Jahn entworfen hat. Schon dafür mußten die städtischen Bauherren lange genug Klinken putzen gehen, bevor sie in Amerika Finanziers für das nun im Bau stehende Projekt fanden. Doch die Steigerung von 254 Metern sind: 265 Meter. So hoch sollen nun 18 000 Tonnen Profilstahl neben dem Hauptbahnhof aufgetürmt werden. Über 60 Geschosse, 18 Aufzüge, ein stützenloser Ballsaal für 1500 Besucher, ein „Skyline"-Restaurant. „Es ist ein lupenreiner Stahlentwurf", beteuert der Architekt Helmut Joos. Frankfurter Superlative kennen kein Ende.

Ursprünglich hatte die Deutsche Bundesbahn, die immerhin Eigentümerin des Baugeländes ist, nur an ein bescheidenes, vielleicht elfstöckiges Hotel gedacht. Doch der Frankfurter Planungsdezernent, Hans Küppers, beschied den Schmalspurplanern von der Bahn, daß ein derart günstig gelegenes Areal „eigentlich zu schade ist für diese mickerige Bebauung". Was die Stadt verlange, sei ein wirklicher Wolkenkratzer. Ein großer Wurf müsse her. Also neuerlich das höchste Haus Europas. Es wird „Campanile" heißen.

Selbst wenn die importierte architektonische Idee die langsam, in historischen Zyklen gewachsene Stadt sprengt und eine jahrhundertealte Baugeschichte einfach ausradiert: Frankfurts Städtebauer kennen kein Erbarmen. Die Bewohner werden begreifen müssen, daß ihre Stadt weniger ein Lebensraum, um so mehr aber ein Geschäfts- und Finanzplatz sein will.

Eine der beiden größten PR-Agenturen Deutschlands, „Leipziger und Partner", hat im Auftrag des Magistrats einen Werbefeldzug entwickelt, der kritische Bürger auf die Linie der Stadtväter trimmen soll. Das Ziel: „Vertrauen wiedergewinnen, weitere Negativmeldungen vermeiden, emotionale Entspannung herbeiführen." Kurz: „Akzeptanz" für Baumaßnahmen schaffen.

Die Werber haben ausgeklügelt, daß man „Frankfurt als zukunftsorientierte, bürgerdienliche Wirtschaftsmetropole positionieren" müsse. Von „Rhetorikschulung" bis zu „persönlichen Briefen", von „Kamingesprächen" bis zu „Bürgerrunden" reicht die Strategie zur Überwindung der Skepsis. Doch wie kuschelig die Kamingespräche auch sein mögen, sie können die erfrischend ehrliche Parole des Frankfurter Turmvaters Helmut Jahn nicht vergessen machen. Und die heißt schlicht: „Alle Architektur ist am Ende monumental."

Deshalb haben sich die Menschen im Gutleutviertel, das sich an den Bauplatz des zukünftigen „Campanile" schmiegt, schon einen mächtigen Verbündeten gesucht, um sich gegen die Zerstörung ihres Wohnquartiers zu wehren: Dort beschwört die Pfarrerin nicht weniger als den Zorn des Herrn auf den hochfahrenden Turm herab. In der Bibel, die sie zückt, steht bei 1. Mos. 11, 1–9, geschrieben, wie es der Menschheit dereinst erging, als sie nach den Sternen griff.

„Auf! Laßt uns eine Stadt bauen und einen Turm, dessen Spitze bis an den Himmel reicht! Ein Denkmal wollen wir uns machen", so sprachen zu Babel die Menschenkinder. Da stieg der Herr herab, verwirrte ihre Sprache und zerstreute das kühne Geschlecht über das ganze Erdenrund. □

Joachim Riedl, 35, hatte als Korrespondent in New York mehrere Jahre Gelegenheit, sich mit Metropolenarchitektur vertraut zu machen. 1985 ging er zur „Zeit" nach Hamburg, wo er noch immer, jetzt als „Spiegel"-Redakteur, wohnt und arbeitet.

Commerzbank-Center · **Hochhaus am Güterplatz** · **DB-Hochhaus** · **Messeturm** · **Hochhaus am Platz der Republik**

Hauptbahnhof · Torhaus am Messegelände · Cityhaus · Poseidonhaus · Frankfurter Bürocenter

Olympia-Wohnpark Westhafen · Holbeinsteg · Hochhaus an der Galluswarte · Campanile

Friedensbrücke · DG-Bank

Die Reichstadt Frankfurt von Westen, mit dem stark vergrößerten Dom im Mittelpunkt – Radierung von Matthaeus Merian, 1619

Um 1800 war der Main noch nicht kanalisiert. An seinem Ufer und auf der ehemaligen Kleeblattinsel tummelten sich die Flaneure

Frankfurt 1930 – damals die Stadt mit den meisten Fachwerkhäusern in Deutschland

1944 lag die Altstadt in Trümmern. Später wurden Nikolai-, Paulskirche und Dom restauriert

Jahrhundertelang beherrschte der Dom die Silhouette

Ganz augenscheinlich hat der Frankfurter Dom die Stadtportraitisten vergangener Jahrhunderte mehr fasziniert als alle anderen Bauwerke in der Stadt. Er stand als ein Symbol für das stolze Selbstbewußtsein der Bürger – und er war über Jahrhunderte so etwas wie ein Spiegelbild der Stadtgeschichte. Bereits in der Bronzezeit lebten Menschen auf dem Domhügel, dem historischen Kern der zukünftigen Stadt. 794 wurde »der bekannte Ort« am Main erstmals urkundlich erwähnt: »Franconovurd«, »Furt der Franken«. Das Fundament für den später errichteten Dom war die vermutlich um 852 geweihte Salvatorkirche. Von seiner geographischen Lage begünstigt, wurde Frankfurt zu einem Handelszentrum von internationalem Rang. Im 14. Jahrhundert verdreifachte sich das Stadtgebiet; und der Dom stieg auf zum »Kaiserdom«, seit in ihm die deutschen Herrscherhäupter gekrönt wurden. Die Wirren und Kriege der Epochen hat der Dom überstanden, seine Bedeutung als Monument von Macht und Stolz dagegen eingebüßt. Denn in der Nachbarschaft der neuen Prestigebauten, der Wolkenkratzer, wirkt der traditionsreiche Bau nur noch wie ein Zwerg

Von der Gotik bis

Am Zeichentisch ist das Frankfurt der Zukunft schon längst entstanden

Auch wenn Hochhäuser bisher nur vereinzelt ins Stadtbild gestellt sind – Frankfurter pflegen sie gern mit dem weltstädtischen Etikett „Skyline" zu versehen. Die Bewohner amerikanischer Metropolen würden darüber vermutlich spöttisch schmunzeln; in Deutschland aber ist die Frankfurter Hochhauskultur einzigartig. Und angesichts immer neuer Turm-Entwürfe ist es auch nur noch eine Frage der Zeit, bis sich Frankfurt wirklich an den Panoramen seiner amerikanischen Stadt-Vorbilder messen kann.

Die Entwicklung des Stadtbildes begleiten Befürworter und Kritiker gleichermaßen mit großem Interesse. Da ist es an der Zeit, Bilanz zu ziehen und zugleich einen Blick in die Zukunft zu werfen: Im Auftrag von GEO hat das Frankfurter Stadtplanungsbüro Albert Speer & Partner eine „konkrete Utopie" entworfen, die „Perspektive 2000". Ein Panorama Frankfurts, das sowohl die bereits existierenden Hochhäuser zeigt als auch jene, die bisher nur als Entwürfe verschiedener Architekten vorliegen.

In der Montage sind alle Projekte berücksichtigt, die aufgrund städtebaulicher Erkenntnisse in den nächsten fünf bis zehn Jahren verwirklicht werden können. Dabei ist ein Trend offensichtlich: Während die schon vorhandenen Türme Spitzenhöhen von 155 und 166 Meter erreichen, wachsen die Projekte der neuen Generation – etwa der „Campanile" am Hauptbahnhof – bis auf über 260 Meter.

Ähnlich wie bei den Kirchtürmen in der Vergangenheit ist auch bei den Hochhäusern der Zukunft der Prestigewert für Bauherren, Architekten und Kommunalpolitiker oft wichtiger als der tatsächliche Nutzen. Denn je höher ein Haus, desto unrentabler ist es.

GEO-Art-Director Erwin Ehret, GEO-Grafiker Andreas Knoche und Farbimprimateur Norbert Kunz fertigten die Druckvorlage

Michael Spies zeichnete die neuen Türme

Albert Speer über die „Perspektive 2000": „Städtebau, Stadtbild und die Qualität der Architektur sind bedeutende Imagefaktoren. Deshalb hat die neue Hochhausgeneration keine rein funktionalen, rechtwinkligen und langweiligen Gebäudeformen mehr.

Der Wettbewerb um eigenständige und einprägsame Architektur kommt vor allem in den ‚Köpfen' der geplanten Projekte zum Ausdruck. Die neuen Hochhäuser entstehen an Standorten, die am besten mit dem öffentlichen Nahverkehr erreicht werden können. Andere Kriterien sind die Verträglichkeit mit der Umgebung, Klima- und Verschattungsfragen und die Erhaltung innerstädtischer Wohngebiete ohne Hochhäuser. Als Bereicherung des öffentlichen Lebens werden alle Hochhäuser in ihren mehrgeschossigen Eingangszonen mit Läden, Galerien und Restaurants ausgestattet. Die Perspektive 2000 zeigt so nur eine Momentaufnahme und ist nur ein Ausschnitt aus dem Panorama der lebendigen Stadt Frankfurt."

Wie sich deren Skyline möglicherweise schon in naher Zukunft präsentieren wird, zeigt GEO auf den Seiten 61 bis 64.

Das Team um Albert Speer, das für GEO die Skyline der Zukunft entwarf

zur Perspektive 2000

**Die Blickfänge
von heute werden schon morgen von einer
neuen Hochhaus-Generation in den
Schatten gedrängt sein**

Fotograf Bernd Bauer ging für GEO in die Luft, um einen möglichst plastischen Eindruck der »Perspektive 2000« zu vermitteln. Aus einem Helikopter heraus schoß er über den Dächern Sachsenhausens dieses Foto. Die GEO-unübliche Unschärfe in der Bildmitte war dabei nicht zu vermeiden: Bauer benutzte eine Spezial-Kamera für 360-Grad-Aufnahmen; daher auch die Biegung des Mains auf dem Foto, wo in Wirklichkeit keine ist. 1,5 Sekunden benötigte die Kamera für die Panoramaaufnahme Frankfurts. Während dieser relativ langen Belichtungszeit übertrugen sich die Vibrationen des Helikopters auf die Kamera und das Bild

Katharinenkirche

Untermainbrücke

Paulskirche

BfG-Hochhaus

Japan-Center

Hessische Landesbank

Dresdner Bank

Deutsche Bank

Museum für jüdische Geschichte

BfG-Hochhaus

Commerzbank

Kiosk für späte Kunden, Bier-Tresen, Börse für Nachrichten

VON EVA DEMSKI

Eigentlich heißen sie in Frankfurt „Wasserhäuschen", ein beschwichtigender Name. Der Wasserverkauf hat nie die entscheidende Rolle in diesen Etablissements gespielt, die untrennbar zur Stadt gehören und die sich doch so verändert haben – eben wie die Stadt selbst. Seit ein paar Wochen hängt ein Schild an meiner Stamm-Bude: „Wir verkaufen Bier nur noch zum Mitnehmen." Das ist das Aus – aber wie soll man das einem Nichtfrankfurter erklären?

Am Wasserhäuschen kauft man Zeitungen. Die Kinder stellen sich reiche, bunte Menüs aus Mohrenköpfen, Nappo, Lakritz, Gummibärchen und Zauberkugeln zusammen. Herren kaufen Zigaretten und Männer Vierzigerstumpen. Damen kaufen Heftchen und Frauen kaufen auch Heftchen. Man hat noch immer nicht verstanden, worum es eigentlich geht? Also: Die aus dem Ruhrgebiet bekannte Trinkhalle heißt hier Wasserhäuschen und ist etwas ganz anderes.

Zunächst die Architektur: Ein Wasserhäuschen kann tatsächlich ein Häuschen sein – muß aber nicht. Manche ducken sich unter Wolkenkratzern in eine Gebäudenische, andere nutzen Ecken, Baulücken oder Lädchen aus, die selbst für einen Schuhmacher zu klein wären. Es gibt prachtvolle Kioske, die entfernt an ihre maurischen Vorgänger erinnern, und es gibt welche, die Raumstationen gleichen – und die werden immer mehr. Die Öffnungszeit des Wasserhäuschens ist kundenfreundlich und führt dazu, daß ein guter Wasserhäuschenkenner in Frankfurt vom Ladenschlußgesetz relativ uneingeengt leben kann. Es kommt nur darauf an, zu wissen, welches Häuschen an welcher Ecke frische Milch oder Dosenfutter für die Katze, Nähseide oder Taschenmesser führt. Nicht alle haben alles, natürlich. Die Neigungen des Prinzipals oder der Prinzipalin spiegeln sich im Angebot wider.

Warum also bedeutet das harmlose Schild, vorn an meinem Häuschen, man verkaufe Bier nur mehr zum Mitnehmen, das Aus? Weil dem Häuschen damit seine wichtigste Funktion entzogen wird. Denn es ist eine Agora, ein griechischer Marktplatz in unserer marktplatzarmen Zeit, ein Treffpunkt, eine Börse, ein Arbeitsvermittlungsbüro. Der Hyde Park kann einpacken mit seiner einen armseligen Rednerecke – wir haben Hunderte! Ach, ich muß leider sagen, wir hatten: Die Vergangenheitsform drängt sich traurig und feierlich in meinen Bericht. Wir hatten sie, jene umlagerten Büdchen, in denen ein weiser Inhaber oder eine noch weisere Inhaberin jederzeit den Überblick behielt, in denen zum Reden das Trinken gehört, und zum Trinken Bier; und in Gesellschaft, zumal in gleichgesinnter, trinkt es sich besser, das weiß doch jeder.

Aber die Fadengraden, die Ordnungsfanatiker und Bürokraten, die professionellen Dreinredner und Erlaubniserteiler machen auch noch mit den letzten städtischen Feuchtgebieten nach und nach Schluß. Es ist so traurig wie vieles, was unter der Lügenflagge Ordnung und Fortschritt segelt! Das Bier, welches in die Leute kommt, sagen die Erlaubniserteiler, müsse auch wieder heraus, aber geordnet, und das gehe am Wasserhäuschen trotz des Namens gerade nicht.

„Kerle", sagt einer zu diesem Problem, „de ganze Daach hewe dene ihr Fiffis ihr Baa, wo se wolle, unn en Mensch . . ." – Er beendet seinen Satz nicht, weil die Umstehenden sowieso wissen, was er sagen will, und ihm beipflichten. Auch die Frauen. Nur eine sagt wohlerzogen: „Merr kann ja haamgehe!" Und damit hat sie auch wieder recht, denn das kann man wirklich. Das Wasserhäuschen muß in erlaufbarer Reichweite seiner Kundschaft sein.

Den „Fiffis" übrigens wird ansonsten viel Sympathie entgegengebracht. Sie gehören zum gewohnten Bild, stoisch, die Nase auf der Pfote, auf das flaschenschwingende, die Welträtsel lösende Herrchen oder Frauchen wartend. Das Verhältnis – das zahlenmäßige! – zwischen Männern und Frauen am Büdchen beträgt etwa zehn zu eins. Diese Statistik gilt allerdings nur für die stabile, also stehenbleibende Kundschaft, bei der mobilen sieht es eher umgekehrt aus.

Wo so viel geredet wird, hat die Politik ihren Platz. Es empfiehlt sich, ehe man sich zum Zeitungs- oder Zigarettenholen ein neues Häuschen sucht, die politische Couleur zu erkunden, damit man sich nicht jeden Tag von neuem ärgern muß. Die Verteilung der Tageszeitungen am Brett läßt da gewisse Schlüsse zu: „PflasterStrand", fragt eine neue Büdchenprinzipalin, „was issen des? Des hawwe mir net!" Auf etwas wirre Beschreibungen des Organs kommt dann, noch nachdrücklicher: „Unn des krieje mir auch net!"

Früher – als die Häuschensteher noch allenthalben zu sehen waren und nicht so viele von ihnen durch Auflagen des Ordnungsamtes oder durch Büdchenumwandlungen, zu Frittenbuden etwa, vertrieben wurden – konnte man interessante Wahlvoraussagen bei ihnen einholen, mit Wetten und Prozenten hinter dem Komma. An einem Häus-

WO MERR AAN HINNE DIE BIND GIESST

aus der Nachbarschaft – das Wasserhäuschen ist alles, und noch viel mehr

chen im ehemals roten Gallus, dem mittlerweile hauptsächlich von Ausländern bewohnten Viertel hinter dem Hauptbahnhof, war an Wahltagen eine Schiefertafel ausgestellt, auf der die Prognosen der Kundschaft angeschrieben waren – sie stimmten fast immer verblüffend genau.

Das Wasserhäuschen ist abhängig von seiner Umgebung – überflüssig, das zu sagen – und dennoch: Es hält sich auch in Ecken, wo man es nicht erwarten sollte. Im Bankenviertel beispielsweise oder an den Rändern der Villenviertel, wo ich einen Prominenten der Stadt öfters mit dem Fünfhunderter halten und ein Jägermeister-Fläschchen leeren sah. Der Mann wohnt ganz woanders, ihn treibt die Sehnsucht. „Des issen gude Kunde", sagt die Büdchenfrau vornehm und setzt ein mütterliches Gesicht auf. „Der kimmt geesche de Stress."

Der Stress ist überhaupt ein wichtiges Gesprächsthema, habe ich den Eindruck, wenn ich den Zeitungskauf hinauszögere und große Ohren mache – denn dastehen und mittrinken hat gar keinen Zweck, die spüren die Spionin und werden still wie Steine. Der Stress? Man kann sich gar nicht denken, was sie damit meinen, aber dann weiß man's doch, wenn man genauer hinhört. Der Stress: Das sind die Arbeitslosigkeit und die Angst um die Wohnung, die kalte Interesselosigkeit der Kinder, die aufmüpfigen Frauen. Auf das schmale Tresenbrett gestützt, die Bierflasche oder den Kümmerling in der Hand – „Des iss es beste ferr de Maache" –, kann man auch über solche Themen vor sich hin räsonieren, ohne allzu lästiges Interesse des Gegenübers zu provozieren. Hier werden nämlich Geschichten nebeneinanderher erzählt oder ineinander. So gehört es sich. Am Wasserhäuschen wird der Beweis, daß wir alle Teil einer einzigen, unendlichen Geschichte sind, jeden Tag neu erbracht.

Und so wird auch diese Geschichte über die Wasserhäuschen Teil einer großen, sich jeden Tag erweiternden Geschichte – einer Abschiedsgeschichte. Sie existieren zwar noch, die Buden mit den angenehmen Öffnungszeiten und dem vielfältigen Angebot von Africola bis Zwirn und Zigarren – aber sie werden von verglasten, weißen Ungetümen verdrängt, in denen es genormtes Fast-food gibt, überall dasselbe, und wo der eilige Zeitungskäufer dem gesprächigen Trinker vorgezogen wird.

Ich habe mich schon oft gefragt, wo sie eigentlich alle geblieben sind. Der Mann mit dem Meerschweinchen in der Tasche: „Gelle, Mucki? Hunnerd Mack hat schon aaner ferr des Kerlsche geboode!" Und die Frau, die immer die leeren Kornfläschchen in ihrer Einkaufstasche versteckte. Der alte Herr Schwarz, der ein bißchen wirr im Kopf war und den alle mit „Herr Dokter" anredeten – und das Zwillingspaar, dessen rasende Kräche nur am Büdchen geschlichtet werden konnten. Alle weg.

Bevor das vorletzte Wasserhäuschen hier im Viertel abgerissen wurde, weil es einer Bank im Wege war, dichtete die Inhaberin ihren letzten Reim. Sie hatte die Kundschaft jeden Tag mit Versen auf einer Tafel erfreut, etwa freitags: „Denk ans Lotto, fang Dein Glück! Halte nicht Dein Geld zurück!" Oder am Frühlingsanfang: „Die Vögel singen alle wieder / Laß Dich an meinem Tresen nieder!" Ich kann leider nur noch wenig auswendig, es waren lange Poeme. Was aber am letzten Tag auf dem Täfelchen stand, weiß ich noch ganz genau: „Der letzte Tag, ich muß nun weichen / Ihr könnt mich jetzt nicht mehr erreichen / Ich weiß noch nicht, wohin / und wo ich später bin." □

Eva Demski, 44, lebt seit über 30 Jahren in Frankfurt. Sie wurde 1988 in das Amt der Stadtschreiberin von Bergen-Enkheim berufen. Für dieses Heft schrieb sie auch den Beitrag „GI Blues".

»Friedels Drive-Inn« in der Nähe des Waldstadions gehört zu den verbliebenen Wasserhäuschen. Auflagen und Büdchenumwandlungen bedrohen die letzten Frankfurter »Feuchtgebiete«

Wo sich heute überwiegend altgediente Huren langweilen, soll ein 300-Zimmer-Superbordell entstehen: Die Breite Gasse wird dann eine der beg

Noch begegnet man den Huren im Bahnhofsviertel auf Schritt und Tritt, sieht man verblühte Mädchen, die aus trüben Augen den vorübergehenden Männern matt lockende Blicke zuwerfen – junge Suchtopfer, die für beinahe jeden Preis jeden Freier akzeptieren. Noch blüht das Geschäft. Doch bald schon, am Schwarzen Freitag 1989 – am 30. Juni –, wird im berüchtigtsten Rotlicht-Revier der Republik die Prostitution verboten sein. Danach, so haben es die Stadtväter im Römer bestimmt, sollen die Huren anderswo auf die Löhnung vom Freier und die Dröhnung vom Dealer warten. Wo? – Das weiß im Augenblick nicht einmal die Polizei genau.

Die neue Sperrgebietsverordnung, die dem Geschäft mit der Sünde an Elbe- und Moselstraße eine Galgenfrist von 30 Monaten gewährt, wurde einen Tag vor Heiligabend 1986 unterzeichnet und trat am 12. Januar 1987 in Kraft. Das Bahnhofsviertel wurde geknackt, das Gewerbe, so steht es im Text zu lesen, soll übers Stadtgebiet verteilt in sechs „Toleranzzonen" verbannt werden.

„Soll ich den Freier im Gutleutviertel auf den Bahngleisen bumsen oder im Osthafen mit ihm baden gehen?" fragt Monika, welkender Wonnekloß in Straß und Strapsen. In der Tat: Verglichen mit der drohenden Unwirtlichkeit eines Straßenstrichs entlang kahler Gleisanlagen oder ruhender Hafenkräne wirkt Monikas Bordellzimmer im „Crazy Love", Elbestraße 45, wie ein gemütliches Zuhause – auch wenn der Putz von der Decke rieselt und 130 Mark Miete pro Tag fällig sind. In den meisten von der Obrigkeit ersonnenen Toleranzzonen aber, weiß die platinblonde Veteranin des Metiers, „sagen sich die Füchse gute Nacht. Tote Hose, wohin du guckst."

Der Hessische Verwaltungsgerichtshof hatte dem dafür zuständigen Regierungspräsidenten in Darmstadt für den Erlaß einer neuen „Dirnensperrbezirksverordnung" schon 1980 die Richtung gewiesen: Der solle, so in einem Urteil des VIII. Senats, „dem sogenannten Kasernierungsverbot besondere Aufmerksamkeit widmen". Denn: „Ein allgemeines Verbot der Gewerbsunzucht für den ganz überwiegenden Teil eines Gemeindegebietes

Wohin mit der Lust?

Im Bahnhofsviertel, so haben die Stadtväter verfügt, sollen die roten Lichter verlöschen. Dem traditionellen Kiez droht der Umzug in menschenleere »Toleranzzonen«. Zuhälter fürchten um ihre Einkünfte, Huren um die vertraute Geborgenheit im angestammten Milieu. Ein Shoot-out um die profitabelsten Adressen droht, auch wenn die Bordellbosse noch um Ausnahmegenehmigungen im bisherigen Revier feilschen und Veteranen des Metiers Trost in der Erfahrung suchen, daß in Frankfurt noch keine Sperrgebietsverordnung lupenrein vollstreckt worden ist. Benno Kroll (Text) und Fred Prase (Fotos) berichten

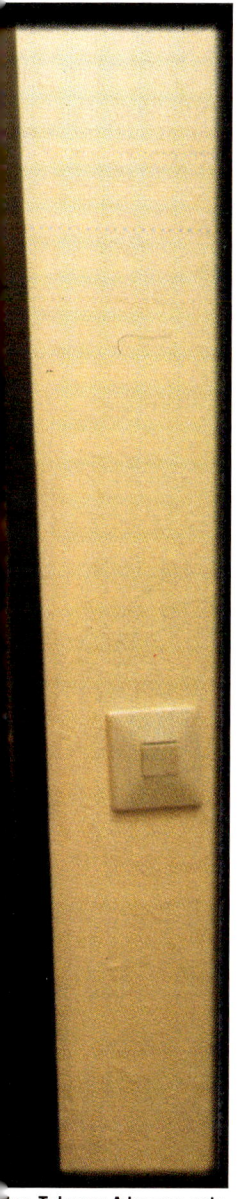

ten Toleranz-Adressen sein

zeitigt die vom Gesetzgeber nicht gewollte Folge, daß die Gewerbsunzucht im Verborgenen und auf ungesetzliche und nicht übersehbare Weise betrieben wird." Zehn tolerante Prozent der Stadtfläche, so die hessischen Richter in einem anderen Urteil, würden den leichten Damen die ihnen wie dem Gesetzgeber gleichermaßen unerwünschte Kasernierung ersparen.

Der von der Stadt Frankfurt beratene Regierungspräsident hat sich – schlitzohrig, aber buchstabengetreu – an die richterliche Ermahnung gehalten: Er hat das weiträumige Gebiet des Osthafens als Toleranzzone ausgewiesen, und zwar den Tennisplatz, die Gleiskörper der Bundesbahn sowie Hafenbecken und Industriegrundstücke gleich mit. Dort, über den trüben Fluten des Mains, aber auch im Zipfel der Gutleutstraße zwischen Bundesbahn und Niederräder Brücke, gibt es keine Absteigen, kaum Kneipen, nicht mal eine Imbißstube, in der eine durchgefrorene Straßenhure sich wärmen könnte. Und in den citynahen Toleranzzonen –

Die Zukunft der Breiten Gasse hat bei den »Gänsetreibern« Goldgräberstimmung geweckt

Wenn die Bordelle – zum Beispiel an der Elbestraße – schließen, stehen 1000 Prostituierte auf der Straße

unter der Mauer des Schlachthofs am Sachsenhäuser Deutschherrnufer und an den Seitenfahrbahnen der Theodor-Heuss-Allee nahe der Messe – ist es kaum anders.

Abends ist es überall ausgestorben und finster, für die Prostituierten also bedrohlich. Darüber können sich nur die „Gänsetreiber" freuen, wie man in Frankfurt die Zuhälter nennt, die in der Abgeschiedenheit des neuen Strichs mit der ihnen eigenen Strenge wieder um Zahlungsmoral und Ordnung sorgen dürfen. Und die vier Häuser an der Oskar-von-Miller-Straße, Freistätten des Gewerbes seit langer Zeit?

„Die sind belegt", sagt Monika. „Und in die Breite Gasse komme ich nicht mehr rein."

Die Breite Gasse, von jeher rötlich beleuchtet und amtlich geduldet, war bislang Endstation für Altgediente aus den Hurenquartieren am Bahnhof. Nun aber, während das Bahnhofsviertel seiner Säuberung entgegenstirbt, gilt der kurze Knüppeldamm zwischen Zeil und Allerheiligenstraße unter den Toleranzzonen als Beletage. Der Name dieser weithin noch ebenen Bebauungsschneise weckt unter betuchten Aufsteigern aus dem Zuhälter-Milieu eine Art Goldgräberstimmung. Denn einige von ihnen, wenige freilich, werden dort auf städtischem Grund – Kasernierung hin oder her – für amtlich geschätzte 30 Millionen Mark ein neues „Dirnenwohnheim" errichten dürfen. Wer, das muß noch ausgeknobelt, wenn nicht gar ausgeschossen werden. Jedenfalls wird der Neubau mit 300 Zimmern eines der größten Bordelle der Republik sein. Einen Grundriß gibt es schon. Doch was sind 300 Zimmer für 1000 obdachlose Huren?

Monika hat ihre Karriere weitgehend hinter sich. Für den Straßenstrich fühlt sie sich zu alt. Und für den Geschmack künftiger Bordellbosse an der Breiten Gasse ist sie es auch. Also sucht sie Trost in den Gerüchten, die durchs Bahnhofsviertel schwirren. Daß dieser oder jener Bordellier eine Ausnahmegenehmigung bekommen soll. Daß die im allfälligen Shoot-out um die Breite Gasse dereinst Unterlegenen die Sperrgebietsverordnung vor dem Verwaltungsgericht kippen werden. Daß die Sozis, die Grünen und sogar der evangelische Pfarrer gegen die Vertreibung sind. Und daß hinter den Römer-Türen des Frankfurter Magistrats, immer wenn es um die Fleischtöpfe des Milieus ging, nie so heiß gegessen wie gekocht wurde. Dafür, tatsächlich, kennt die Milieuhistorie manches Beispiel.

Bislang wurde in Frankfurt noch keine Sperrgebietsverordnung lupenrein vollstreckt. Weshalb nun diese? Das Bahnhofsviertel war Sperrgebiet, als es sich – so Frankfurts einstiger Oberbürgermeister Walter Wallmann – zum „Geflecht aus Prostitution, Kriminalität und Drogenhandel" verfilzte. Andere Verstöße gegen geltende Verordnungen, wie der feudale Sauna-Puff Tucholskystraße 16 im gutbürgerlichen Sachsenhausen, wurden so lange geduldet, bis die Gerichte das Fait accompli sanktionieren mußten. Der sozialdemokratische Chef des Ordnungsamtes aber, der den Bossen des Milieus auf die Finger gucken sollte, wechselte ungeniert die Fronten. Heute ist der Kiez-Kenner Rechtsanwalt und vertritt die einst von ihm gejagten Herren nun vor Gericht und Magistrat. Einen besseren –

70 GEO

**Wenn es um neue
Liegenschaften für das
horizontale Gewerbe geht, redet auch
der städtische »Almosenkasten«
ein Wörtchen mit**

Nachts ist die Intzestraße ausgestorben. Hier sollen demnächst Straßendirnen auf Freiersfang gehen

weil eingeweihteren – Vertreter ihrer Interessen hätten die Bordellgewaltigen kaum finden können.

Doch der lockere Umgang mit den Nutznießern der bezahlten Liebe ist überparteiliche Gepflogenheit. Auch die mit absoluter Mehrheit im Römer regierende CDU läßt sich nicht gern in die Karten gucken, wenn sie mit Hersch „Henry" und Chaim Beker, im Syndikat der Bordellszene die Nummern eins und zwei, das Bauprojekt Breite Gasse erörtert. Die Stadtväter haben den Kiebitzen von der rotgrünen Opposition mit einem schlauen Coup den Blick verstellt: Sie haben die Puff-Parzellen an der Breiten Gasse, die der Stadt gehörten, Anfang 1988 in das Eigentum einer Stiftung überführt. Denn über die Nutzung stadteigener Grundstücke hätten sie Opposition und Öffentlichkeit unterrichten müssen. Dieser Pflicht sind sie ledig, seit diese Grundstücke einer – wenngleich stadteigenen – Stiftung gehören.

Diese Stiftung des öffentlichen Rechts, die den Huren, ihren Kunden und Kupplern nun Quartier macht, ist der „Allgemeine Almosenkasten", gegründet zu Frankfurt anno 1428. Die Nachfolger der wohltätigen Stifter hatten es sich im vergangenen Jahrhundert angelegen sein lassen, junge Frauen der „dienenden Klasse" vor „sittlicher Verführung" und der „Franzosenkrankheit" zu bewahren. Unempfindlich gegen gespenstische Ironien, verfügten die Stadtväter, daß der ehrwürdige Verein 3900 Quadratmeter bordellbestimmtes Land an der Breiten Gasse in Besitz zu nehmen und dafür einige seiner Grundstücke im Tausch herzugeben hatte. Den Neubesitz soll der Allgemeine Almosenkasten nun den Profiteuren der Gewerbsunzucht verkaufen oder in Erbpacht überlassen.

Da auch der Grundbesitz des Allgemeinen Almosenkastens vom Liegenschaftsamt der Stadt verwaltet wird, hat Amtschef Dr. Albrecht Müller-Helms – so sieht es Jo Meergans, Geschäftsführer der SPD-Fraktion im Römer – „die Akten von einer Seite seines Schreibtisches auf die andere geschoben. Aber der Steuerzahler mußte für diesen Transfer mit über 200 000 Mark aufkommen, für Anwalts- und Notariatsgebühren".

„Der Tausch mußte sein", sagt Alexander Skipis, Assessor juris und Referent des Oberbürgermeisters, nicht ohne Verlegenheit, „damit sich Magistratsdirektoren mit Bordellbesitzern nicht an einen Tisch setzen müssen." Mag ja sein. Mag aber auch sein, daß sich Magistratsdirektor Müller-Helms nur einen anderen Hut aufsetzt, wenn er den Bordell-Bossen als „Verwalter der stiftungseigenen Grundstücke und Gebäude" gegenübertritt.

„Wir verhandeln mit guten Leuten von der Stadt", sagt – hörbar geschmeichelt – Nick Sührig, ehemals Boxer mit regionalem Lorbeer, den eine langjährige Bordellkarriere von der Huren-Aufsicht nach Loddel-Art ins Chefbüro des Sauna-Puffs Zeil 15 trug. „Und wir sitzen alle mit den Bekers in einem Boot", fügt er namedropping hinzu. Auch sein Schwitz- und Fummelkasten liegt im Sperrgebiet. Dennoch ist Sührig zuversichtlich, daß die Sperrgebietsverordnung der Behörden letztes Wort nicht ist, zumindest nicht in der eigenen Sauna-Sache: „Unser Haus bleibt jedenfalls bestehen!"

Woher dieser Optimismus? Tatsächlich sind den im Sperrgebiet fortdauernd ge-

**Die Säuberung
wird aus den Kiez-
Königen keine Bettler machen.
Heute bieten sie Frauen
an, morgen Häuser**

Peep-Shows gibt es im Bahnhofsviertel auf Schritt und Tritt – wie viele bleiben werden, ist noch offen

öffneten Liebesherbergen schon vor einem Jahr die Schließungsverfügungen zugestellt worden. Sührig behauptet zwar, keine bekommen zu haben. Die 28jährige Besitzerin des Konkurrenzbetriebes Tucholskystraße 16 aber hat sie bekommen – und cool mit einer Normenkontrollklage beantwortet. Das Normenkontrollverfahren hat keine aufschiebende Wirkung. Die Schließungsverfügungen wurden dennoch nirgendwo vollstreckt.

Das weckt im Bahnhofsviertel Hoffnung. Auch Gina, Barfrau in der „Sauna 2000", ist hoffnungsfroh. Das Haus Elbestraße 32, in dessen Keller die Saunagäste mit ihren Liebesnixen in Marmorbädern planschen, wurde an die Dresdner Bank verkauft. Die Räume im darüberliegenden Erdgeschoß mußten geräumt und geschlossen werden. „Doch im Keller", so Gina, „schließen wir erst 1993. Das hat Kalle mit der Stadt schon längst geregelt. Hätte er sonst vor wenigen Monaten noch die Bar umbauen lassen?"

Ein fast überzeugendes Argument. Nein, so was Dummes hätte „Kalle" wohl nicht getan: Karl Baumüller, im Bahnhofsviertel kein Hausbesitzer, nur Pächter, unter den besitzenden Bossen Beker, Zaltzmann, Glina, Taska, Weinstein & Co. mithin nur mittleres Management, Deutscher zumal. Aber daß er angesichts einer Verordnung von glaubhafter Endgültigkeit noch investiert, ist schwer vorstellbar. Das hat Kalle nicht verdient, daß ihm einer nachsagt, er könne nicht rechnen.

Grüne, Huren, Altmieter und Polizisten argwöhnen, was die grundbesitzenden Bosse ihrerseits hoffen: Daß die Stadt, die immer noch keinen Bebauungsplan vorgelegt hat, mit der Säuberung des Bahnhofsviertels den Banken Platz für neue Hochhäuser machen will. Die als Folge dann eskalierenden Grundstückspreise kämen den Bossen gerade recht. „O nein", beteuert Referent Skipis, „da werden noch bittere Tränen geweint. Denn Hochhäuser wird es im Bahnhofsviertel nicht geben, das ist ganz sicher."

Huren, Freier und Ganoven auch nicht? Noch bilden Diebe und Dealer aus allen Welten des Orients in der Kaiserstraße das kehlig geschwätzige Völkerdefilee, das Frankfurt-Besucher schon vor der Bahnhofspforte auf bejahrte Vorurteile zurückwirft: Frankfurt – Hauptstadt des Verbrechens. Noch weiß die Polizei, wo sie ihre Klientel suchen muß. Noch sind an Elbe- und Moselstraße von einst 27 Bordellen 14 geöffnet. In den ehemals bürgerlichen Zimmerfluchten schweben miasmatische Dünste aus kaltem Schweiß und warmem Harn. Das Milieu am Bahnhof verendet, wenn es denn zu Ende geht, mit einem stinkenden Seufzer. Den großen Bossen ist es gleichgültig, unter welcher Adresse sie Kasse machen. Für die kleineren aber ist die Ungewißheit noch nicht zu Ende.

Aber auch das Noch ist noch nicht vorüber. Dies ist Frankfurt. Da hat manches Bordell, das am Ordnungsamt sterben sollte, den eigenen Todestag überlebt. □

Der freie Autor und frühere GEO-Redakteur **Benno Kroll** ist mit dem Frankfurter Milieu vertraut. 1980 widmete er dem Bahnhofsviertel sein Buch „Nachtasyl".

Auch **Fred Prase** ist ein intimer Kiez-Kenner. Zehn Jahre lang war der Hauptkommissar im 4. Revier für das Bahnhofsgebiet zuständig. Seine Erfahrungen dokumentierte er 1985 in dem Bildband „Feuerteich".

Manchmal muß es eben Mumm sein. Der Deutsche mit dem trockenen Akzent.

Von der Kunst, mit Geld umzugehen.

Die Kunst, mit Geld umzugehen, ist so alt wie das Geld selber. Also so alt wie die ersten geprägten Münzen aus dem 7. Jahrhundert v. Chr.

Eine Bank muß das Vertrauen eines jeden Kunden jederzeit rechtfertigen.

Und seit dieser Zeit hat sich an der Grundidee, mit Geld zu rechnen, so gut wie nichts geändert.

Was sich natürlich sehr deutlich geändert hat, ist der professionelle Umgang mit Geld.

Dafür steht heute eine Bank, wie beispielsweise die Dresdner Bank, als Dienstleistungsunternehmen zur Verfügung. Mit allen Fachkenntnissen, mit weltweiten Beziehungen und modernster Kommunikationstechnik.

Die Kunst, mit Geld umzugehen, bedeutet für uns, das Vertrauen eines jeden Kunden zu rechtfertigen und in jeder veränderten Situation neu zu erwerben.

Für einen Privatmann kann die Kunst, mit Geld umzugehen, in der Familie beginnen.

Zum Beispiel, wenn eine qualifizierte Berufsausbildung der Kinder so früh wie möglich finanziell abzusichern ist.

Hier bietet die Dresdner Bank einen Ausbildungs-Sparplan, der in Höhe und Laufzeit variabel ist. Und der sich dynamisch an steigende Lebenshaltungskosten anpassen läßt.

Oder Sie wollen ein Eigenheim finanzieren: Dann berechnet unser Software-Paket „drebau" die möglichen Alternativen. Und unser Langfristzins ›C‹ vermindert das Risiko steigender Zinsen bei der

Beanspruchung eines Kredits.

Um den Ruhestand eines Tages wirklich in Ruhe genießen zu können, durchleuchtet unser Computerprogramm „drecos" die Altersversorgung unserer Kunden und gibt Anhaltspunkte für eine realistische Einschätzung. Sollten sich dabei Lücken zeigen, so kann unser Pensions-Sparplan helfen, diese zu schließen.

Für die private Vermögensbildung entwerfen unsere Fachleute maßgeschneiderte Anlage-Kombinationen, mit möglichst hoher Rendite. Dabei reicht das Spektrum von klassischen Sparplänen bis zur Goldanlage, zu festverzinslichen Wertpapieren und Aktien.

Und all das mit der Erfahrung, die eine große Bank, wie die Dresdner Bank, bieten kann.

Genau diese Erfahrung ist es, die kleine, mittlere und große Unternehmen ebenfalls zu uns führt. Auf dem Weg, neue Ziele zu erreichen und bestehende Werte zu erhalten.

Eine große Bank muß so flexibel sein, daß sie für jeden Kunden Maßarbeit leistet.

Dazu gehört zum Beispiel das Electronic Banking, bei dem die Dresdner Bank führend ist. Oder das ständig aktualisierte Mittelstands-Servicepaket, das sich sehr flexibel einsetzen läßt. Mit anderen Worten: Dazu gehört alles, was für eine perfekte Finanzplanung nötig ist.

Die Kunst, mit Geld umzugehen, hat für jeden Menschen eine individuelle Bedeutung. Darum wird es die Kunst einer Bank bleiben, für die unterschiedlichsten Aufgaben Lösungen nach Maß zu erarbeiten.

Dresdner Bank

Frankfurts Fundament ist das Geschäft mit dem Geld

Die Schein-Welt

Die Bedeutung dieser Stadt wird in harter Währung gemessen, denn Geld ist ihr Lebenselixier. Fast 400 Banken und die Börse haben Frankfurts Rolle als internationales Finanzzentrum geprägt, 50 000 Menschen verdienen rund ums Geld ihren Lohn

VON PETER LIESER
FOTOS: FERDINAND GRAF LUCKNER

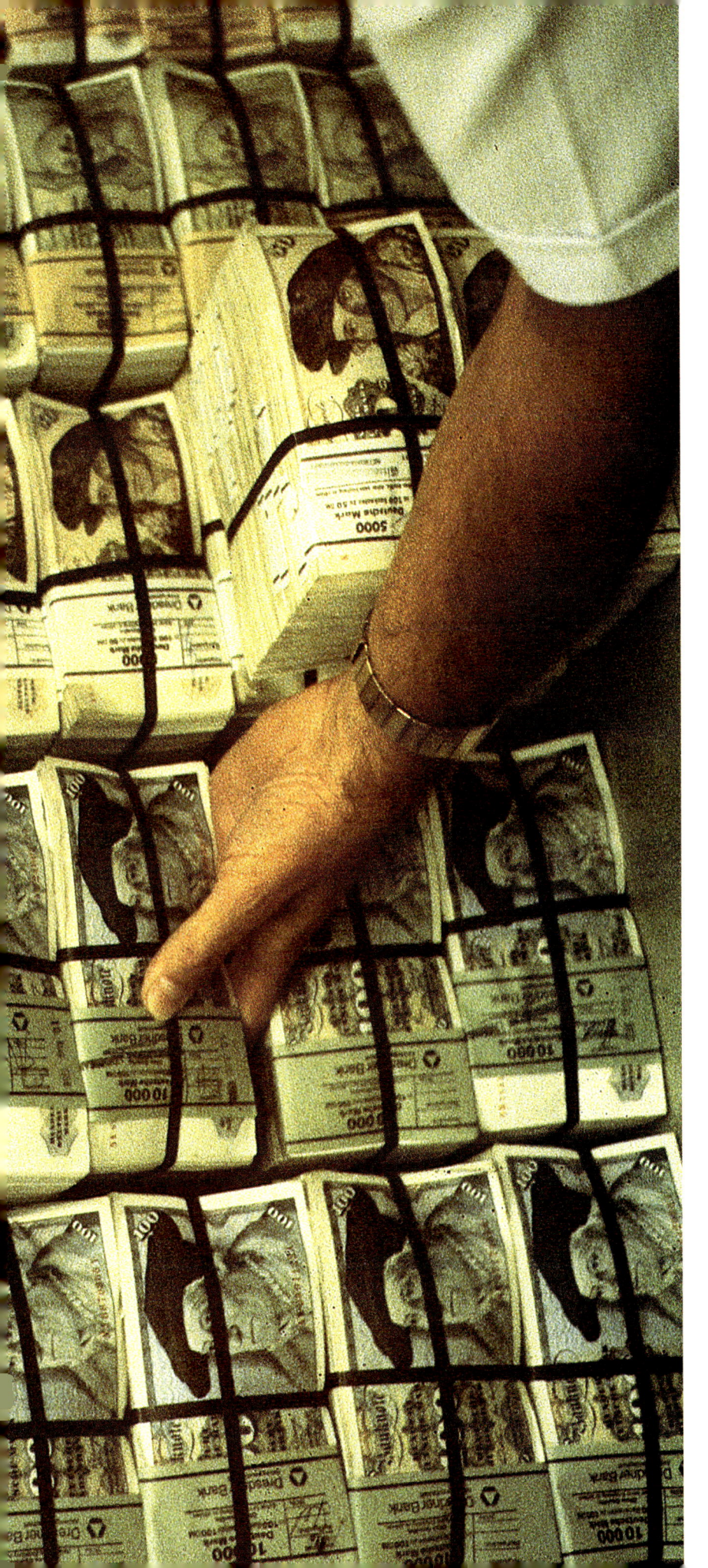

Tief unten im Keller der Hessischen Landeszentralbank liegt die Kohle auf Halde. Etwa auf der Höhe der Mainsohle und von meterdickem Stahlbeton gesichert. Gute Deutsche Mark, in Plastikpäckchen aromafrisch verschweißt wie guter deutscher Bohnenkaffee – nur: „Kaffee regt uns wenigstens auf, im Unterschied zum Geld", sagt der Beamte mit einem Augenzwinkern.

Geld stinkt. Im 300 Millionen Mark teuren Domizil an der Taunusanlage riecht man es. Männer und Frauen gehen damit um, als würden sie Kohlköpfe transportieren, auspacken, sortieren, wiegen, prüfen, zählen und verpacken. „Geld ist eine Ware. Und unser Job ist eben ein stinknormaler Job."

Sie sind es, die den Geldverkehr in Gang halten: die schwerbewaffneten Fahrer und Träger der Geldkisten. Das Personal in den Sicherheitsschleusen. Die Kassierer, die in ihren Kabinen hinter 80 Millimeter dickem Panzerglas einen kühlen Kopf bewahren. Und während der Inhalt der zerbeulten Alucontainer in aller Ruhe überprüft wird, spielen die rauchenden Colt-Träger Karten. Um sauer verdientes Geld, versteht sich.

In der Landeszentralbank sitzen die Geldnotenzähler an Geldzählautomaten und prüfen und sortieren täglich fast eine halbe Million Scheine. In der Hochsaison, etwa vor Weihnachten, auch schon mal eine ganze Million: die Guten ins „Umlauffähig"-Fach, die Schlechten ins „Nicht-Umlauffähig"-Fach. Und das Falschgeld? – „Geht den Dienstweg in die Spezialabteilung", sagt der Direktor mit wichtiger Miene und mit Stolz auf die Entdeckungskünste seiner Mitarbeiter.

Mit dem bloßen Auge werden hier Tag für Tag auch 600 000 Münzen auf ihr Aussehen geprüft. „Unglaublich was wir zu sehen kriegen. Behämmerte Markstücke und Fünfer als Amulette. Und besonders komisch ist es, wenn Schrotthändler säckeweise die verrosteten Markstücke zu uns bringen, die sie im Laufe der Zeit aus den Autowracks bergen."

Trotz des schier unaufhaltsamen Aufstiegs des bargeldlosen Zahlungsverkehrs hat sich der Bargeldumlauf in den letzten zehn Jahren mehr als verdoppelt. In Geldbeuteln und auf Konten, in Sparstrümpfen, Federbetten, Mauerritzen und Mühlteichen, unter Eichendielen und in Kohlenhalden, in Automaten, Kassen und Tresoren im In- und Ausland befinden sich derzeit über 140 Milliarden Deutsche Mark. Und immer wieder kehren die „gesetzlichen Zahlungsmittel" im Bargeldkreislauf zurück zur Bundesbank, der Bank der Banken. Scheine im Durch-

GEO 77

Kleingeld für die Wechselkasse: In Plastikbeuteln verschweißt, abgepackt und nach Wert sortiert lagert Münzgeld im Tresorregal

schnitt dreimal im Jahr. Gesichtet, gezählt und gebündelt gehen vier Fünftel wieder raus. Laut Statistik hält ein Zehnmarkschein eineinhalb Jahre, ein Hunderter hingegen vier Jahre. Größeres Geld, längeres Leben. Der für unbrauchbar erklärte große Rest wird klein gemacht: von einer Milliarde Mark bleibt ein dreiviertel Liter Asche. Seit 1975 drei Beamte am Sitz der Bundesbank am Diebsgrundweg einige Millionen des für Makulatur erklärten Geldes nicht anbrennen lassen wollten und lieber heiß in die Tasche als cool in den Ofen steckten, werden die Noten umgehend nach dem Aussortieren in der Landeszentralbank gelocht. Den Schein-Ersatz läßt die Bundesbank sich was kosten: etwa 150 Millionen Mark jährlich für den Druck von ungefähr 20 Milliarden.

FRANKFURTS SCHULDEN haben sich zwischen 1979 und 1986 fast verdoppelt. Frankfurt ist die Stadt mit der größten Arbeitsplatzdichte: 618 000 Einwohner und 530 000 Arbeitsplätze. Frankfurt hat die größte Pendlerquote der Nation. Und mit mehr als 7000 Mark auch die höchste kommunale Pro-Kopf-Verschuldung. Frankfurt ist nationale Finanzmetropole und mit Zürich und Paris der führende Bankenplatz auf dem Kontinent. Zur Jahresmitte 1988 gab es 388 Banken in der Stadt. Davon 245 aus dem Ausland. Aus 44 Ländern. Über 50 000 Menschen verdienen in Frankfurts „Banking Community" ihren Lohn. Vielleicht 1000 Mark die Auszubildenden, 100 000 Mark die Vorstände. Je nach Bank. Im Monat. Der Beruf ist „in": 25 Prozent Zuwachs in den letzten fünf Jahren. 900 Lehrlinge stellten sich 1987 der Frankfurter Industrie- und Handelskammer zur Abschlußprüfung vor. Und noch immer kommen auf einen Ausbildungsplatz zwei Dutzend Bewerbungen.

Im silbernen Kolben der Dresdner Bank plätschern pausierende Mitarbeiter im 31. Stockwerk im „Löschwasserreservoir", einem Schwimmbad mit Aussicht über die Dächer des Bahnhofsviertels und noch viel weiter.

„Der Einzug hier, 1980, war wie der Aufbruch in eine neue Zeit", sagt der Direktor der Raumplanung, Hans Werner Schreiber. 24 Etagen mit Bürolandschaften, in denen jeweils rund 100 Menschen arbeiten. Maßgeschneiderte Bürosysteme, Stuhlrückenhöhen ohne Hierarchien, Hydropflanzen in Normkübeln, ornamentierte Abhängdecke aus Pop-Art-Plasten mit Leuchtkreuzen, Dresdner-Bank-Design-Teppich auf dem Doppelboden, unter dem die intelligenten Nervenbahnen des Fabrikturms implantiert sind. Sumpfgrüngelb. Passend zur Trägerin des „grünen Bands der Sympathie". – „Zartgelb dämpft Aggressionen", heißt es in einem Blues-Text.

Ältere Angestellte gehen handfesten Tätigkeiten nach. Kartons, Pappe und Papierbündel erinnern an echte Fabrikarbeit. Codiererinnen arbeiten wie am Fließband. Daneben steht ein Belegleser, der maschinell, leise und ausdauernd, ohne aufzublicken sein Pensum schafft. Routiniert wie er ist, bearbeitet er schon, je nach Abteilung, bis zu 90 Prozent der Belege.

Die Rohrpost stirbt, der „Telelift" hievt die Bilanzen in die Zukunft. Von HighTech-Inseln aus lernt der Bankernachwuchs, über die Wellen der neuen, vernetzten Welt zu surfen. „Da regt sich das Kind im Manne, und Träume von der elektronischen Eisenbahn werden wahr", freut sich einer im Hausprospekt.

Der Vorstand der Dresdner Bank sitzt – im Vergleich mit anderen großen Konkurrenten – ungewöhnlich weit unten: im ersten Stock des sogenannten Altbaues an der Gallusanlage. Und darunter, im Keller, steht ein Safe von 1927, der, ebenso wie der mächtige Haupttresor, die Bomben des Zweiten Weltkrieges unbeschadet überstanden hat.

Eine alte Frau kommt regelmäßig an diesen stillen Ort, betrachtet und pflegt ihren deponierten Schmuck. Als sie mal für ein paar Tage ausblieb, sorgte man sich um sie. Und als sie wieder da war, gab sie den Grund ihres Ausbleibens preis, um sich für die sorgende Teilnahme zu bedanken: Im Safe habe sie eine Uhr liegen, die sie regelmäßig aufziehe. Jüngst aber hätte das Laufwerk stillgestanden und mußte vom Uhrmacher erst wieder in Gang gesetzt werden.

Für Dresdner-Bank-Vorstandsmitglied Kurt Morgen dokumentiert sich die Bedeutung Frankfurts als Finanzmetropole inzwischen auch im Stadtbild. „Die immer ansprechender werdenden Hochhäuser sind Teil des Profils der Stadt geworden und tragen dazu bei, der Innenstadt ein internationales Flair zu geben. Frankfurt sollte zu dieser Entwicklung stehen und Banken nicht an die Peripherie verweisen. Das Bankgeschäft ist nun einmal schwer zu teilen. Warum also nicht nach oben ausweichen, denn die knappe Grundfläche ist ja nicht vermehrbar. Bei guter Architektur lassen sich so durchaus Eleganz im Sinne des Stadtbildes und Zweckmäßigkeit im Interesse der Banken auf einen Nenner bringen."

„BEREICHERUNG der Internationalität der Bankenlandschaft ist der Trend", sagt Wolfgang Lindstaedt von der Industrieund Handelskammer. „Japan kommt stark. Drei weitere neue Banken haben sich schon bei uns vorgestellt."

„Mainhattan ist wichtiger als Manhattan", schreibt Takashi Onozawa, Vorstandsvorsitzender der Bank of Tokyo AG, in der „Börsenzeitung". Natürlich. Obwohl die Büromieten mit 50 Mark pro Quadratmeter die teuersten in der Republik sind, liegen sie damit immer noch weit unter denen in New York oder London. Es hat sich im Ausland herumgesprochen, daß Frankfurt den Banken auch ein attrak-

Die Stadt hilft den Banken zum Nulltarif

tives Umfeld anbietet. Mit Hilfe der Stadt. Zum Nulltarif.

„Der Geist des Standorts prägt den Geist der Institution", sagt Oberbürgermeister Wolfram Brück, in Gedanken bei der Eurozentralbank, die er gern an den Main holen möchte. „Wir haben mit Baurecht und Gelände vorgesorgt. Wir sind nun mal *der* Finanzplatz in Deutschland und einer der ersten in Europa. Die Banken sind für uns der Kopf der Entwicklung. Sie ziehen alles nach sich, was mit dem Kopf zu tun hat. Vom Software-Hersteller bis zum Gebäudereiniger." Die Stadt braucht die Banken. Brauchen die Banken die Stadt? Brück antwortet schnell: „Die Identifikation der Banken mit der Stadt ist sehr unterschiedlich. Allgemein ist ein enges Blickfeld festzustellen. Man muß mit den Banken reden, damit sie den entscheidenden Beitrag zur Standortpflege leisten. Die Wirtschaft muß sich engagieren, um die Stadt zum Belegschaftsstandort auszubauen."

„In Hinblick auf das Vereinigte Europa von 1992 ist Frankfurt ein sehr interessanter, äußerst zentral gelegener Ort", meint Friedrich W. Menzel, Vorstandsmitglied der Citibank. „Die Stadt ist einfach zu nehmen und hat eine phantastische Infrastruktur. Wenn hier nicht einige staatliche Regulierungen unsere Innovationsfreudigkeit beschränken würden, stände Frankfurts Zukunft als europäische Finanzmetropole außer Frage. Hinter London."

Was manchmal übersehen wird: Die Ausländer haben nur fünf Prozent Anteil am gesamten jährlichen Geschäftsvolumen der Banken. Indes hat nun auch China deutschen Boden betreten: „Frankfurt ist das Tor nach Europa. Europa braucht China. China braucht Europa", sagt Yang Hutian, Leiter der Repräsentanz der Bank of China und eine Art Branchenkundschafter. Er wohnt seit einem Jahr in der Stadt, „um die Gebräuche kennenzulernen. Ich wandere gern im Taunus. Später will ich dort wohnen".

Noch einer mehr. Fast alle Banker aus den oberen Frankfurter Etagen wohnen im Taunus. 20 Autominuten von ihren Tiefgaragen in der Stadt entfernt. Stark bewachte Villen, Alarmanlagen. Golfclubs und Heimatvereine. Aus- und Weiterbildungszentren der großen Banken. Bankerghetto? – „Nein", widerspricht Walter Vielmetter, Direktor der Abteilung Information und Presse der Dresdner Bank. „Wir leben hier sehr individuell. Der Taunus ist unser körperliches und geistiges Frischluft-Reservoir." Abstand vom Geld, Abstand vom Tatort? So wie die Banken im Tal, unten im Smogloch Frankfurt, ihre Hochhäuser in die Taunuswinde stellen, stellen die Banker ihre Villen oben in den Taunus. Die Stadt sehen sie selten von unten.

EIN EIGENER WIND weht in der Börse. „London ist Hauptkonkurrent und ewiger Angstgegner. Es steht etwa 1:2, nach Umsätzen", erklärt Michael Hamke den Spielstand im Wettbewerb der Wertpapierbörsen. „VW Eins Geld", schreit jemand dazwischen. Die größte Anzeigetafel Europas geht gerade in Betrieb. Rund um den Saal. „Etwa 2700 Personen haben an der Börse Zutrittsrecht, doch nur 800 sind täglich hier. Zahlreiche Freimakler und Firmen. 1987 betrug der Gesamtumsatz 1359 Milliarden Mark", gibt Hamke zu Protokoll. „Und der Angstgegner schafft etwa drei Billionen. Mark! Wir rechnen nicht mit Pfunden. Das hier ist doch kein TanteEmma-Laden."

„Spüren Sie die Unsicherheit im Raum? Heute ist ein unklarer Tag", meint ein Freimakler. „Ängste gibt es in meinem Beruf. Wir beobachten die Politik. Die ist wie das Wetter. Und so ist die Börse. Die Kriegsschauplätze sind zwar weit weg. Doch wir spüren sehr genau, wenn sich irgendwo was tut. Und die größte Sorge im Moment: daß die Banken uns Einzelhänd-

Jederzeit im Angebot: Devisen-Bündel

Die Ware wird in allen Währungen gehandelt

ler abschaffen wollen." Und weg rennt er zum Telefon.

Welch ein Getümmel. Wie auf einem Schlachtfeld. Die Namen der Akteure sind unwichtig. Gestreifte Hemden. Krawatten mit Spange. Auffallend kräftige Farben. Die tragen vor allem die Frauen.

In der Boutique am Börsenplatz liegt die gestreifte Ware in zwei Schaufenstern. In einem die Hemden, im anderen die Blusen. „Ich brauche nur zu sehen, *wie* die aus der Börse kommen, und ich weiß, wie ihre Geschäfte gelaufen sind", sagt Hausherr Gernot Freiherr von Freyberg. Und dann führt er vor, welche Kopfstellung welchen Kursstand signalisiert: gesenkt, aufrecht, erhoben. – „Die Mode der jungen Börsianerinnen und Börsianer hat sich wieder stark der Klassik zugewandt. Frische Klassik. Tab-Hemden, die mit der Lasche, sind gefragt. Die drücken die Krawatte und den Kopf nach oben."

DIE JAPANER wollen ein Finanzamt kaufen. Das gehört dem Land Hessen. Doch der Yen steht gut, und das Land braucht Geld für Bildungsreformen. Früher stand an der Hauswand: „Make love, not war". Heute steht hier: „Sex is better than tax". Die Nachbarn des künftigen deutsch-japanischen Zentrums lernen schon Japanisch. Trading- and Marketing-Manager Yoichiro Ikuta lächelt überall in Frankfurt von Werbeplakaten herab und sagt in fremder Sprache etwas, was kaum einer versteht. Übersetzt: „Meine Verbindung Frankfurt – Tokyo heißt 1822". Echt international, die Sparkasse von 1822, die Bank der Frankfurter Finanzingenieure des 19. Jahrhunderts. Damals experimentierte die mit der Sparkasse eng verbundene Polytechnische Gesellschaft mit den ersten städtischen Gaslaternen und mit Spargroschen von Bürgern, denen die Privatbanken ihr bißchen Erspartes noch nicht einmal anstandsweise abnehmen wollten. Später investierte sie in Bienen. Heute – der Bienenkorb als „corporate image" versinnbildlicht den Fleiß – hat die Sparkasse von 1822, damals eine Gründung der mildtätigen Polytechnischen Gesellschaft, die meisten Zweigstellen in der Region. „Uns ist keine Einlage zu klein und kein Kredit zu groß", sagt Adolf Albus, Direktor und Leiter der Abteilung Öffentlichkeitsarbeit. „Hochwertige Volksbildung zieht sich durch die Geschichte unseres Kreditinstituts. Darin sind wir Spitze." Vorträge, Konzerte, Ausstellungen, Jugendfestivals, Stadtteilchroniken, Umweltwettbewerbe – alles im Zeichen des grell-gelben Bienenkorbes.

Die Stadtsparkasse, die mit roten Farben wirbt, hat das Friedrich-Stoltze-Museum eingerichtet: „Das einzige für Literaten in dieser Stadt. Wir waren die Bürgerinitiative des 19. Jahrhunderts. Die Alternativen, gewissermaßen", behauptet Werner Fey, Abteilungsdirektor für Werbung und Öffentlichkeit. „Unsere Verbundenheit mit der Kommune läuft nicht über die Schalterhalle. Sie läuft direkt. Zum Beispiel haben wir nach dem Zweiten Weltkrieg Wohnungen für 100 000 Frankfurter finanziert." Lang ist's her. Jetzt sind die Sparkassen-Banker emsig wie die Bienen und kreativ wie die Alternativen darum bemüht, Ende 1988 zu fusionieren. „Wir denken an die Zukunft." – Zu klein geraten inmitten all der Türme?

Ganz klein und erst am Anfang einer großen Zukunft ist die Bank mit den grünen Strichen überm „Ö", die Ökobank. Ziemlich weit entfernt von der City und vom Bankenviertel. Aber deshalb auch anders? – „Vor unserer Gründung mußten viele Barrikaden aus dem Weg geräumt werden. Die etablierten Banken weigerten sich, unsere sechs Millionen Mark Mindesteinlagen anzunehmen", berichtet Pressesprecher Torsten Martin. Schalterstunden sind von zwölf bis 18 Uhr, vormittags ist man unter sich – und kommt kaum mit der Arbeit nach. In zwei Monaten wurden 2500 Konten eröffnet, und die Bilanzsumme hat sich mehr als verdoppelt. „Die Banken werden im Jahr 2000 gesellschaftliche Bedürfnisse abdecken müssen. Wir sagen nicht, wir schaffen den Kapitalismus ab. Doch wir haben Alternativen. Demokratisierung steht an. Die Kunden sollen darüber bestimmen, wie ihr Geld angelegt wird." Sind dies die Polytechniker des 21. Jahrhunderts?

Das „Check-Heft Nr. 1" immerhin wirbt für Genossenschaftsanteile, für die Ökobank-Fonds-Sparbriefe zur Finanzierung von Bildungs- und Frauenprojekten, Alternativen zur Anstaltspsychiatrie, Selbstverwaltungsbetrieben und von umweltfreundlichen Produktions- und Arbeitsweisen. Und natürlich auch für ganz normale Sparprogramme: „Mit ganz normalen Zinsen. Das einzig Unnormale dabei ist, daß Ihr Geld nicht in die Rüstung, den Apartheid-Staat, in die Atomindustrie oder anderswohin geht, wo Umwelt und Zukunft geschädigt werden."

DIE BUNDESBANK. Ganz aus Beton. Mit einem unverstellten Panoramablick vom Chefzimmer auf die Stadt. „Trotzdem hätte ich meinen Arbeitsplatz lieber in der City. Doch meine Vorgänger haben es anders entschieden", sagt Karl Otto Pöhl, der Präsident. „Geld ist wichtig. Darum ist es gut, daß wir als unabhängige Notenbank die Verantwortung dafür tragen. Mit unserer Geldwertsicherung rechnen wir uns zur Banking Community."

In seinem Dienstzimmer, das seit 15 Jahren die obersten Geldmacher und Geldhüter der Nation mit der kühlen Eleganz von Edelmetall und schwarzen Möbeln umgibt, deutet Pöhl auf seinen Computermonitor, sein Videofenster zur Welt: „Hier läuft die entscheidende Entwicklung. Das internationale Geschäft wird härter. Kapitalkonzentration erhöht den Einfluß der großen Banken auf die Wirtschaft. Wir

Fürstlicher Genuss

Für die wenigen, die mehr verlangen.

„Wer hohe Erwartungen erfüllen will, muß Überdurchschnittliches leisten. Es gehört ein ausgeprägtes Maß an Leidenschaft dazu, höchste Qualität über lange Zeit hinweg zu wahren und zu pflegen. Der Sekt, der meinen Namen trägt, ist Jahr für Jahr ein beredtes Zeugnis für einen über Generationen gewachsenen und kultivierten Anspruch an höchste Qualität."

PAUL-ALFONS FÜRST VON METTERNICH

Fürst von Metternich

Sektkultur ist unsere Domäne.

Fürst von Metternich gibt es in den Cuvées „trocken", „extra trocken" und als „Brut Jahrgang". Fürst von Metternich Sektkellerei GmbH, Johannisberg im Rheingau.

Futter für die Zählmaschine: Im Bargeld-Umlauf geht nichts verloren

Ein Kreislauf mit mehr als 33 Milliarden Münzen

sind keine Politiker im engeren Sinne, aber wir machen auch Politik." Sind es die Menschen, die zur Ansammlung von Macht führen, oder ist es das Wirtschaftssystem? „Wissen Sie", sagt Pöhl trocken, „diese sogenannten Machthaber und -Sammler sind doch Mythen. Heutzutage sind Banker nicht viel mehr als Funktionäre. Die leben doch bescheiden, im Verhältnis zu dem, was sie leisten. Wenn man sich an die Rothschilds erinnert, die in Frankfurt ganze Parks bewohnten, dann sind wir Banker allenfalls noch Mittelklasse."

Die Bank der Banken ist schon vergessen. Jetzt führt der Weg zur Spitzenbank. Traumbank hinter Spiegeln. 50 000 Spiegel. Jeder einen Meter im Quadrat. Wer ist wohl die Schönste im ganzen Land? Die Deutsche Bank. Die größte Geschäftsbank der Republik. 1987 mit einer Bilanzsumme von 268 Milliarden Mark. Nur etwas weniger als der Bundesetat von 1987.

Zwei goldene Blitze des New Yorker Künstlers Richard Lippold fahren aus der Höhe in die Eingangshalle. Durch gläserne Wolken, die das Oben und Unten trennen. Das ist auch gut so. Der Blitzschlag härtet ab, bevor man hier rundum auf Granit und Marmor beißt, um sich danach in Spiegeln betrachten zu müssen. Etwa 2000 Menschen, die hier arbeiten, gehen täglich diesen Weg, bis sie mit ihren Magnetkarten die Sperren vor den Aufzügen öffnen. Zum Vorstand führt ein besonderer Weg. Ein wenig abseits des „mainstreams", der tatsächlich auch als quirliger Bach die Halle quert, öffnet ein VIP-Portier Spiegeltüren. Der Vorstand sitzt in „Turm A". Auch ein Grund, ihn Turm A zu nennen.

„Sehen Sie nur, wie viele Parks und Grünflächen Frankfurt hat", sagt Horst Burgard, Mitglied des Vorstandes der Deutschen Bank AG, und deutet in die Ferne. Der Spiegelfassade sieht man von außen nicht an, daß die Fenster nach oben hin immer größer werden. Am Ende stört keine Brüstung mehr die Aussicht über die Stadt. Die hier oben arbeiten, blicken bis nach China und Südafrika – und auf Frankfurt herab.

Wächst die Deutsche Bank weiter? „Alle Banken werden mit geringeren Zuwachsraten als in früheren Jahren zu rechnen haben", sagt Burgard. „Doch ein Ende des Wachstums ist nicht in Sicht, zumal ‚Europa 1992' neue Perspektiven in vielerlei Hinsicht bieten wird."

Europa 1992. Magische Formel. Alle träumen vom neuen Zeitalter. Neue Einwohner und Arbeitsplätze für die Stadt, Grund und Boden für die Banken. Produkte, Kaufkraft. – „Frankfurt hat große Bedeutung als Finanzplatz, weltweit sogar. Es wird diese Position nicht nur behalten, sondern verstärken. Das Problem ist nur, der Platz für Banken wird knapper", sagt Burgard.

Stimmt. Im Westend, in dem die Bürgerinitiativen und Häuserkämpfer in den siebziger Jahren für den Erhalt dieses Wohnviertels stritten, breiten sich die Banken jetzt noch mehr aus. Die Mieten türmen sich. Nunmehr wird die seitdem eingezogene Werbebranche vertrieben. Diesmal allerdings kampflos. „Zum vierten Mal wird das Westend zerstört", resümiert Walter Hesselbach, Präsident des Bundesverbandes der gemeinwirtschaftlichen Unternehmen mit Sitz in einer Westend-Villa: „Zum ersten Mal unter Hitler, zum zweiten Mal im Weltkrieg, dann in den sechziger Jahren – und jetzt schon wieder. Als Wohngebiet wird vom Westend nicht viel übrigbleiben."

Der Platz wird knapp. Auch weil man ihn verschwendet. Immer mehr städtischer Raum wird verbraucht, um einen einzigen Arbeitsplatz anzusiedeln. Für rund 2400 Beschäftigte brauchte die Dresdner Bank 1980 nur einen Turm. Fünf Jahre später benötigte die Deutsche Bank für etwa 2000 Angestellte schon zwei. Und ihr Grundstück ist viermal so groß wie das der Dresdner. Die Banken der Zukunft: volle Kassen, leere Häuser?

„Die Bank einer Stadt zu sein, setzt Engagement für den Standort, für seine Menschen und Unternehmen voraus", schreibt die Deutsche Bank zum Thema „100 Jahre Impulse für die Zukunft". Gilt das denn auch für Frankfurt? – „Jede Bank hat ein gesundes Interesse daran, daß die Stadt, in der sie ihren Sitz hat, etwas Urbanität bietet. Wir fördern Kunst und Kultur, ohne groß darüber zu reden. Die Paulskirche bekommt neue Fenster. Die Plastik ‚Kontinuität' von Max Bill vor unseren Türmen könnte auch dazu gerechnet werden", sagt Horst Burgard.

Nach draußen! Vorbei an italienischen Sitzlandschaften. Weiß-marmornen Toilettenräumen. Intimen Sitzungsséparées. Eingedeckten Dinner-Tafeln. Kunst an Birnbaumwänden. Der Blick fällt auf ein Ölgemälde: fünf leidende Männer in dürrem Gehölz. Karl Hofer, 1878 bis 1955, „Arbeitslose", 1932 gemalt.

Endlich ins Offene. Der Deutschen Bank aufs Dach gestiegen. 155 Meter über Frankfurt. Andreas Sälzer beendet gerade seine Schicht. „Wir putzen die Bank drei bis vier Mal im Jahr. Eine Reinigung dauert vier Wochen. Das ist Wahnsinn, wenn man am ersten Tag hier oben anfängt und meint, man wird nie fertig." Der 19jährige ist Gebäudereiniger: „Es macht sehr viel Spaß, weil es abwechslungsreich ist, hier oben zu arbeiten, wo kein anderer hinkommt – in meinem Alter!"

Welch ein Blick in die Stadt. Ohne die Bank zu sehen. Dichte City. Geschäftshäuser. Leben. Baustellen überall. Am Bahnhof, an der Messe, im Westend, im Nordend, im Ostend – sie kreisen die City ein. Im schrägen Licht der Abendsonne werfen die Bankentürme lange Schatten und teilen die Stadt in Hell und Dunkel, Oben und Unten. Der Kreis schließt sich. Geld ist mittendrin. □

Peter Lieser (Foto), 42, ist Raumplaner und Soziologe, arbeitet als freier Publizist und lebt seit 1974 in Frankfurt. – **Ferdinand Graf Luckner**, 29, studierte an der Fachhochschule Dortmund und arbeitet seit Ende 1987 als freier Fotograf.

„Selbst wenn Sie die Nichte des Polizeichefs wären, könnten die nichts für Sie tun", meinte der Taxifahrer, als ich das Revier verließ. „Ich bringe Sie zu American Express."

„Sofortige kostenlose Ersatzkarte – weltweit", ein Privileg für American Express Mitglieder.

Zum Erfolg die Privilegien: Mitgliedschaft bei American Express.

Tel.: 069/7200 16

Bezahlen Sie einfach mit Ihrem guten Namen.

Schon vor Beginn der Bundesgartenschau '8

Dicke Luft – in Frankfurt nichts Ungewöhnliches. Immer wenn sich eine Smogwolke über die Stadt stülpt, vermögen auch die Bäume in den zahlreichen Parks und Gärten die Luft nicht mehr genügend zu filtern. Trotzdem: Ohne seine grünen Lungen wäre Frankfurt längst erstickt. Dessen sind sich die Grüngestalter wohl bewußt und fördern die Aufforstung im Stadtgebiet. Allein für Straßenbäume werden jährlich fünf bis sechs Millionen Mark ausgegeben. Bürger werden »Baumpaten« und erhalten Zuschüsse, wenn sie Mauern, Dächer und Fassaden bepflanzen. Für 87 Prozent der Frankfurter stehen Grünanlagen und Parks bei Sport und Freizeit an erster Stelle. Daß aber die wildwüchsigen Nidda-Auen zu einem »Volkspark Niddatal« planiert werden, hat viele Naturfreunde auf die Palme gebracht

Wasserschlößchen, Holzhausenpark

»Park-Café«, Grüneburgpark

Nidda-Idyll bei Höchst

Beethoven-Denkmal, Taunusanlage

Zoologischer Garten

Gewächshaus, Palmengarten

PARK-PLÄTZE

teht die Stadt im vollen Grün

Wasser-Spiele, Günthersburgpark

Planschbecken am Fuße des Goetheturms, Stadtwald

Blütenpracht, Palmengarten

Park des Bolongaro-Palastes

Nizza-Allee

Mainufer-Promenade

*Die Baumwegsynagoge ist eine von sechs
Synagogen in Frankfurt, das bis in die Zeit des
Dritten Reiches die bedeutendste jüdische Gemeinde in Deutschland hatte. Vor der »Reichskristallnacht« 1938 gab es in
der Stadt neun Gotteshäuser für 30 000 Juden*

Junge Juden

Die Kinder der Nazi-Opfer suchen noch immer Antwort auf die Frage: Kann man als Jude in Deutschland leben?

Durch die Seele geht ein Riß

VON CLAUDIA MICHELS
FOTOS: RENATE VON FORSTER

Wenn die ersten drei Sterne am Himmel stehen", erwähnt Daniel beiläufig am Telefon, „beginnt Shabbat."

Shabbat in Frankfurt, im Frühjahr 1988, 55 Jahre danach. 55 Jahre nachdem der Anfang vom Ende für die stolzeste, reichste und frömmste jüdische Gemeinde in Deutschland gekommen war.

55 Jahre danach ist es nicht nur schwer, an dem von Hochhaustürmen verstellten Himmel die Sterne zu sehen. Es lohnt sich auch nicht, in der Stadt der einst 30 000 Juden am Eingang des Shabbat die Türen der großen, alten Westend-Synagoge aufzusperren: „Traurig", sagt Gemeindedirektor Stefan Szajak und sieht bekümmert aus. Doch in der Stadt der großen Geschäfte und Gewinne hat die Mehrzahl der heute in Frankfurt lebenden 5000 Juden auch an dem von Gesetz und Religion gebotenen Ruhetag anderes zu tun: „Wir führen ein kosheres jüdisches Haus", beschreibt der 40jährige Kaufmann Itzhak J. den Zwiespalt, „aber ich muß arbeiten am Freitag, ich muß arbeiten am Samstag, ich muß als Geschäftsmann schwer arbeiten für mein Geld."

Doch Rabbiner Ahron Daum und sein Vater Schmuel – Religionslehrer für 950 jüdische Kinder und Jugendliche – streben auch an diesem Freitagabend gemessenen Schrittes, ganz in Schwarz gekleidet und ins Gespräch vertieft, auf die kleine Synagoge am Baumweg zu. Es ist der Moment, in dem in vielen der rund 2500 jüdischen Familien das elektrische Licht ausgeht und die Frauen Kerzen anzünden.

Eine Gruppe Jugendlicher, ein paar ältere Männer und zwei Frauen warten schon im Eingang der Synagoge, deren Fenster rundum vergittert sind. Es tue der Religionsnote im Abiturzeugnis gut, erklärt später die jungenhafte, hochgewachsene Shirly, wenn man freitags hierherkomme. Daniel dagegen, der schon im Studium steht, ist nur noch selten dabei.

Da segeln Religionslehrer Daum und sein Sohn, den der Vater „der Herr Rabbi-

Ob beim Geschichts- und Hebräisch-Unterricht im panzerglasgesicherten Gemeindezentrum oder im Kreis der Zionistischen Jugen

Zum Purim-Fest wird an die Errettung der Juden in Persien erinnert – mit einem Theaterstück

– die Beschäftigung mit der eigenen Identität steht ganz oben an

ner" zu nennen pflegt, mit ihren schwarzen Hüten zur Tür herein und zielstrebig auf den Eingang des Betraumes zu. Drinnen tritt Shirly zu den übrigen Mädchen in eine der Holzbänke nahe der Tür, Daniel geht nach vorn zu den Männern, die mit schnellem Griff ihre Käppchen aus den Hosentaschen und auf den Kopf gezogen haben. Marc trägt eines aus blausilbernem Samt mit Sternen.

Ganz vorn, mit dem Gesicht zu der kleinen Gemeinde und dem Rücken zu zwei Menora-Leuchtern, ist der Rabbiner augenblicklich ins Gebet versunken. Sein Vater steht mit verschränkten Armen im Mittelpunkt zwischen den Bänken und scheint die versammelten Seelen zu fixieren. Gesang hebt an, ein fortwährender Dialog aus Frage und Antwort. Die Männer wiegen sich hin und her, hin und her, drehen sich zueinander, gegeneinander. Dabei wandern ihre Blicke durch den Raum. Hinten fahren die Mädchen stumm mit dem Zeigefinger über die hebräischen Buchstaben im Talmud. Zeile für Zeile. Am Ende der Zeremonie noch ein inniger Kuß auf das Gebetbuch, Umarmen und Händeschütteln: „Shabbat shalom, Shabbat shalom!"

Juden in Frankfurt: Der Ritus lebt, die Tradition aber ist gebrochen. Früher hatten Juden am Shabbat arbeitsfrei. Mit einem Anteil von fünf Prozent an der Stadtbevölkerung prägten sie den Alltag so sehr, daß an hohen jüdischen Feiertagen die großen Kaufhäuser auf der Zeil geschlossen blieben, die Geschäfte an der Börse daniederlagen. Als die Amerikaner 1945 in die Stadt einzogen, waren von den 30 000 Juden nur 145 übriggeblieben. 670 Überlebende holte man später aus dem KZ Theresienstadt zurück.

Fast 20 000 Emigranten, 10 000 Deportierte und Ermordete, Hunderte, die ihr Leben vor dem Abtransport von eigener Hand beendeten, hatten die jüdische Kultur mit sich genommen. Jene Kultur, die Frankfurt seit den achtziger Jahren des 19. Jahrhunderts zur Blüte gebracht hatte. Die Familien wurden zerstört, ehe die alten Lieder und Geschichten, die Riten und Gebräuche weitergegeben werden konnten. Heute müssen in der Jüdischen Schule vor den hohen Feiertagen Informationsblätter an Eltern ausgegeben werden, damit sie zusammen mit ihren Kindern die gemeinsamen Wurzeln wiederfinden.

„Jüdische Identität" wird in der Jüdischen Gemeinde mittlerweile als Kurs im Jugendzentrum angeboten. Mehrmals in der Woche. Im Gruppenspiel werden hinter den Panzerglasscheiben des neuen Hauses an der Savignystraße schon Sechs- bis Siebenjährige zur Suche nach den Ursprün-

Unablässig auf der Suche nach den Ursprüngen

gen des Judentums angespornt: Wie oft wurde der Tempel zerstört? Wie heißen die alte und die neue Religion Israels? Michel Friedman, Kulturdezernent der Jüdischen Gemeinde, bestreitet in den Sälen der Stadt ein Referat nach dem anderen zur Frage: „Deutsche Juden oder Juden in Deutschland?"

Die schwindende Bedeutung der Religion erschwert die Spurensicherung. Zwei Rabbiner nacheinander hat die Gemeinde in den Nachkriegsjahren verloren, weil sie emigrierten. Die Westend-Synagoge, als einziges der großen jüdischen Gotteshäuser nicht restlos zerstört und schon 1945 als Ruine wiedergeweiht, hat beim wichtigsten Wochengottesdienst, am Samstagmorgen, viel zu viele Stühle.

Keiner weiß, was wird, wenn Schmuel Daum, der Religionslehrer, bald in Pension geht; ein Nachfolger ist nicht in Sicht. Der nämlich müßte einen Schritt tun, den Shirly – 1970 in Frankfurt als Tochter rumänischer Juden geboren – immer noch „unbelievable" nennt: als Jude in Deutschland leben.

Shirlys Eltern sind Mitte der sechziger Jahre aus Israel gekommen. Aus finanziellen Gründen, wie die meisten. Die 18jährige wagt kaum, das zuzugeben. Denn gegen das Klischee vom reichen Juden anzugehen, ist eine Überlebensfrage. Nur zögernd gibt Shirly die Branche preis, in der es ihre Eltern, die nur „zwei, drei Jahre bleiben wollten", zu Wohlstand gebracht haben: der Pelzhandel. In den Augen der Tochter war es „ungeheuerlich, nach Deutschland zu gehen", zumal bei den Eltern das Thema Israel bis heute „ständig auf dem Tisch" sei. Shirly aber sagt: „Ich betrachte mich als nichts, nicht als deutsch, nicht als israelisch. Wir haben keine Heimat."

Jüdische Identität in Frankfurt: Es war die Stadt der Rothschilds, die Stadt Ludwig Börnes, Paul Ehrlichs und Samson Raphael Hirschs, Martin Bubers und Franz Rosenzweigs. Die Stadt, in der die jüdischen Privatbanken 1930 mit einem Anteil von annähernd 65 Prozent im Geschäft waren. Die Stadt, in der noch neun Jahre später 62 jüdische Stiftungen Kranke und Waisen, Kunst und Wissenschaft förderten. Aber jahrzehntelang hat niemand mehr danach gefragt.

Es war der klammheimliche Versuch, nach Auschwitz zur Tagesordnung überzugehen. So blieben die wenigen Überlebenden allein – in Schock und Angst, zerbrochen und orientierungslos. Man erhöhte für sie die Lebensmittelrationen. Juden – das veröffentlichte am 10. Mai 1945, also unmittelbar nach der Befreiung, die „Frankfurter Presse", das Nachrichtenblatt der Al-

Itzhak: »Bei mir gibt's das nicht – Feierabend und Feiertag. Ich bin da und arbeite«

Sie kämpfen gegen die Sprachlosigkeit und gegen das Vergessen

Daniel: »Meine Familie drängt mich, jüdischen Umgang zu suchen«   Rina: »Ich hatte in Frankfurt nie das Gefühl, normal zu sein«

Die Zionistische Jugend feiert den 40. Geburtstag Israels und wirbt um Sympathie für den Staat der Juden

Marc und Shirly (Bildmitte): zur Defensive erzogen, doch die Offensive gelernt

Die Angst lebt auch in der dritten Generation fort

liierten – hatten „seit Jahren kein Fleisch, kein Weißmehl, keine Milch, keinen Wein, keinerlei Rauchwaren und keine Kleider" bekommen. Zu Neujahr 1947 forderte Oberbürgermeister Walter Kolb weitere überlebende jüdische Bürger über Radio Frankfurt auf zurückzukehren. In der 1945 gegründeten „Frankfurter Rundschau" aber mahnte deren Mitherausgeber Arno Rudert, daß Juden in der Stadt „statt Wiedergutmachung (zu erfahren,) auf öffentliche Fürsorge angewiesen sind". „Das deutsche Volk", war die Reaktion in einem Leserbrief, „ist in seiner Mehrheit noch antijüdisch. Selbst die neu eingesetzten Beamten haben Hemmungen, den Juden zu helfen."

Dennoch: Die Jüdische Gemeinde wuchs. Viele, die man aus dem Osten als „displaced persons" in das Erholungslager Zeilsheim vor die Tore Frankfurts gebracht hatte, schafften, auch körperlich am Ende, den Weg nach Israel nicht.

So lebten 1949 wieder 1000 Juden in der Stadt. 1956 zählte man 2000, darunter 200 Kinder und Jugendliche. Sie waren umgeben von Sprachlosigkeit, von Menschen, die versuchten, die Existenz der Vernichtungslager durch Schweigen ungeschehen zu machen. Und was die Juden umgab, wirkte auch nach innen: in ihre Familien. Maria Zalac-Huntjens, Lehrerin an der Frankfurter Jüdischen Schule: „Der Versuch, eine Kontinuität zwischen dem Leben vor der Naziverfolgung und nach der Befreiung herzustellen, war für viele die einzige Möglichkeit, psychisch zu überleben."

Aus dem „Übergehen der Trauer", das die Lehrerin beschreibt, wuchs die Angst – besonders um die Kinder, die oftmals die Namen ermordeter Familienmitglieder tragen und in der ständigen Überforderung leben, „dem sonst leeren Leben der Eltern wieder einen Sinn geben zu müssen".

Als Überfürsorglichkeit übertragen sich diese inneren Ängste bis heute, bis in die dritte Generation. Daneben stehen die Schuldgefühle, überhaupt in Deutschland zu leben. Sammy Speier, der 1958 als 14jähriger mit Eltern und Brüdern aus Israel nach Frankfurt kam, in die Geburtsstadt seines Vaters, hatte selbst seinem besten Freund nichts von den Auswanderungsplänen erzählen dürfen: „Denn es war Verrat am jüdischen Volk und Staat."

In Deutschland angekommen, machte er sich auf die Suche nach der Vergangenheit und begann, sie Stück für Stück zu einem Bild zusammenzusetzen. Heute wird der Psychoanalytiker diese Vergangenheit nicht mehr los. Er sagt: „Ich bin mit Toten aufgewachsen." Es fällt ihm schwer, sich in einem deutschen Lokal aufzuhalten, denn „in jeder deutschen Kneipe gibt es reale Mörder". Er zögert, einer alten Frau über die Straße zu helfen, „denn die hat meiner Großmutter auch nicht geholfen, als sie zum Abtransport durch die Stadt getrieben wurde".

Eine „Tendenz zur Selbstghettoisierung" hat der 20jährige Daniel festgestellt. Allenthalben versuchten die jüdischen Eltern, ihre Kinder auf jüdischen Umgang festzulegen: „Man fühlt sich von zu Hause genötigt, die jüdische Gesellschaft zu suchen", sagt

Sammy: »Ich bin mit Toten aufgewachsen«

Daniel, dessen Mutter zu der Handvoll Kinder gehörte, die im Warschauer Getto geboren wurden und überlebt haben. Mit seinen Großeltern, denjenigen Familienmitgliedern also, die sich vor 40 Jahren entschlossen hatten, mit ihren Kindern in Frankfurt zu bleiben, hat Daniel immer wieder Auseinandersetzungen: Kompromißlos bestünden sie auf der Isolierung von der „deutschen" Umwelt. Unter den Juden hat Daniel „viele Freunde nur deshalb, weil sie jüdisch sind – sonst wäre ich kaum mit denen zusammen".

Shirly sagt: „Wenn ich einen nichtjüdischen Freund hätte, wäre es aus mit mir." Soll heißen: Für ihre Eltern wäre sie dann gestorben. Shirly weiß von Müttern, die Trauer tragen, seitdem ihre Kinder Deutsche geheiratet haben. Die schlaksige Abiturientin nennt das „eine vertauschte Welt": „Vor fünfzig Jahren durften Deutsche keine Juden heiraten, heute ist es umgekehrt." Ihr Klassenkamerad Marc, 1970 in Frankfurt als Kind polnischer Juden geboren, über seinen Vater, der mit 17 Jahren von Deutschen in ein KZ verschleppt worden war: „Ich muß respektieren, daß er so denkt. Wie soll der sich mit deutschen Schwiegereltern hinsetzen – wer weiß, was die damals gemacht haben?"

Deutsche und Juden – vor 1938 waren das selbstverständlich „deutsche Juden", Deutsche mosaischen Glaubens oder Juden, die durch den Übertritt zum Christentum ganz mit diesem Land verschmelzen wollten. „Treudeutsch und jüdisch alle Zeit", lautete der letzte Satz aus der Ansprache des Vorsitzenden der Frankfurter israelitischen Gemeinde, des Justizrats Dr. Blau, zur Einweihung der Westend-Synagoge 1910. „Mein Äußeres", schrieb ein Mitglied der Frankfurter Familie Oppenheim 1941 an das Regierungspräsidium, „sowie Sprache und Wesen zeigt nicht die geringsten Merkmale eines jüdischen Typusses."

Michel Friedman, der 32jährige immer adrett gekleidete und redegewandte Kulturdezernent seiner Gemeinde, tritt trotz der historischen Erfahrung solcher furchtbar gescheiterten Anpassungsversuche für die Eingliederung der Juden in die deutsche Gesellschaft ein. Als Stadtverordneter der CDU hat er sich mehr als die meisten anderen auf dieses Land eingelassen. „Es kann Juden geben", sagt Friedman, „die sich dazu bekennen, Deutsche zu sein – mit allen Besonderheiten der jüdischen Religion, Kultur und Sitten." Die Probe aufs Exempel erwartet er in den neunziger Jahren, wenn mit der – nach den Opfern, den Tätern und deren Kindern – dritten Generation erstmals ein Jahrgang bestimmend wird, „der bei den Diskussionen nicht die Schuldfrage stellen muß, der reden kann ohne den drohenden Zeigefinger: Was hast du getan?"

Bei den Jungen liegt es nun: Sie suchen bereits, schwankend zwischen Angst und Trotz, die Offensive: „Du kannst uns ruhig ansehen, wir haben keine Hörner", hat Shirly patzig einem neuen Schüler in der Elisabethenschule entgegengeschleudert,

Tipp-Ex®

From Frankfurt… all over the world.

· 30 ml · 30 ml · 30 ml ·

PERFECT A16 PARFAIT

Tipp-Ex® fluid

Die Westend-Synagoge ist heute mehr ein Mahnmal denn ein Ort der Andacht

Geschäfte statt Gebete: Selbst am Shabbat bleiben viele Stühle leer

der sie – "Was, ihr seid Juden?" – mit unverhohlener Skepsis anstarrte. Lange genug haben sie sich, von Eltern zur Defensive erzogen, sagen lassen, "wir hätten Jesus umgebracht". Sich weggedreht, wenn die Mitschüler reimten: "Shirly ins Gas, das macht Spaß." Heute, berichtet Marc, "gehen alle jüdischen Schüler, wenn so etwas auftaucht, im Großaufgebot zur Direktorin".

Das sind Kämpfe, bei denen der Gewinn von ein wenig mehr Menschlichkeit dem Risiko einer vernichtenden persönlichen Niederlage gegenübersteht. Wie eng dies beieinanderliegt, läßt sich am Beispiel der jungen Malerin Rina Lustiger ermessen. Rina, 1965 in Frankfurt geboren, ist die Tochter eines Mitbegründers der jüdischen Nachkriegsgemeinde. Bei übergroßer Fürsorge von Vater und Mutter hatte sie sich im Elternhaus am wohlsten, doch in der Welt drumherum bloß "nicht zu Hause fühlen" sollen. "Hier leben, aber mich nicht integrieren" – da hat sie "immer Krach gemacht". Eines Tages, mit 16, ist sie "nach Israel abgehauen". Nach fünf Jahren kam sie zurück; sie hatte "Frankfurt vermißt, obwohl ich es nie zugegeben hätte".

Rina setzte sich in den Keller des Wohnhauses im Frankfurter Westend und malte wie eine Wilde: provozierend nackte, großflächige, prall farbige Frauenkörper. Als sie die Bilder im Café um die Ecke zu ihrer ersten Ausstellung aufhängen durfte, kam dort Sturm auf in den Kaffeetassen: Aufgescheucht von meuternden Kränzchentanten, verlangte der Konditor, die Bilder müßten wieder weg. Da kämpfte die so empfindliche wie rebellische Rina Lustiger ihren Existenzkampf: Sie rief bei den Lokalzeitungen an und verdeckte die Blößen der Nackten in einer ironischen Geste mit Kastanienblättern. Am nächsten Tag, nachdem die Zeitungen über Rina und die Bilder im Café berichtet hatten, legte sich der Sturm. Rina, die sich nicht nur als Malerin, sondern als Mensch, als Jüdin in Frage gestellt sah, sagt: "Wenn ich die Bilder hätte abhängen müssen – ich hätte nie wieder gemalt."

Juden in Frankfurt: Es kann immer noch um die ganze Existenz gehen; unter den Jungen sind ein paar Kämpfer herangewachsen. Doch sind sie Ausnahmen gegenüber einer Mehrheit, die in Gleichgültigkeit an dem Ort lebt, den sie sich wegen der guten Geschäfte ausgesucht hat. Wie viele andere, sind auch Marcs Vater und Daniels Großeltern durch Grundstücks- und Immobiliengeschäfte aus dem Nichts zu Geld gekommen. "Das ist so typisch", sagt Marc, "weil es so einfach war." Auch Juden gehören zu den Kaufleuten, durch deren Spekulation mit Grundstücken und Häusern, Lokalen und Läden, die Stadt an Vielfalt verloren hat. Kaufmann Itzhak J. formuliert die Geschäftsdevise: "Wenn Sie mir das bezahlen, dann mache ich das – wie Gott will, haben sie bezahlt."

Diese Wirklichkeit war einer der Hintergründe zum Streit um Rainer Werner Faßbinders Stück "Der Müll, die Stadt und der Tod", mit dem 1984 die Mauer des Schweigens um das Leben der Frankfurter Juden zu bröckeln begann. Gerade in jener Zeit, in der sich die Juden hinter Sicherheitsschleusen bei koscherem Essen, Kaffee und Kartenspielen im neuen Gemeindezentrum etablierten. In der sie sich gleichzeitig zu ihrem Da-Sein bekannten. Und abkapselten.

Dann aber, im Sommer 1987, kämpften junge Juden erstmals um ihren Platz in der Stadt, um Frankfurt als Heimat. Unerwartet hatte der Boden an der Großbaustelle Börneplatz guterhaltene Reste des bis ins 19. Jahrhundert benutzten Judengettos freigegeben. Die Nachgeborenen beteiligten sich an der Besetzung des Ausgrabungsfelds, mit dem Ziel, die Ruinen als Mahnmal zu erhalten. Wochenlang wurde in der Stadt offen um jüdische Identität gerungen. Doch die Stadtregierung ließ die Juden durch Polizisten von der Baustelle schleppen und das begonnene Verwaltungsgebäude weiterbauen. Und der hessische Ministerpräsident Walter Wallmann bemerkte zur Börneplatz-Affäre, daß das zutage geförderte Getto-Fundament "kein Anlaß zur Scham" sei.

"Das war", so erlebte es die Lehrerin Ruth Cohen an der Jüdischen Schule, "ein Schlag." Und Student Daniel, der bei den Demonstrationen dabei war, fragt sich seither wieder, "ob es gut war, mich so zu engagieren". Das herbeigesehnte Zeichen des Magistrats, "daß unsere Sache die von vielen ist", wie es Daniel erhoffte, blieb aus.

So hat sich nichts Grundsätzliches geändert. Daniel: "Ich fühle mich in Deutschland teilweise verwurzelt, aber ich wünschte, es wäre nicht so." Auch Marc hütet sich, den Satz "Ich bin Deutscher" auszusprechen. Statt dessen sagt er: "Ich wohne in Deutschland." – "Temporary resident", ergänzt Shirly.

Sie alle träumen davon, einfach nur "ganz normale Jugendliche" zu sein. Aber nach einer Sozialisation, die schon seit dem Kindergartenalter unter Polizeischutz stand, hat sich im April 1988 bei einem Bombenanschlag auf das neue, wie eine Festung gesicherte Gemeindezentrum das Prinzip Furcht gerade wieder als überlebenswichtig erwiesen.

Shirly, der es im Frankfurter Haus der Zionistischen Jugend aus Sicherheitsgründen polizeilich verboten ist, sich am Telefon mit dem Friedensgruß "Shalom" zu melden, will dieses Land nach dem Abitur verlassen. Und Rina Lustiger malte seit Monaten "nur noch auf Leinwand, weil man die zusammenrollen und mitnehmen kann". Nun ist sie nach New York umgezogen, in diese Vielvölkerstadt, zu der zwei Millionen Juden wie selbstverständlich dazugehören. Rinas Schlüsselerlebnis in New York: Nach der Auskunft, sie sei Jüdin, kam weder Unsicherheit noch Beklemmung auf. Es hieß ganz einfach: "Na, dann gehen wir doch ins israelische Restaurant." □

Claudia Michels, 40, ist seit 1984 Redakteurin der "Frankfurter Rundschau", für deren Stadtredaktion sie zuvor als freie Mitarbeiterin elf Jahre geschrieben hat. 1984 erhielt sie den Theodor-Wolff-Preis. **Renate von Forster**, 40, lebt seit 1970 in Frankfurt. Seit über zehn Jahren engagiert sich die freie Fotoreporterin, die in München studiert hat, vor allem für sozialkritische Themen.

HENKELL ROSÉ – ESPRIT UND ELEGANZ.

EIN WENIG EXTRAVAGANT, VORNEHM TROCKEN, AUFREGEND PRIK-
KELND UND VOLLENDET HARMONISCH. EIN FASZINIERENDER SEKT.

Die Bankenstadt ist auch eine Bücherstadt: Renommierte

VON
OTTO A. BÖHMER

Die „Frankfurter Allgemeine" erfreut ihre Leser von Zeit zu Zeit mit einer Verlagsbeilage, die den sinnigen Titel „Geist und Geld" trägt und damit schon anklingen läßt, worum es in der Banken- und Bücherstadt Frankfurt geht: Das Geld regiert, und der Geist darf dazu dichten.

Die Stadt, die wir als Finanz- und Kriminalitätsmetropole kennen, ohne deshalb besonders gut informiert sein zu müssen, begreift sich auch als ein Gemeinwesen, das mit dem kulturellen Erb- und Stückgut mehr als pfleglich umgeht. In dieser Stadt, glaubt man, sind die schönen Künste zu Haus, die wuchtigen Museen, aber auch Dichter und Denker und eine Vielzahl von Verlagen, die aus den Kopfgeburten ihrer Autoren Bücher machen und Kapital schlagen.

Ein Überblick über die Frankfurter Verlagslandschaft beginnt zumeist mit den Namen Suhrkamp und S. Fischer. Diese beiden großen Verlagshäuser sind durch ihre gemeinsame Geschichte auf spröde Weise miteinander verbunden: Peter Suhrkamp amtierte von 1936 bis zu seiner Verhaftung im April 1944 als Geschäftsführer des Fischer Verlages. Gottfried Bermann Fischer, der Schwiegersohn des legendären Verlagsgründers Samuel Fischer, hatte 1928 die Verlagsleitung übernommen, mußte aber 1936 emigrieren, wobei er, ein Deal unter Feinden, immerhin 700 000 Bände jener 123 unerwünschten Titel mitnehmen durfte, die von den Nazis auf den Index gesetzt worden waren. Im Gegenzug mußte der in Deutschland verbliebene Restverlag an politisch genehme Geschäftspersonen verhökert werden.

Nach dem Krieg kam es zwischen Suhrkamp und Gottfried Bermann Fischer zu Meinungsverschiedenheiten: Am 1. Juli 1950 machte Suhrkamp sich selbständig; die Fischer-Autoren durften darüber befinden, bei welchem Verlag sie Unterschlupf suchen wollten. Von 39 befragten Dichtern entschieden sich 29, darunter Hesse und Brecht, für Suhrkamp, der, mit diesem Votum versehen, einen verlegerischen Bilderbuchstart hinlegen konnte. Nach dem Tode von Peter Suhrkamp, 1959, übernahm Siegfried Unseld die Leitung des Verlages, was diesem bis zum heutigen Tage vorzüglich bekommen ist: Unseld gelang es gar trefflich, die eigenen Selbstdarstellungskünste mit dem Wohl des Verlages zu verbinden und das eher versehentlich auf ihn gemünzte Wort von der „Suhrkamp-Kultur" zu einem gängigen Bonmot werden zu lassen.

Dieser Verleger, der auf frühen Fotos aussieht wie Luis Trenker als Kaiser von Kalifornien, gibt sich heute mit Vorliebe weltabgehoben; im Gespräch wirkt er wie Mitterrand, der die schnöden Alltagsgeschäfte gerne anderen überläßt und nur noch an seiner Eintrittsrede für die Ewigkeit feilt. Unseld vermittelt den Eindruck, als seien ihm die meisten Manuskripte, die er in Buchform für die Öffentlichkeit freigibt, vom Weltgeist persönlich in der Flughafen-Lounge zugesteckt worden. Literatur als „edles Wagnis" wird zudem mit allerlei hauseigenen Geschichten garniert, die allesamt davon handeln, wie der Verlag dem einen oder anderen auf den Hund gekommenen Dichter gnadenlos zur Seite stand: Geschichten also von der Fürsorgepflicht des Verlags; dem Verleger und seiner Führungsmannschaft steigen dabei noch immer die Tränen der Rührung in die vom Umsatzfieber geröteten Augen.

Im Vergleich zum schweren literarischen Weihrauch, der aus Suhrkamps Schornsteinen dampft, begnügt man sich bei Fischer heute mit dem handelsüblichen Qualm. Der traditionsreiche Verlag, der inzwischen zum Holtzbrinck-Konzern gehört, leistet unspektakuläre Arbeit und sieht sich immer wieder lästigen Mutmaßungen ausgesetzt, daß er, zumindest in der Literatur, den Anschluß verloren habe und sich deshalb mit griffig formulierten Sachbuchsellern zu Wehr setzen müsse.

Die Frankfurter Verlagslandschaft aber besteht – dem Leser sei Dank – nicht nur aus dem Fischer- und-Suhrkamp-Clan: So gibt es, neben vielen anderen, den kleinen Verlag Vittorio Klostermann, der mit profilierten philosophischen Editionen, etwa mit der Heidegger-Werkausgabe, aufwartet; den Verlag Stroemfeld/Roter Stern, den pfiffigen Eichborn-Verlag, die ambitionierte Frankfurter Verlagsanstalt, aber auch die Büchergilde Gutenberg, die den Gewerkschaften eher teuer als lieb zu sein scheint.

Frankfurts Verlage können sich sehen lassen, und sie tun das, inmitten gewichtigster Konkurrenz, einmal im Jahr auf der Frankfurter Buchmesse, einem Spectaculum, das belesene Wichtigtuer aus aller Herren Länder zusammenführt und an einer Inszenierung teilhaben läßt, die sich als Große Oper begreift, obwohl sie eher dem Spielverständnis des bewährten Ohnsorg-Theaters entspricht. Diese Veranstaltung wird alljährlich von mehr als 7000 Ausstellern und 200 000 Besuchern zur Selbstdarstellung genutzt. Auf einem über 90 000 Quadratmeter großen Präsentierteller darf man hier sein Unwesen treiben: Gezeigt wird alles, was sich ohne Müh' und Gewissen zwischen zwei Buchdeckel pressen läßt, darunter natürlich auch

SPIELWIESE DER GEISTREICHEN

Verlage und Verlegte produzieren Literatur – und manche auch sich selbst

die sogenannte große Literatur, die dem Nörgler oft kleinkariert vorkommen will. Man sieht grinsende Verleger, verschwitzte Lektoren, Jungautoren und Altstars, die gerade ihre Lebenserinnerungen haben schreiben lassen; ab und zu taucht ein prominenter Kritiker auf, dem die Fahne seines kritischen Tuns dezent vorausweht. Überhaupt scheint die Buchmesse auch das zu sein, was Joschka Fischer einmal über den Bundestag sagte, nämlich „eine unglaubliche Versammlung von Alkoholikern". Wer mutig genug ist, sich morgens in den Standdunst der Verlage zu begeben, darf darauf hoffen, mittags betrunken davonwanken zu können, ohne ein einziges Glas Fusel angerührt zu haben.

Frankfurt am Main aber hat nicht nur die – immer teurer werdende – Buchmesse, nicht nur Verlage und Verleger, sondern auch Schriftsteller. Im Herbst letzten Jahres brachte das Amt für Wissenschaft und Kunst, in Zusammenarbeit mit dem ortsansässigen Athenäum Verlag, ein dickleibiges Werk heraus, das sich „Literatur in Frankfurt" nennt. Dieses „Lexikon zum Lesen" enthält die Portraits von „147 in dieser Stadt lebende(n) Autorinnen und Autoren", darunter solchen, die es in sich haben, wie etwa Robert Gernhardt, Alexander Kluge und Wilhelm Genazino, aber auch Damen und Herren, von deren weitgehend im verborgenen sich abspulendem literarischen Wirken der erstaunte Interessent zum ersten Male erfahren durfte. Initiator dieses gewichtigen Projekts war kein Geringerer als der Frankfurter Kulturdezernent Hilmar Hoffmann.

Er, der einen Hang zum Putzig-Pompösen pflegt und sich über die Kultur zuweilen so gereizt ausläßt, wie es der Teamchef Franz Beckenbauer tut, wenn er die Spielkünste seiner Fußballnationalmannschaft ins Gerede bringt, er ist Meister Unselds würdiges Pendant in dieser Stadt. Geist und Geld sind bei beiden Herren bestens aufgehoben. Vor ihnen verstummt, letztlich, auch der ewige Querulant, denn daß die Literatur eine Lüge ist, von der einige wenige gerade deshalb gut leben können, weil viele den Kopf für sie riskieren.

Frankfurt also kann einiges bieten und hat sich doch ungeachtet seiner polierten Fassade einen Rest Provinzialismus bewahrt, der zwar seinen eigenen Charme hat, aber nicht jedermanns Sache sein kann. Dies war früher kaum anders: Frankfurts berühmtester Sohn, Johann Wolfgang von Goethe, war froh, als er mit 16 im Herbst 1765 die Heimatstadt verlassen durfte, um in Leipzig sein Studium aufzunehmen. Im Rückblick schrieb er über seinen Weggang aus Frankfurt: „Die heimliche Freude eines Gefangenen, wenn er seine Ketten ablöst und die Kerkergitter bald durchgefeilt hat, kann nicht größer seyn, als die meine war, indem ich die Tage schwinden und den October herannahen sah . . ."

Eine andere Frankfurter Berühmtheit, der Philosoph Arthur Schopenhauer, dessen Geburtstag sich 1988 zum zweihundertsten Male jährte, fand nur pragmatische Gründe für seine Entscheidung, sich in der Stadt am Main niederzulassen; er lebte hier von 1831 bis 1832 und dann von 1833 bis zu seinem Tode im Jahr 1860. „Ich bin hier seit mehr als fünf Jahren", äußerte Schopenhauer in einem Brief an seinen französischen Jugendfreund Anthime Grégoire de Blésimaire, „der Aufenthalt gefällt mir einstweilen: das Klima ist das schönste und gesündeste von Deutschland, beinahe auch so mild wie das von Paris, die Umgebung ist reizvoll, und ich bin ein großer Wanderer, man lebt hier viel besser und billiger als in Berlin, vor allem sind die Hotels und ihre Mittagstische die besten von ganz Europa, die niedrige und mittlere Klasse der Einwohner ist von einer seltenen Rechtschaffenheit, es gibt ein gutes Theater: endlich, was das leibliche Wohlbefinden, die Bequemlichkeiten angeht, ist es der beste Ort von Deutschland."

In Frankfurt ließ und läßt es sich demnach leben. Wem es allerdings ohnehin nur im Gehege der eigenen Gedanken am wohlsten ist, dem kann es herzlich egal sein, wo er sich eingehaust hat. Die Menschen sind überall gleich. □

Otto A. Böhmer, 39, lebt in Wöllstadt bei Frankfurt. Er war neun Jahre lang, bis 1986, Lektor in verschiedenen Verlagen, zuletzt bei Suhrkamp. Seither arbeitet er als freier Publizist und Buchautor. 1987 erschien: „Vom jungen Schopenhauer & vom ganz jungen Schopenhauer".

VON BERTEL SCHMITT

10 000

Ob Stadt-Image oder Hundekuchen – die Werbemanag

Auf dem Flug von New York nach Frankfurt sitzt ein älterer Herr aus Charleston, West Virginia, neben mir: „Als ich früher nach Frankfurt flog", sagt er sinnierend, „habe ich Bomben drauf geworfen – US Air Force, Bombenschütze. Frankfurt war eine schöne Stadt, aber am Ende ziemlich flach."

„Das Bild können Sie vergessen", erwidere ich mit vollem Mund, das heißlufterhitzte Frühstückshörnchen kauend. „Wenn Sie Frankfurts Skyline sehen werden, wie sie majestätisch in der Morgenröte glänzt . . ." – Beim Anflug ist Nebel, nix glänzt und der Herr aus Charleston, West Virginia, grummelt mir beim Verlassen des Flugzeuges zu: „Have a nice day, okay?"

„Frankfurt. Die Stadt, die ihre Menschen mag." So lautet der Slogan, der ihr Image pflegen soll. Ein Weichzeichner-Satz aus der Werkstatt von Claus Conzen. Claus Conzen, „zweimal mit C, bitte", ist Contactdirektor der Werbeagentur Ogilvy & Mather Focus GmbH, einer der vielen Subfirmen der Ogilvy & Mather Agentur, die im Bierdunstkreis der Henninger-Brauerei in Sachsenhausen ihren geheimen Verführungskünsten nachgehen. O&M ist eine weltweit operierende, amerikanische Agenturengruppe, in deren Imperium die Sonne nie untergeht. Besitzer David Ogilvy lebt längst in einem Schloß in Frankreich und hütet von dort aus seine Schäfchen. Nur wenn es ihm langweilig wird, überrascht er eine seiner 267 Besitzungen in 49 Ländern mit seinem Besuch, schart seine Herde um sich, läßt Anzeigenentwürfe defilieren, lobt, tadelt und entschwindet dann wieder in einer Wolke über dem Airport.

Das Personal, das in Frankfurt für O & M Focus wirkt, werkelt parallel auch für die Promotional Campaigns GmbH, eine brandneue Subfirma. Claus Conzen hat jetzt zwei Visitenkarten in der Tasche, er muß nur aufpassen, daß er einem alten Kunden keine neue Karte hinlegt. Solche Doppelverdiener sind häufig, weil sich partout keiner für die Werbebranche finden läßt, der mit 70 000 bis 80 000 Mark pro Jahr zufrieden ist. Soviel trägt ein nichtsnutziger Junior nach Hause – selbst wenn er noch glaubt, eine Headline sei ein Streifchen Kokain, das zu Kopfe geht, und ein Abbinder ein Gummischlauch am Oberarm. Wer es ein paar Jahre später zum Agenturgeschäftsführer gebracht hat, erlöst 300 000 bis 400 000 Mark – und aufwärts; bei vollem Spesenersatz, Übernahme der häuslichen Telefonrechnung, der Lebensversicherungsbeiträge, der Golfclubgebühren und, selbstverständlich, der Stellung eines adäquaten Firmenwagens nebst Benzin, Öl, Autowäsche und Inspektion.

Als adäquat gelten in Frankfurts Werbekreisen einzig schwere Daimler mit tiefgelegtem Fahrwerk, sehr, sehr fetten Reifen, Spoilern und kürzesten Nummernschildern. Für Ausgefallenes wie „F-LY1" oder „F-IC6" sollen – so hört man aus dem Kreis der Eingeweihten – im Frankfurter Straßenverkehrsamt größere Scheine über den Tresen gehen. Porsche gelten bei Werbern dagegen als unfein und sind Bankern und Brokern vorbehalten – wegen des schnellen Geldes.

„Wir sind gerade im Prozeß einer Umpositionierung im Rahmen der Orchestration", dichtet Conzen. Dabei mache Focus Werbung für besonders erklärungsbedürftige Produkte mit oft kleineren Etats. Kurzum: für lästige Kunden, die der Agentur mit jedem Scheiß kommen, alles dreimal ablehnen und nichts ausgeben wollen.

Einer der Focus-Kunden mit schwer erklärbaren Produkten und kleineren Etats ist die Stadt Frankfurt. „Das heißt, nicht *die Stadt* Frankfurt", präzisiert Conzen, „sondern die Wirtschaftsförderung Frankfurt GmbH. Wenn sich die Stadt eineinhalb Jahre vor der Wahl des Bürgermeisters eine Werbeagentur zulegt, würde das in der Öffentlichkeit nicht gut aussehen."

Der in Walter Wallmanns Windschatten nachgezogene OB Wolfram Brück erklärt nun schon mal vorsorglich: „Das Image der Stadt hat sich in einer geradezu unvorstellbaren Weise geändert." Unvorstellbar in der Tat, denn wann immer das Frankfurter Image gemessen wird, ist es ganz, ganz tief unten. Als „Capital", die Zeitschrift für das ambitionierte Mittelmanagement, Deutschlands Wirtschaftsführer nach ihren Präferenzen fragte, waren sich alle einig: In Frankfurt kann man tolle Geschäfte machen. Aber dann nix wie weg! Wohnen möchten die Vorstände am liebsten in München – wegen des Freizeitwertes. Wenn sie einen neuen Standort für ihre Fabrik suchen, dann kommen sie lieber zu Späth nach Stuttgart, denn die Schwaben „schaffe, schaffe" noch was.

Einen Tiefschlag versetzte den Frankfurter Stadtoberen auch der Städtetest, den die biedere Illustrierte „Bunte" bei dem Hamburger Städteforscher Jürgen Friederichs und dem Meinungsforschungsinstitut Sample in Auftrag gegeben hatte. Daß Frankfurt an letzter Stelle landete, war man ja gewohnt. Daß aber ausgerechnet Duisburg auf Platz eins rangierte, war eine Beleidigung. Und daß die Frankfurter selbst ihre Stadt am heftigsten kritisierten, empfand man als Hochverrat und Dolchstoß. Die Stadtväter besannen sich in dieser Not auf die 10 000 Werber, die in ihrer Stadt in über 200 Agenturen arbeiten, und beschlossen, sich eine davon zu greifen.

Also wurde eine Wettbewerbspräsentation angezettelt, einer jener von Agenturen so gefürchteten,

98 GEO

schnelle Brüter

machen sich auf alles einen Reim. In Frankfurts Imponierbranche wird viel geklotzt und geprotzt

aber immer wieder gern besuchten Schaukämpfe der Direktoren und Projektoren, der Plakate und Plagiate. Fünf Agenturen dachten, machten und brachten, brillierten und argumentierten. Einziges Problem der Werber: Der Chef der Wirtschaftsförderung Frankfurt, Dr. Klaus Kröll, wußte alles über Schweinebauch und Trichinenbeschau, Pökelzunge und Rinderherz, aber nichts von Reklame, denn er hatte eben erst seine Stelle als Chef des Frankfurter Schlachthofes verlassen. „Als ich ihn kennenlernte", stöhnt Contacter Conzen im Aufzug des Wirtschaftsförderungsamtes, „war ihm Werbung ziemlich fremd. Aber er hat eine großartige Lernkurve durchlaufen."

Kunde Kröll selbst weiß heute nicht mehr so recht, warum er sich für Conzen und den Slogan „Frankfurt mag seine Menschen" entschieden hat. Für ihn war alles, was er da sah, eine Frankfurter Soße: „Die Maschen sind doch alle irgendwie gleich." Das ist ein beinahe ungerechtes Urteil.

Wenn eine Werbeagentur eine Kampagne macht, dann werden ein Texter, ein Art Director und ein Contacter so lange in einen Raum gesperrt und mit Kaffee abgefüllt, bis ihnen etwas einfällt. Bei großen Kunden denkt man länger nach, bei kleinen kürzer. Zeit ist Geld. Beim Thema Frankfurt ist die Assoziationskette recht einfach: Frankfurt, Mainhattan, Manhattan, New York, I (Herz) NY. I Love New York, I Love Frankfurt. I (Herz) F. Doch der Contacter wird sagen:

„Mit Herz oder ohne, Mainhattan weckt Negativ-Assoziationen, wir müssen das mehr auf die menschliche Schiene legen." Also weiter: Menschen lieben Frankfurt. Hier muß der Contacter wieder Einspruch einlegen: „Wir müssen an unseren Auftraggeber denken und das sind nicht die Menschen, sondern ist Frankfurt." Der Texter probiert es andersherum: „Frankfurt liebt seine Menschen, wie wär das denn?"

„Zu erotisch!" muß hier der Contacter rufen. „Von lieben bis Liebe machen ist nur ein kurzer Schritt. Und vor allem Aids und so. Das haut mir der Kunde um die Ohren!" Darum empfiehlt die Agentur das, was man sagt, wenn man sich in der Beziehungswelt nicht auf Dauer festlegen will: „Frankfurt mag seine Menschen." Mögen ist nicht lieben, da kann man auch nach dem Frühstück gehen und sagen: „Ich ruf dich an" – und nimmer wiederkommen, ohne daß sich Schuldgefühle breitmachen.

Dr. Brück kaufte den Slogan, ließ für 2,5 Millionen Mark Anzeigen plaziert – und findet die Kampagne trotzdem falsch: „Mögen, mögen. Ich hab noch keine Stadt gesehen, die ihre Menschen mag. Das kann eine Stadt doch gar nicht! Ich erwarte dagegen, daß die Menschen Frankfurt lieben!" Contacter Conzen zuckt, macht sich aber eine Notiz im Kopf, für die nächste Welle der Kampagne: Vielleicht doch „Ich (Herz) F"? Und zur Sicherheit: „Menschen lieben Frankfurt" als Fall-Back-Position?

Bleibt fraglich, ob die Agenturen, mit welchem Spruch auch immer, das Image der Stadt wirklich ändern können.

Einfacher ist es schon, das Image von Frankfurts Werbern zu heben, zumindest äußerlich. Und das ist Sache von Lilo Zeh. Bei Lilo holen sich die Art Directors ihren Gaultier-Anzug, die Creativ Directors ihr Girbaud-Outfit, und die wenigen Damen in der Geschäftsführung von Frankfurts Agenturen ihr Lagerfeld-Kleid, Nummer Sicher, für die Präsentation am Montag.

Lilo residiert in der Hochstraße, gegenüber der legendären, aber längst generalgereinigten „Haschwiese". Das Areal zwischen Hochstraße, Freßgass' und Oper war in meiner Frankfurter Zeit scharf links: Vielleicht hat Andreas Baader hier seine Kaufhaus-Zündelei ausgeheckt, und emanzipierte Frauen tauschten Rezepte für Molotowcocktails. Nur der „Club Voltaire" ist übriggeblieben; wie aus Nostalgie sind vorm Eingang ein paar Pflastersteine gelockert, aber keiner bückt sich und langt zu.

Heute ist das Areal fest in der Hand von Frankfurts Imponierbranche: Die „Leiter" ist ein beliebter Treffpunkt der Werbefotografen, die durch ihr Styling die studiomäßige Einrichtung erst komplett machen. Die „Oyster", Gründung zweier Werber, brummte ein paar Monate lang, es gab Austern, Schampus, Kaviar. Dann wechselte der Koch, die Austern wurden mies, viele Texter und Art Directors mußten wegen Durchfalls dem kreativen Tun zwischenzeitlich abschwören. Heute heißt der Laden „Calvin" – nicht etwa als Hommage an den Schweizer Erfinder der göttlichen Leistungszulage ist das gemeint, sondern als Verneigung vor Herrn Klein, dem Unterhosendesigner.

Von Werbern besetzt ist auch das sogenannte „Café Wichtig" gegenüber der Alten Oper. Offiziell firmiert das Etablissement unter der dezenten Marke „Operncafé". Auch hier gibt's diese Gäste, die immer mal wieder den Arm emporrecken und das Handgelenk schütteln: typische Handbewegung des Werbers, um die nach unten gerutschte Rolex zurückzuschütteln.

Um 1970 war das Café noch eine Buchhandlung und fest in der Hand von Haschern und Stadtindianern. Nun strömt der Dom Perignon zu 190 Mark; Etatverluste werden mit einem Veuve Clicquot Brut für 85 Mark verkraftet. Die Ausländerfeindlichkeit, die hier als Türken verkleidete Reporter des „Stern" einst auf die Probe stellten, will man sich nicht länger nachsagen lassen: Als Beweis für die neue Fremdenfreundlichkeit werden im „Operncafé" nun neben einem deutschen Frühstück auch ein italienisches, ein französisches und ein Frühstück Royal serviert.

Weiter, der Bockenheimer Landstraße ins Westend folgend: ein Bild von Hochglanz und rostfreiem Edelstahl! Wo früher die Demos wogten, wo's in den Kellern besetzter Häuser freitagabends Stones-Disco mit Flaschenbier zur Aufbesserung der Kampfkasse gab, rangeln heute Werbeagenturen mit Banken um schnieke Büroflächen. Spielstand 8:2 für die Banken. Und statt Steine in die US-Botschaft zu schmeißen, geht man heute rein und holt sein Visum für das Photoshooting in Los Angeles oder die Budgetbesprechung bei der Agenturzentrale in New York.

Die entwurzelte alternative Szene dagegen hat in den Werksgebäuden der Bauer'schen Gießerei an der Hamburger Allee Zuflucht gefunden. Dany Cohn-Bendit verlegt hier seinen „PflasterStrand", hier hausten und hausen die Sozialistische Deutsche Arbeiterjugend, das Zentrum für alternative Medien und das Frauengesundheitszentrum. Doch selbst die letzte Zuflucht der alten Frankfurter Imageträger ist das Renditeobjekt eines Werbers: Walter Lürzer hat hier Geld angelegt, das er durch den Verkauf einer seiner Agenturen verdiente. „Drei Millionen für 2500 Quadratmeter Grund und 9500 Quadratmeter Wohnfläche! Gschenkt woar des, heast, gschenkt", freut sich der aus Österreich Zugewanderte und schielt in Richtung Messegelände, nur

Wenn Veuve Clicquot zur Krisenbrause wird

Wirtschaftsförderung Frankfurt
Umfassender Service aus einer Hand

- Wir beraten und helfen Unternehmen bei der Standortwahl
- Wir fördern Existenzgründungen und Neuansiedlungen
- Wir vermitteln Grundstücke für Ansiedlungen und Verlagerungen
- Wir bieten im Umgang mit Behörden den Service aus einer Hand
- Wir nehmen Einfluß auf eine wirtschaftsorientierte Stadtentwicklung, Standortwerbung und Standortgestaltung
- Wir wirken mit, daß sich Frankfurt am Main als ein kultureller und gesellschaftlicher Erlebnisraum von internationalem Rang weiterentwickelt.
- Wir wollen die Lebensqualität in Frankfurt am Main steigern, damit die Arbeitsplätze noch attraktiver werden

Wir helfen auch Ihnen, bitte rufen Sie uns an

Wirtschaftsförderung Frankfurt GmbH
Grüneburgweg 102 · 6000 Frankfurt am Main 1 · Telefon: (069) 153 08-0
Telex: D-4170089 · Telefax: (069) 153 08-230

zwei Steinwurf-Längen entfernt. Dort schnellt gerade der Messeturm empor – und mit ihm tun's die Grundstückspreise ringsherum. Darum macht sich auch Walter Lürzer Gedanken um die Zukunft seines Besitzes. Die Alternativen sollen sich bald eine neue Bleibe suchen.

Zunächst einmal hat der Hausbesitzer die SDAJ rausgeschmissen; wegen groben Unfugs, wie er findet: „Imma Leam homs gmocht und mitan Feialöscha rumgschpüt." Solventere Mieter aus dem Werbezulieferbereich sollen einziehen: statt Feministinnen etwa Modelagenturen; Designer statt Demonstranten.

Längst nicht jeder liebt Lürzer. An seinem 500er Mercedes waren unlängst alle Radmuttern gelockert, damit es den gelernten Wiener Ballettänzer auf der Autobahn zerbrösele. „Weas woa, waasmanet", sagt Lürzer, und rührt im „Café Orfeo", auch ein Teil seiner Liegenschaften, im wäßrigen Sorbet. Heute fährt er einen unauffälligen „Senator 3,0 i" mit unschick langer Autonummer – seinem Werbekunden Opel zuliebe.

Mit seinen Zukunftsplänen steht Lürzer in direkter Konkurrenz zu Oberbürgermeister und Wirtschaftsförderer Wolfram Brück, der ebenfalls in einem alten Fabrikgebäude einen Werbe-Gewerbehof plant: „Strategie der kurzen Wege, Sie verstehen."

Brück befindet sich augenscheinlich am Scheitelpunkt der Werbe-Lernkurve. Gefragt, ob sich nach so viel Werbung schon eine weitere Imageveränderung der Stadt eingestellt habe, antwortet er aus dem Stand wie ein Etatdirektor: „Ich bitte Sie, die Kampagne läuft doch erst seit einem halben Jahr. Das muß sich erst subcutan einschleichen und dann endogen so ablaufen, daß sich mit der Zeit das Wohlbehagen-Empfinden breit macht." Aus Freude über den schönen Satz verkündet Brück, daß er sich als nächsten Karrieresprung die Leitung der Frankfurter Messe und dann, als krönenden Abschluß, einen Job bei einer Werbeagentur vorstelle. Contacter Conzen lächelt verschreckt, aber artig und dreht die Augen zur Decke.

Vor dem Rückflug nach New York: Die Abtastbrigade am Flughafen hat an den Gepäckdurchleuchtomaten Spitzweg-Bilder angebracht, um der Sicherheitstechnik etwas von ihrer Kälte zu nehmen. Frankfurt mag eben seine Menschen. □

Bertel Schmitt, 39, begann seine Karriere als Werber in Frankfurt. Inzwischen lebt er in New York, wo er Miteigentümer einer Agentur ist.

Es gibt Werbeagenturen, die haben Neon über dem Eingang, eine Bar im Foyer oder einen Swimmingpool auf dem Dach. Lintas:Frankfurt hat schlichtweg Spaß. Spaß an der Arbeit. Spaß am Denken. Spaß, Sie zu beraten.
Keine Sorge, diese Philosophie finden Sie nicht als Schriftzug auf unserem Briefpapier. Aber auf unseren Gesichtern und in unseren Arbeiten. Das verstehen wir unter Kreativität. Nur diesen einen klitzekleinen Tick gönnen wir uns: F-UN als Kennzeichen unserer Geschäftswagen. Wenn Ihnen demnächst ein flotter Wagen mit F-UN begegnet, könnte es sich um jemanden handeln, der Spaß hat. Eine Verfolgungsfahrt zwecks Zusammenarbeit ist nicht nötig, da Sie jederzeit Peter Skroch, Klaus Giebler oder Horst Martin anrufen können.

LINTAS:FRANKFURT

z.Zt. Hungener Straße 6–12, 6000 Frankfurt/Main 60, Tel.: 0 69/15 40 99-0
ab 5/89 wieder in der Zeppelinallee 77, 6000 Frankfurt/Main 90

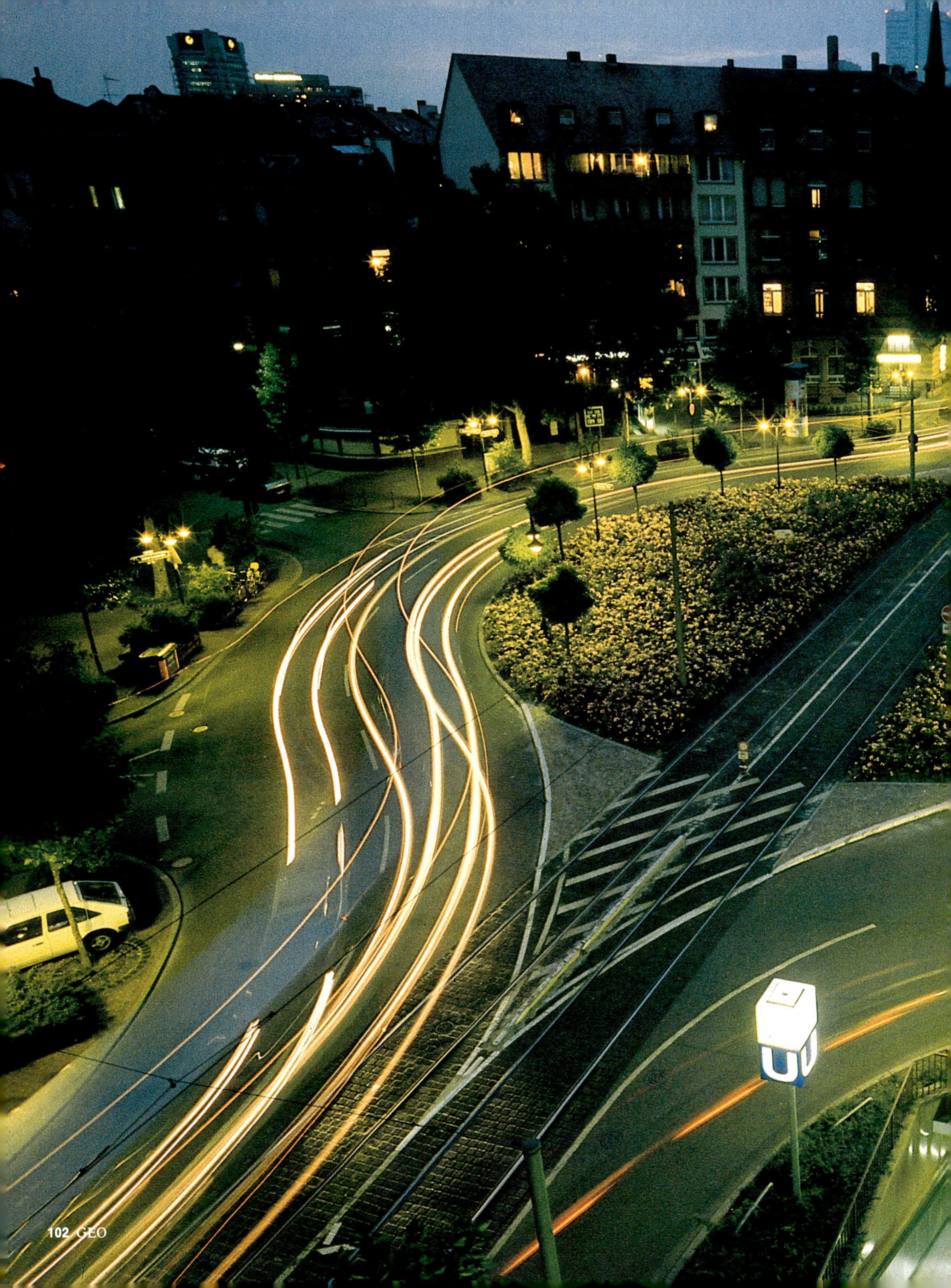

Schweizer Straße

Sie war einfach eine bunte Straße mit hübschen Ecken und häßlichen Kanten. Mit Bäumen links und rechts und Straßenbahn. Mit Läden für Tante Emma und Kneipen für Herrn Karl. Ganz hübsch ist sie immer noch, die urbane Achse Sachsenhausens, aber Emma und Karl haben Besuch bekommen – und der trinkt Sekt statt Selters und spekuliert auf schicke Altbauwohnungen. Rings um den geputzten Schweizer Platz ist (k)ein typisch Frankfurter Mißverständnis unterwegs: die Verwechslung von Lifestyle mit Leben

Platz da! Der Zeitgeist kommt.

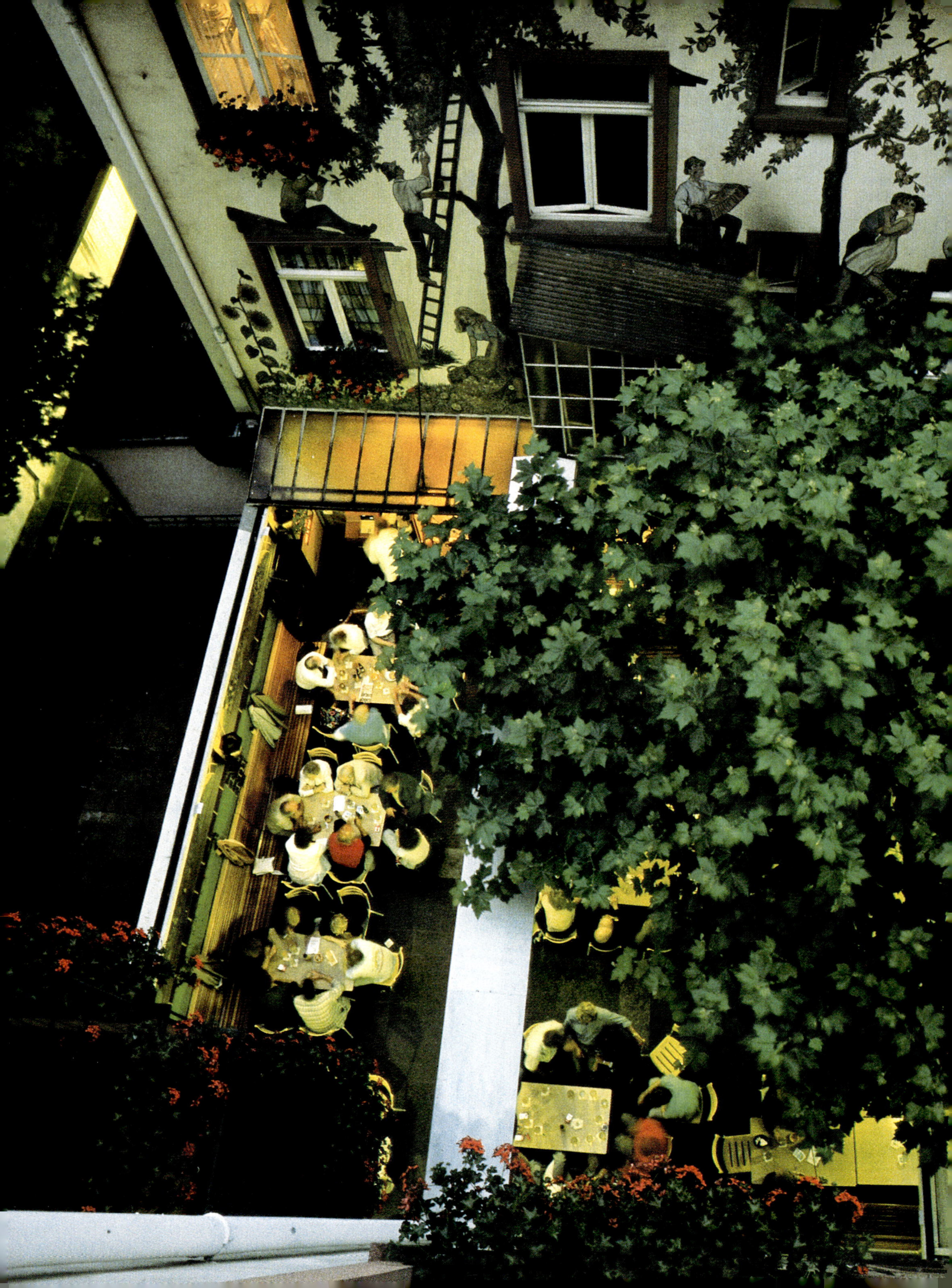

VON PETER-MATTHIAS GAEDE · FOTOS: RAINER DREXEL

Der Schweizer Platz ist eine dieser zur Rosenrabatte gestutzten Kapitulationserklärungen des Frankfurter Städtebaus.

Ein „Top" ist ein ärmelloses Trägerhemdchen mit spaghettibreiten Trägern.

Der Schweizer Platz hat vom Gartenamt Robinien eingepflanzt bekommen, zwölf Stück; außerdem wurden ihm sechs Stück Kandelaber verordnet, die von täglich 12 000 Autos umkurvt werden.

Das ärmellose Hemdchen im nahen Schaufenster kostet 448 Mark; es ist aus Seide.

Die Mitte des Schweizer Platzes kann kein Mensch mehr betreten, das Hemdchen kaum ein Mensch mehr bezahlen. Das doppelte „off limits" zeigt den Sachsenhäusern immerhin, daß sie, 600 Jahre nach der Eingemeindung in das alte Frankfurt, nun auch vom „neuen Frankfurt" erreicht worden sind.

Das neue, das neureiche Frankfurt schlich sich Ende 1984 per U-Bahn ein. Direkt unter die Schweizer Straße, die bis dahin so etwas wie der natürliche Gegenentwurf zum metropolitanen Gestus auf der Nordseite des Mains war. Eine Magistrale durch mittelständische Behaglichkeit. Zwar gehören zur Gemarkung Sachsenhausen mit Flughafen, Waldstadion, Apfelweinviertel und neuerdings auch Museumsufer vier überregional bedeutsame Hervorbringungen Frankfurts, zwar hat Sachsenhausen mit dem Stadtwald und dem Lerchesberg das größte Grün und die Prominenten-Wohnadresse in seinen Grenzen. Das Herz der 50 000-Einwohner-Gemeinde aber schlug am Schweizer Platz. Ruhig und ohne Flimmern. Das Herz eines Kleinbürgers.

Lange war es so: Drüben, im Zentrum, schossen die Banken in die Höhe, hier, im Frankfurter Süden, warf allenfalls der Silo einer Brauerei lange Schatten. Drüben wuchs der Mythos von Frankfurt als der Weltstadt heran, bis er selbst die Köpfe seiner Kritiker blähte – in Sachsenhausen wurde die eitle Botschaft hartnäckig in ein „Unser Dorf soll schöner werden" übersetzt.

Die U-Bahn schafft die Strecke zwischen den Frankfurter Welten nun in ein paar Minuten. Und so was verbindet ganz selbstverständlich. Morgens saugen die Züge der U 1 bis U 3 das halbe Sachsenhäuser Hinterland und eine Menge angestammte, allerdings bescheidene Kaufkraft unter der Schweizer Straße hindurch, gleich hinüber in die Büros und auf die Zeil. Und auf dem Rückweg transportieren sie einen Glaubenssatz des Frankfurt-Wenders Wallmann: Eine Stadt strahle vom Zentrum her in die Stadtteile aus.

Stimmt. Zunächst schwappte der Mainstream von jenseits des Stroms über den Main. Eine Art Waschzwang für öffentliche Räume, der in Frankfurt seit geraumer Zeit Straßenbahnen, Vorgärten und sonstige

Einkehr im »Gemalten Haus«: Der Hinterhof einer Apfelweinschenke gehört zu den Bastionen, in denen Sachsenhäuser Bürger ihr Bedürfnis nach einem sicheren Stammplatz stillen. Während draußen die Großstadt auftrumpft, hält sich im Garten ein Biotop; befeuchtet aus Ebbelwei-Bembeln, genährt aus den Lebens-Werten, die in diesem Stadtteil traditionell zu Hause waren: Beschaulichkeit, Besitzstandswahrung und ein Schuß Biedersinn

Der Rückzug in geschützte Winkel

GEO **105**

Schweineröllchen
mit Lauch
gefüllt
Portion 8,50

Komplett-Menü
Gebackenes Tatar
mit Zwiebelsauce
Gemüse
Röstkartoffeln
Portion 7,50

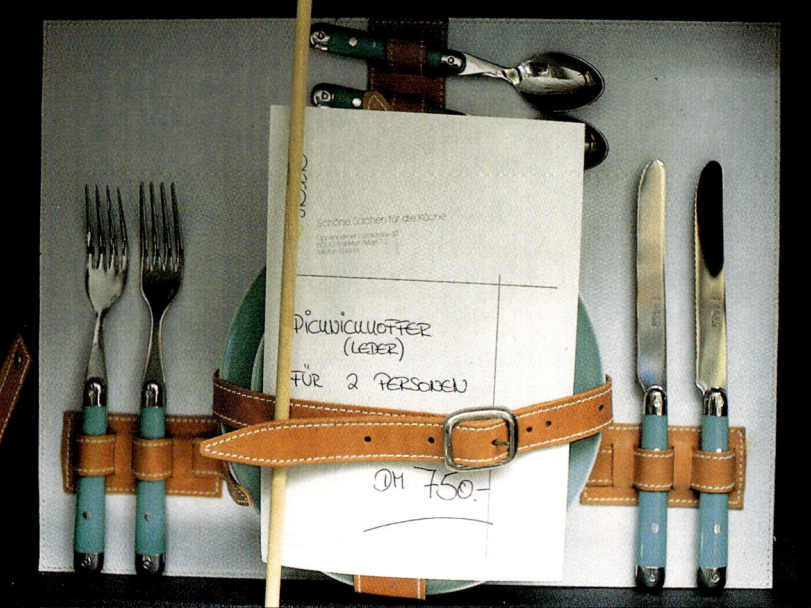

blumen galerie

Picknickkoffer
(Leder)
Für 2 Personen

DM 750,-

Mit seinem Aufschnitt hat sich ein Schlemmer-Metzger über den Durchschnitt erhoben – und damit die Geschäftsdevise an der Schweizer Straße vorgegeben: Edel sei sie, reich und gut. So wandelt sich die einstige Ladenzeile der »kleinen« Leute zu einer Galerie in der Modefarbe Weiß – für jene, die bei 750 Mark für ein Picknickköfferchen nicht ins Gras beißen. Vor Erstaunen

Der Wunsch, die Würstchen zu veredeln

Unordentlichkeiten aus dem Stadtbild spült. Damit Platz werde für Autos, gepflegte Marmorplatten und kübelweise Straßenbegleitgrün. Am neu geputzten Schweizer Platz vermissen die Sachsenhäuser seitdem zum Beispiel eine 20 Meter hohe Platane. Andere trauern dem Obsthändler mit seinem Karren hinterher, wieder andere den Containern für Altglas und -papier; Kleinigkeiten nur, wie sie aber den großen Würfen einer Weltstadt immer im Wege sind.

Gemessen an der gerade in Frankfurt gern zitierten Überzeugung von der Stadt „als Erlebnisraum", gingen die Gestalter des Schweizer Platzes jedenfalls relativ talentfrei zu Werk. Und wer nördlich und südlich des Kreisels die Seite wechseln will, hat bei sieben Sekunden „Grün" für Flanierer und 104 Sekunden „Grün" für die Wagenkolonnen auch lange Zeit, sich zu fragen, womit diese Straße die plötzlich aufgetauchte Bezeichnung Boulevard verdient haben könnte.

Ein Boulevard, so träumten sozialdemokratische und grüne Menschen, könnte am Schweizer Platz in einen Markt münden, einen Debattierzirkel, eine urbane Oase. Statt dessen geriet das gute runde Stück zu jenem „Hochleistungskreis" für den Durchgangsverkehr, den sie befürchteten. Konsequent wenden sich die Sitzbänke auf dem Trottoir denn auch ab von einem Zentrum, in dem es nichts mehr zu sehen gibt.

Um so mehr spielt sich seit der zweiten Eingemeindung Sachsenhausens aber in den Schaufenstern ab. Als erster der Geschäftsleute an der Schweizer Straße begriff ein Metzger namens Willi Meyer, was die Swatch geschlagen hat. Schon 1973 hatte ihm eine Renovierung unter Verwendung italienischer Fliesen Lob aus der Innung und Nachahmer bis Worms beschert. Doch in der vorausschauenden Erkenntnis, an einer „potenten Straße" zu wohnen, sann Meyer darauf, seinen Laden noch „'ne Idee edler" zu gestalten. Ließ sich, wie Frau Meyer sagt, von den Schaufenstern des Pariser Modemachers Ted Lapidus inspirieren und präsentierte die Metzgerei, 1984, in schwarz-grün gediegenem Gewande. Seither illuminieren Scheinwerfer die Wurst- und Salatexponate hinter der ausladenden Rundtheke, und wer den „Schlemmerservice" in Anspruch nehmen will, findet sich zwischen 14 und 16 Uhr zur „Buffetbesprechung" ein. Daß der Champagner, in Magnumflaschen offeriert, nur mit bescheidenen Prozenten am Umsatz des Meyerschen Gesamtkunstwerks beteiligt ist: macht nichts. Der Champagner, kalkulieren die Meyers, „bringt Atmosphäre".

Und das wirkt. „Der Meyer", sagt draußen vor der Tür ein beeindruckter Gemüsehändler Günter Linnenkohl, „der ist ja weltbekannt." Und: „Da muß man mal gewesen sein." Möglich, daß nicht nur Bewunderung mitschwingt, wenn in Meyers Umgebung von dessen „Fleischboutique" die Rede ist. Oder wenn der schwarzglän-

GEO 107

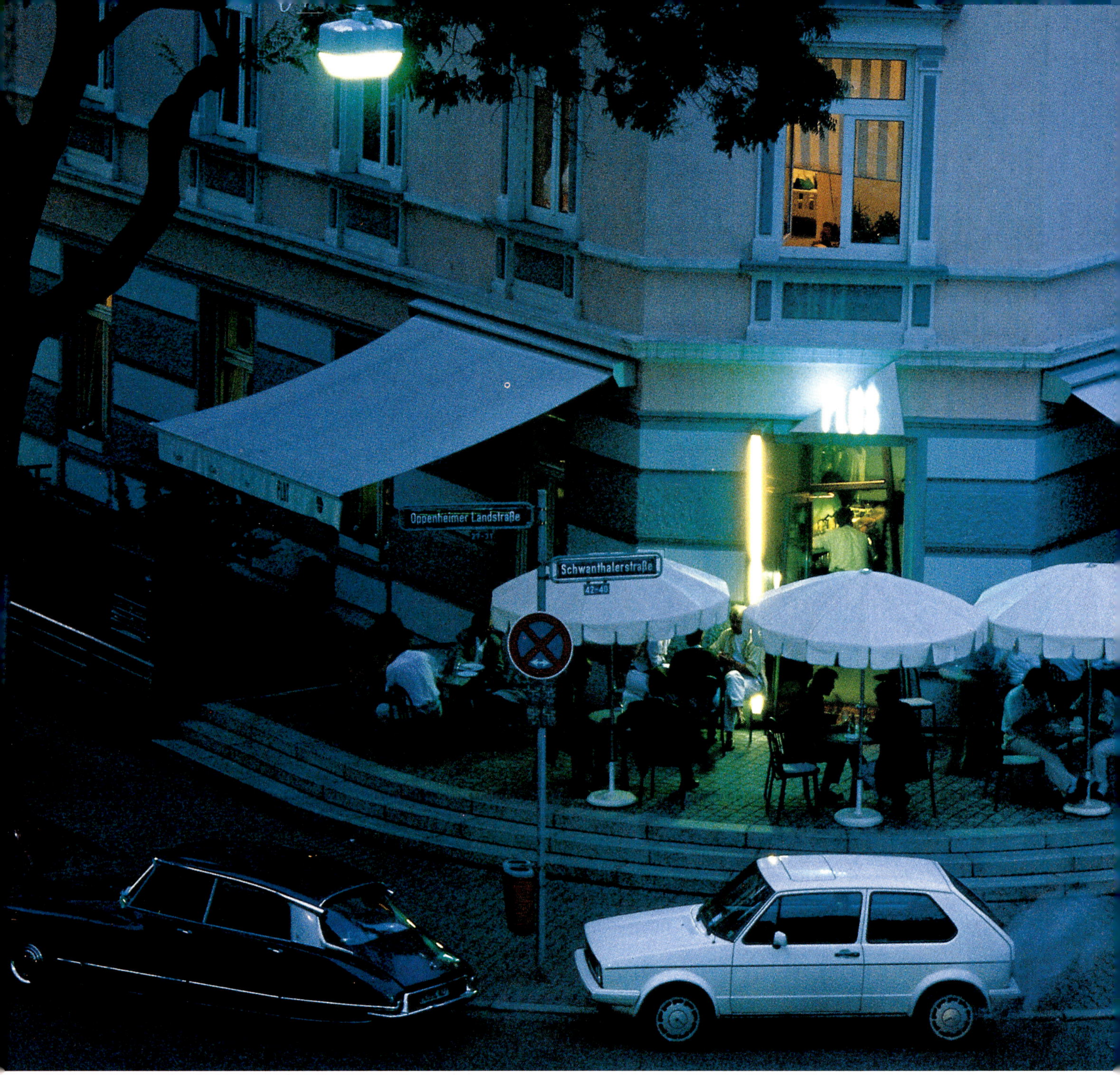
Oppenheimer Landstraße
Schwanthalerstraße
42-40

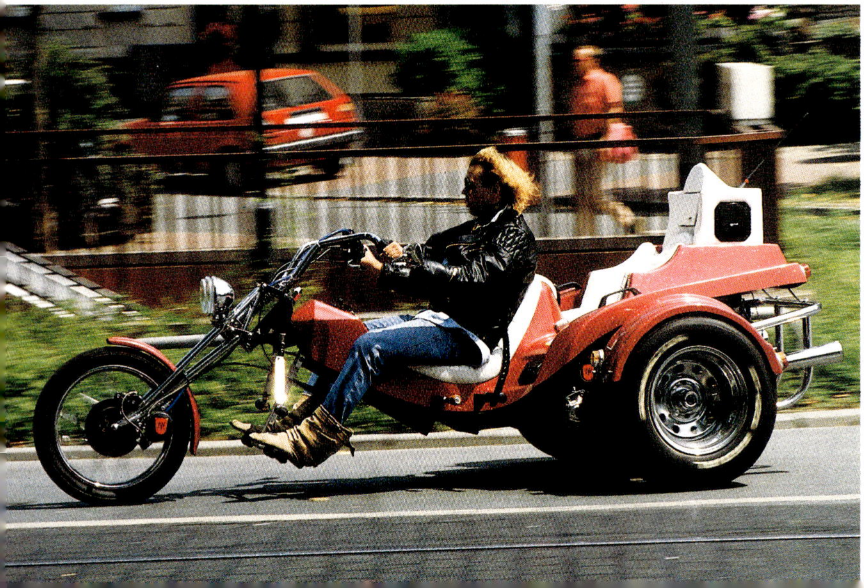

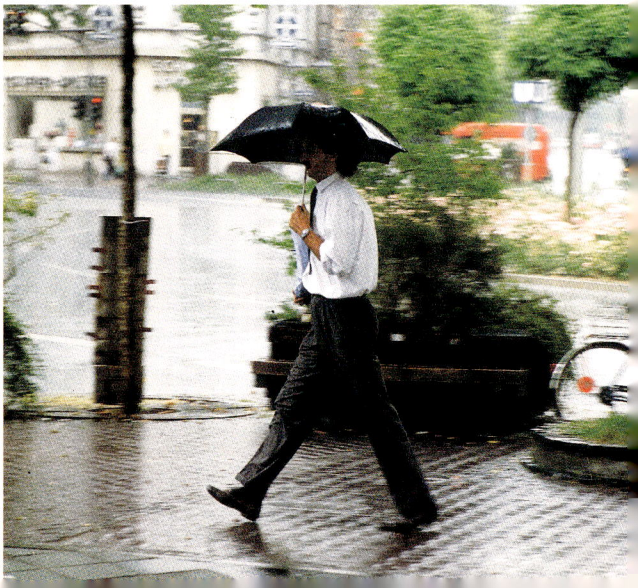

Wenn sie auf breiten Reifen heranrollen, wenn sie hemdsärmelig schick am Schweizer Platz paradieren – dann ist ihr Ziel meist ein Szene-Treff. Zum Beispiel das »Plus« gleich um die Ecke. Hier sammelt sich nun neuerdings, was in Sachsenhausen lange Zeit fremd war: pferdestärkengestützte Eitelkeit, die sich auf der Freilichtbühne verwirklichen möchte

Der Auftritt der mobilen Dynamiker

zende Wagenpark des innovativen Metzgers vermessen wird, der ja nicht nur einen dicken „Range" lenke, „sondern dann noch den Jaguar und mindestens einen kleinen BMW".

Deutlich hat der frische Adel in den Auslagen des Sachsenhäuser Familienbetriebs die alten Nachbarn verpflichtet: Den Metzger Zimlich, der mit weißem Marmor konterte, „Lemli-Moden", auch schon seit Urzeiten an der Schweizer, das seinem Entree ganz cool ein weißes Outfit verpaßte, selbst die Fischkette, die ihre Bismarckheringe nun hinter Blanc-de-Blancs-Batterien versteckt.

Vor allem aber siedeln an der Schweizer und auch schon in ihren Nebenstraßen immer mehr Etablissements, von deren Gebrauchswert die alten Anlieger erst noch überzeugt werden müssen: Die „Café Bar" etwa, deren „kaltes, wenn nicht gar nekrophiles", gleichwohl „familiäres" Ambiente einem italienischen Lifestyle-Magazin Staunen abnötigte. Oder „Die Gans" von Sachsenhausen, die „Ente vom Lehel" sein will, indem sie den „Feinschmeckersalat mit Stopfleber, Hummer, Lachs, Kaviar und Wachteln" überhäuft – bis wenigstens „Eintracht"-Präsident Klaus Gramlich anbeißt.

Weniger wäre mehr gewesen, empfinden manche Anwohner aber auch, wenn sie „Tisch und Bett" angesichts der dortigen Hochpreis-Politik nicht mehr decken können. Wenn ihnen der Slip in der Grabbelkiste auch als Sonderangebot noch für 65 Mark begegnet. Wenn sie in der „blumen galerie" nicht mehr nach Stiefmütterchen zu fragen wagen. Wenn in „La Lettera" aus Visitenkarten „die Druckidee" wird, die bislang noch niemand zu haben brauchte.

Und die Menschen, die wie die „Entenbrust an Muskateller-Trauben" passen, die bei „Bambini" ihren Nachwuchs designen lassen und bei „Rive Gauche" ihre Frisur, die im „Empor" ihren Aufstieg begießen, zwischen dem „Wagner" und dem „Plus" ihren Vierradantrieb vorführen? Immer reichlicher und reichlich protzig rauschen auch sie als Botschafter des neuen Frankfurt ein. Der Stadt, die in der „Zeitgeist"- und „Lifestyle-Hitparade" eines einschlägigen Magazins 1988 neben Düsseldorf und Hamburg bereits an der Spitze notiert wurde.

Viele sind Frankfurt-„Rückkehrer", wie Metzger Meyer sie nennt. Eine Klientel, die von Mainhattan einst an den Taunus-Rand vertrieben wurde, und die es zwischen Alter Oper und neuem Chic nun wieder ganz spannend findet. Wie sie auf breiten Reifen anrollen, Bürgersteige verstellen, noch jeden Strafzettel lässig wegstecken, wie sie, zur Freude des „Plus"-Wirts, „einfach ihr easy going" leben – da reizen diese „Schickis" viele Einheimische zu häßlichen Kommentaren. „Geier" sieht der eine da kommen, „Dallas-mäßig aufgemachte Sekretärinnen" der andere, „mit dem blöden Bedürfnis, von GTI-Fahrern abgeschleppt" zu werden. „Playboys" werden

GEO 109

Jahre das Kommunikationszentrum war. Von einer Kette übernommen: das Schokoladenlädchen. Verschollen: der Lebensmittelhändler und der Schuster, die Kleidermalerin und die Stehkneipe mit dem guten Brathuhn, das Farbengeschäft und der Elektrohändler. Nicht mehr im Angebot: das Kaufhaus Süd mit seinem Tante-Emma-Appeal und das Mischwarengeschäft, in dem einer Schrauben noch einzeln bekommen konnte und Geschichten gratis. Und seit der „Nutte-Metzger" an einem Starkstromkabel endete, hat sich auch „die Oppenheimer 20", wo es am Schweizer Platz ein bißchen sündig war, ins saubere Frankfurt eingefügt.

Auf der Schweizer", blickt ein Mieter aus der nahen Morgensternstraße zurück, „hast du früher alles bekommen, was du zum Leben brauchtest." Nun, zwischen Bankfilialen und Galerien, Chrom und Glanz ist er immer häufiger vergeblich auf der Suche. Nicht nur nach Nägeln und all den kleinen Dingen, die der Mensch neben der täglichen Hummer-Ration eben braucht. Er vermißt auch die unauffälligen Gesten der Vertrautheit, die er als Sachsenhäuser Lebensqualität kennengelernt hat. In der „Confiserie Jamin", wo er seiner unstillbaren Liebe für Naschwerk frönt, wartet er umsonst auf den Pfennig-Rabatt, wenn die Rechnung 7,02 Mark beträgt. Und seit die Obststände am Schweizer Platz digitalisiert worden sind, gibt's auch da keine glatten Summen, keinen Freundschaftsnachlaß mehr.

Die neue Knausrigkeit ist das Gegenteil dessen, was Kati Ruppel aus der Frühzeit der Schweizer Straße in Erinnerung hat. Voll Ehrfurcht spricht die 82jährige, die in einem Hinterhof noch immer ihre Glaserei betreibt, von mäzenatischen Handwerkern und Metzgern, „die auch mal Geld ausgaben für die Kunst". Denn schließlich sei die Schweizer ja auch die Straße des Malers Max Beckmann gewesen, der hier in der Nummer drei sein Zuhause hatte.

Heute finanzieren die ehrgeizigen Geschäftsleute, zusammengeschlossen in einer Aktionsgemeinschaft, zuvörderst ihre eigene Imageaufrüstung. Das Kolorit, das zunehmend hinter der Modefarbe Weiß verschwindet, wird in sektseligen Straßenfesten beschworen. Und zur Weihnachtszeit mit leuchtenden Sternen. „Aber wie viele Quarkröllchen müßte ich dafür verkaufen", klagt Franz Rosen, der sich die geforderten 1000 Mark für die Werbeaktion nicht leisten konnte.

Überhaupt ist Rosen froh, seinen Kuchen im eigenen Haus backen zu können. So ist seine Chippendale-Insel mit ihrer Lesezirkel-Gemütlichkeit gegen den Trend gefeit, die Veredlung der Schweizer Straße für Mietpreiserhöhungen zu nutzen. Gleich um die Ecke aber macht sich Marie Kropp bereit, mit ihrem „Bettenhaus Süd" nach 25 Jahren am gleichen Platz umzuziehen – weil sie mit der Miete nicht mehr mithalten kann. Und plakatiert Zeitungsverkäufer Hussein seit Wochen vergebens sein Woh-

beobachtet, die „Status quo"-Unterhosen, das Stück zu 139 Mark, gleich im Dutzend ordern, „aber abends bestimmt zusammenfallen wie Schaum auf dem Bier".

„Das Niveau auf der Schweizer Straße ist gestiegen", resümiert Konditor Franz Rosen, dessen „Café Will" eines der letzten Refugien stilvoller Bescheidenheit ist. Und er ergänzt: „Das Preisniveau meine ich, nicht das menschliche."

Manchmal mag Neid mitschwingen. Vielleicht auch etwas von dem „Widerwillen gegen alles Fremde", der den Sachsenhäusern in einem Buch über ihren Stadtteil bescheinigt wird. So hatten sie ja auch mitgeholfen, den Flohmarkt vom Mainufer auf den Schlachthof zu vertreiben. Und die Siegesgöttin Nike, eine monumentale Plastik, die das Architekturmuseum zieren sollte, schmähten sie als „Blechengel", auf daß sie kein Bein auf Sachsenhäuser Boden bekam.

Die Reste der alten Heimat
Das Café Will und das billige Kaufhaus: Adressen, die dem Ansturm des »Neuen Frankfurt« trotzen; für Leute, die Lebensqualität nicht mit großen Scheinen erkaufen können

Doch an der Schweizer Straße geht es um mehr als Geschmacksfragen. Ein sozialer Strukturwandel kündigt sich an. Denn das Tempo, mit dem hier gewienert wird, halten genau die nicht mit, die zur einstmals typischen Sachsenhäuser Mischung gehörten. Mit Wehmut machen langjährige Anwohner Inventur. Verschwunden und von „Wäscheträumen" ersetzt: das Antiquariat. Umgezogen und nicht mehr wiederzuerkennen: der Kaffeeausschank, der über

110 GEO

Rowenta dress-fit plus.
Die einfache Kleiderpflege auf dem Bügel.

Durchdachte Lösungen für Ihren Haushalt

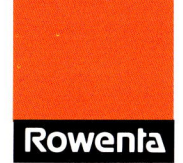

Dampft Falten raus, bringt Frische rein.
Knitterfalten und Gerüche nach einem harten Tag? – auf Knopfdruck glättet ein kräftiger Dampfstoß die Falten, frischt das Gewebe auf. Rowenta dress-fit macht Ihre Kleidung fit für den nächsten Tag.

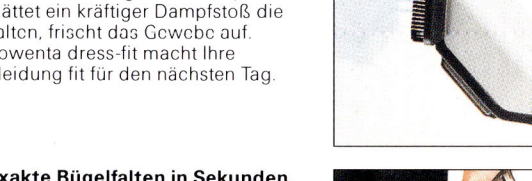

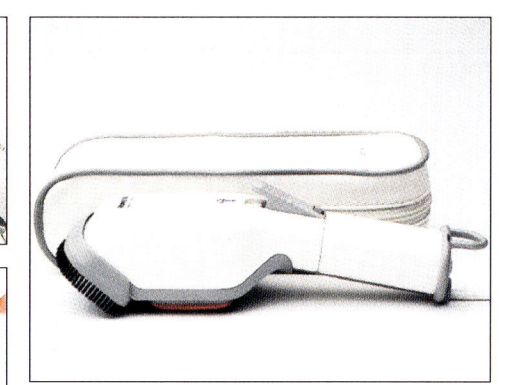

Exakte Bügelfalten in Sekunden.
Mit dem Bügelfalten-Vorsatz frischen Sie schnell und unkompliziert Hosen-Bügelfalten auf. Messerscharf.

Rowenta dress-fit® plus DA-56 S.
Mit abnehmbarem Wassertank, Kleider- und Fusselbürste, Aufhängeöse und Reise-Etui. Ideal für Reisen und Zuhause. Damit Ihre Kleidung gepflegt ist. Immer. Erhältlich im Fachhandel und in Fachabteilungen.

knittrig

faltig

muffig

taufrisch und glatt

Der Kampf zweier Linien Der »Ebbelwei-Expreß« ruckelt Touristen durch Sachsenhausen. Doch trotz der Bürgerproteste: Das Schienennetz über Tage schrumpft. Der Schweizer Platz ist zum modernen U-Bahnhof geworden

nungsgesuch am Baum – weil die freien Wohnungen im Umkreis entweder zu teuer geworden sind, oder „nicht für Ausländer". Manche munkeln, daß es auch das Kaufhaus „bilka" eines Tages hinwegraffen werde – gerade weil es, so sieht's jedenfalls der Gemüsehändler gegenüber, „etwas für die Ausländer" geblieben ist.

Nach dem Aus für die beiden Straßenbahn-Linien, die einst auch Durchschnittsverdiener aus den Sozialwohnungen von Heimat- und Fritz-Kissel-Siedlung in die Schweizer Straße brachten, wäre der Tod einer der letzten Kaufadressen für weniger Betuchte ein Schritt weiter weg von dem „gemütlichen und volksnahen" Sachsenhausen, das in einer Broschüre des Presse- und Informationsamtes gepriesen wird. Das Kontrastprogramm zu den uniform vornehmen – und leblosen – Straßen zwischen den Spiegelglasfronten der Bankencity war die Schweizer. Aber gerade „das, was die Leute hier nun suchen kommen, zerstören sie zugleich", argwöhnt die Journalistin Bärbel Lutz-Saal, die den Aufmarsch eines neuen Kneipen- und Boutiquenpublikums beobachtet; in dessen Gefolge die Makler, Investoren und Kapitalgesellschaften nach Sachsenhausen kommen und Mietraum zu Eigentum wird.

Beispiel: ein Haus an der Oppenheimer Landstraße, wenige Meter vom Schweizer Platz. Hier ist eine über Jahrzehnte zusammengewachsene Mietergemeinschaft mit der Offerte konfrontiert, Eigentümer zu werden – oder auszuziehen. 225 000 Mark soll die Verkäuferin Ingrid Hopp für ihre 89 Quadratmeter zahlen, und sie fragt sich, „was ich dann noch zu beißen hätte". Nachbarin Schwieger, seit 44 Jahren mit derselben Adresse, hat sich nach Alternativen umgesehen: „In Kellerwohnungen hätte ich gekonnt. Und auf Dachböden. Aber da gehe ich lieber gleich auf den Friedhof."

Es sind nicht nur alte Leute, die sich zunehmend fremd fühlen in ihrem Viertel. Die sagen: „Wir sind ja nicht alle Manager" und „foin Leut". Und: „Wo mir mit unserne finanzielle Meglischkeide uffheren, fange die erst aa."

„Frankfurt habe ich immer als zerrissen erlebt, aber reizvoll, mit Nischen für jeden", sagt die Studentin Elisabeth Nophut, die seit 15 Jahren gleich neben dem Schweizer Platz wohnt. Diese Nischen sieht sie schwinden, die türkischen Nachbarn, die alleinstehenden Frauen mit Kindern sind weggezogen, „seit diese ‚Weltstadt Frankfurt' wie eine Spinne über alles kriecht". Für die Studentin ist es höchst fraglich, womit Frankfurt das Versprechen einer Metropole einlösen will, nämlich ein buntes Gemisch aus Gegensätzen anzuziehen und vor allem auszuhalten – wenn doch der Trend auf soziale Separierung geht. Devise: für die graueren Existenzen Gallus und der Osten, für die schnieke Angestelltenkultur nun auch Sachsenhausen.

Trotz alledem: Frankfurt wäre nicht Frankfurt, würde es nicht zu jeder Bewegung eine Gegenbewegung geben, wären Großmannssucht und Kleinbürgertrotz hier nicht immer noch näher beieinander als in jeder anderen Stadt. In einer Bestandsaufnahme zum „Sachsenhausen 1985" attestierte der Journalist Wilfried Ehrlich den Bewohnern von Frankfurts Süden ein „starkes Ich-Bewußtsein", das sie befähige, „geradezu kämpferische Verteidiger der Qualität ihres Stadtteils" zu sein.

Belege lassen sich im Großen wie im Kleinen finden. Hier, in Sachsenhausen, wurde der Plan für einen City-Ring unter den Gräbern des Südfriedhofs hindurch genauso vereitelt wie das Verschwinden des Südbahnhofs, der heute Bürgerhaus ist. Hier, in Sachsenhausen, legten sich die Leute quer, um die Platanen vor den Bauarbeiten am Postmuseum zu schützen, hier setzten sie zum Sitzstreik an, um die preßluftgetriebenen Rammen am Schweizer Platz zur Ruhe zu kriegen. Hier pflanzte der Bürger Burkhard von Rabenau einfach zwei Ahornbäume in den Bürgersteig der seiner Meinung nach zu grauen Brückenstraße, um die zarten Triebe sodann hingebungsvoll gegen städtische Ordnungswahrer zu verteidigen. Ein „Umwelt-Guerilla", wie Nachbarn meinten. Und, Totgesagte leben länger, auch den Stand von Gemüsehändler Günter Linnenkohl gibt es noch, der den Gestaltern der neuen Schweizer Straße plötzlich im Wege war. Linnenkohl

APOLLINARIS THE QUEEN OF TABLE WATERS ▲

AUS DIESER QUELLE TRINKT DIE WELT.

Wenn es Nacht wird in »Paris« — Die Plätze der Seine-Metropole sollen bei der Gestaltung des Schweizer Platzes Pate gestanden haben. Der Straßenstern ist gelungen. Doch fürs Flair fehlt französische Entwicklungshilfe

legte zwischen Obst und Gemüse ein Protestschreiben aus, das schnell 300 Unterschriften trug.

Umgekehrt gelingt es nicht jedem Vertreter der modischen Welle, an der Schweizer Straße gleich eine gute Figur zu machen. So wurde einem Herrenausstatter mit Farbe und bösen Worten bedeutet, daß die Namen zweier hingerichteter Arbeiterführer für eine Boutique nicht unbedingt jedermanns Geschmack sind. Seitdem heißt „Sacco und Vanzetti" ersatzweise „Sacco und Coxini", und der Besitzer wundert sich, warum denn niemand die „Rama"-Margarine als Affront begreife. Sei ja schließlich der Name einer Gottheit.

Ähnlich unverstanden wähnt sich allmählich auch „Plus"-Wirt Fred Schlieper mit seiner Philosophie, seine Gäste müßten „ihre momentanen, vielfach irrealen Gefühle auf einer möglichst ungezwungenen Plattform" ausleben können. Denn was immer das heißen mag, was Schlieper da einer Fast-food-Zeitschrift anvertraute: Die Nachbarn fühlten sich ganz real gezwungen, gegen den allabendlich aus Schliepers In-Treff quellenden Lärm vorzugehen.

Nachdem die erste Familie vom „easy going" im Erdgeschoß vertrieben war, und doppelt verglaste Fenster auch im weiteren Umkreis nicht mehr halfen, formierte sich unter Führung des Bankkaufmanns Hans Löffelmann eine Front der Schlafgestörten. Meßtrupps des Ordnungsamtes sollen nun die Dezibel zu Protokoll nehmen, die entstehen, wenn Schliepers Gäste, „Leute aus dem Werbebereich, Makler und künstlerische Szene", auf der Terrasse „Sachsenhäuser Ambiente suchen". Schlieper aber fragt sich, wozu er 690 000 Mark in eine Gastraumgestaltung mit „deutlichen Elementen der Mailänder Designer-Gruppe Mephis" investiert hat – wenn drumherum Sanatorium sei. Oder krasser noch: Ob Frankfurt denn wohl jemals wirklich Weltstadt werde?

Die Sachsenhäuser Antworten darauf fallen mitunter recht drastisch aus. Weil er die Geräusche aus zwei neuen Kneipen hinterm Haus als „die reine Hölle" empfand, warf ein 48jähriger mit den eisernen Halterungen seiner Blumenkästen nach den Gästen. Vom Balkon herab. Der Berufungsrichter verhängte zwar eine Geldbuße, doch gleichzeitig signalisierte er Mitgefühl: „Die Schallgrenze ist erreicht", fand auch er.

Bleiben aber auch noch ein paar Bastionen der friedlichen Koexistenz. Im „Rincon" etwa, einem mäßig verruchten Nachtclub eingangs der Schweizer, vertragen sich die Salamiwürstchen im Alumantel immer noch ganz gut mit den Gästen, die um „gepflegte Kleidung" gebeten werden. Beim Juwelier Riede döst ein Katzenvieh unbeeindruckt von der neuen Zeit im Rolex-Sortiment. Und an den langen Tischen des „Gemalten Haus", Schweizer Straße Nummer 67, konstituiert sich für die Dauer von drei, vier Schoppen gar so etwas wie klassenlose Gesellschaft. Was immer den deutschen Banker vom Freibank-Fleischer draußen unterscheiden mag, hier, bei Ingrid und Rigobert Hanauske, wird der laufende Frankfurter Segmentierungsprozeß in Arm und Reich, in gute Adressen und schlechte Adressen, in Lifestyle und Leben mit täglich 800 bis 1000 Liter Apfelwein weggespült. „Rippche" und „grie Soß" für alle; mögen die gegenüber in der „Gans" ruhig noch üben, bis sie ihre „Buttergnocciehs" richtig schreiben können.

Gnocchi interessieren nicht, im „Gemalten Haus". Ostern gibt's Eier umsonst und Weihnachten, schwärmt ein Rentner aus Eschersheim, „eine Gallone Ebbelwei und Preßkopf" für jeden. Das erzeugt Treue. Und Atmosphäre schaffen die Trinkerszenen, mit denen der einäugige Weißbinder Armin Angert die Wände belebt hat. Alt-Frankfurt also, trotz der High-Tech-Revolution im Maschinenkeller, wo der Ochsenbrust die Langfaserigkeit vollautomatisch wegmassiert wird.

So siedeln denn morgens um elf schon scharenweise Stammgäste auf den Bänken des Schankraums. Zeitunglesend. Schweigend. Urplötzlich bereit, japanischen Touristen, Messebesuchern, vor allem aber Zufallsbekanntschaften aus dem Nachbarvorort selbstgekelterte Geschichten vom Blauen Bock und aus dem Leben ganz allgemein aufzutischen. Entschlossen aber auch, ihren Platz zu verteidigen und ihren Abgang selbst zu bestimmen. Und wenn dann, mittags, auch noch Bürobelegschaften auftauchen, grüne Streifen im Hemd, mattglänzende Krawatten, Soll-Knautschstellen im lockeren Anzug, dann kommen die verschiedenen Typen des Frankfurter Metropolenmenschen einträchtig nebeneinander zu sitzen. Dann vermischt sich, was an Mentalitäten unter Frankfurts Dächern nistet; gesteht sich der aufwärts strebende Angestellte, daß es ihn von Zeit zu Zeit eben doch nach einer deftigen Portion Dörflichkeit gelüstet. Und die Frankfurter Kleinstädter sehen sich hier ihren Heimatfilm an, der dann, sagt ein 77jähriger, „wieder für die ganze Woche reicht". Aber raus, unter Menschen, muß man schon, da ist sich der alte Frankfurter sicher, „weil allein, zu Haus, nur mit dem Hund" und der Frau – „da versimpelt man".

Ein Bild des Friedens. Eine Toleranzzone für Gegensätze. Auch das bietet die Schweizer Straße immer noch in Resten.

Oder doch für fast alle Gegensätze. Ja, im „Gemalten Haus", das zieht die Dame aus dem Stadtteil Eschersheim hierher, sind „die Ober noch alle sauber". Sie meine: „eben deutsch".

Als sie das Schweigen ihrer Zuhörer vernimmt, schwingt sie sich dann aber doch zu einem wahrhaft weltstädtischen Schlußsatz auf: „Es gibt nadürlich aach gepfleeschte Neescher." □

Peter-Matthias Gaede, 37, ist GEO-Chefreporter. Zwischen 1980 und 1983 war er Lokalredakteur der „Frankfurter Rundschau". Bis heute würde er liebend gern mit GEO nach Frankfurt umziehen.
Rainer Drexel, 39, ist Mitglied der Fotoagentur „Bilderberg" in Hamburg. Aber seit 1970 lebt er in Frankfurt-Sachsenhausen – und erlebt die Veränderung der Schweizer Straße aus nächster Nähe. In kritischer Zuneigung.

Gebündelte Sonnenenergie: Kraftwerk „Solar One" in Kalifornien

Neue Technik schafft saubere Lösungen.
Entwickeln wir Modelle, die sie finanzierbar machen.

Wirklich komisch ist Frankfurt nur noch unfreiwillig – oder fest entschlossen

Ja, Kurt Sigel zum Beispiel: „*Erklärung.* Jemand sei Nas duhd aam net gefalle / weil merr ferchde muß: / der schdeckt se dem da in de Hinnern nei / un mir in die Supp."

Da haben wir sie, die Paranoia, die den Frankfurter eher auszeichnet als die Souveränität seines Witzes. Fragt also der Fremde nach Kurt Sigel, haben der eine und noch eine Dritte von ihm schon mal gehört, aber die Passanten bemühen sich, Hochdeutsch zu sprechen. In einer Stadt, die so recht weltoffen ist, schämt man sich häufig seines plump klingenden Hessisch – oder man beherrscht es sowieso nicht.

Unser Fremder schaut jetzt, wenn schon der Volksmund ihm kein Lied singt, in die Zeitung. Ein Bericht über den 7. Opernball erregt sein Interesse. Ein Opernball – welch ein Anlaß für herrischen Lokalpatriotismus und schneidend verletzenden Charme. Der Fremde allerdings wendet sich mit Grausen, denn er muß lesen: „Und so traf man sich denn am Samstag auf halbem Weg zwischen New Orleans, Rio, Nizza und Venedig zum ‚Karneval international' in Frankfurts ‚guter Stubb', der Alten Oper, in Abendkostüm und Smoking, zum Fest der Feste. ‚Man' – das sind Herren mit etwas dickerem Geldbeutel und ausgesprochen hübschen Frauen, bekannte Gesichter aus Film und Fernsehen. Und auch Politiker, die einmal im Jahr bürgerliche Noblesse, verbunden mit Frankfurter Ballcharme, nicht missen möchten."

Wenn sich solchermaßen Minderwertigkeitsgefühle, die wahrscheinlich einem tiefen Realismus entsprechen, an ausgesprochen hübschen Geldbeuteln und dicken Frauen reiben, dann verzichtet der Fremde darauf, beim Fest der Feste das nächste Mal dabeisein zu wollen.

Auf dem Weg zum Flughafen erinnert er sich daran, wie ihm in Berlin der erste Taxifahrer klarmachte, daß der Gast sich in Berlin zu bedanken hat für das Vorhandensein der Berliner und ihrer einmaligen Schnauze. In München versucht unser Fremder, bayerisches Timbre in die Stimme zu legen, in Hamburg setzt er sich eine Prinz-Heinrich-Mütze auf. In Frankfurt bleibt er gelangweilt er selbst.

Denn Frankfurt bildet keinen eigenen Charakter aus, wie der Schmelztiegel New York. Frankfurt ist vielmehr ein schönes, lichtdurchflutetes Flüchtlingslager in den Zeiten der Völkerwanderung. Lagermentalität wird ausgebildet statt Mutterwitz gepflegt.

Und in Frankfurt gilt ein Satz erst, wenn zu beweisen ist, daß das Gegenteil davon auch Unsinn ist. Hier liegen, wie so oft in der Gegenwart, Risiko und Chance eng wie in einem Boot beieinander. Denn wo nichts ist, da kann was werden. Muß aber nicht.

Frankfurt ist total saniert, das Frankfurterische total amputiert, da muß sich jeden Morgen alles neu zusammensetzen, da gibt es kein Erbe, das erworben werden könnte, um in Besitz übergehen zu können. Zwar hört man in Frankfurt-Bornheim saftige Volksweisheiten, und die Alten ahnen, daß vor Aids und Chips noch irgend etwas war. Auch außer Salzbrezeln und Quellensteuer. Aber diese Nostalgie ist genauso in Dietzenbach oder Hamburg-Fuhlsbüttel am Werk.

Frankfurt ist der Volksmund gestopft, die Traditionsketten sind gerissen, da ist mit Blut und Boden keine Stadt zu machen. Hier gilt der ökonomische Imperativ des Thomas Carlyle: „Work, don't cry." Was weiß Carlyle von Frankfurt? Ganz einfach: Vor hundert Jahren, 1888, erschienen seine „Essays on Goethe". Und Goethe kannte seine Stadt, in der aus Poesie Prosa wurde, aus dem Volksglauben bloß Auflösung ins Alltägliche, aus der Tüchtigkeit Gemeinheit und aus der Einbildungskraft vorübergehende Sinnlichkeit.

Nun mag aus diesen Worten eine Klage über Kulturverlust und Sittenverfall herausgehört werden. Doch weit gefehlt. Freude ist da, denn in Frankfurt ist gegen den Willen seiner Bewohner etwas Wunderbares geschehen: die Zerstörung des Völkischen. Hier liegt keine Kultur danieder. Sondern Tabula rasa vor. Literatur etwa entsteht hier nicht dadurch, daß faule Literaten dem Volk aufs Maul schauen und das Geschaute dann notieren – diese idyllischen Zeiten von Mundartsammlung und „oral mysteries" sind vorbei. Passé, hier muß der Witz hart erarbeitet werden. Und daher rührt der große Erfolg der Neuen Frankfurter Humorschule, des literarischen Monopols für gehobene und kreuzweis gelobte Lachkultur in Deutschland: Die Leute müssen sich alles selbst ausdenken, die Stadt kann ihnen gar nichts schenken.

Und um so mehr achten wir die Mühe der Bürgerinnen und Bürger, die sich schwertun mit dem Weg ins nicht mehr volkstümliche Morgen, wenn wir zum Schluß zwei gewollt populäre Politikerzitate zur Abschreckung aus der Gnade des Vergessenseins herausbrechen: Im „Fahrplan durch die Frankfurter Fastnacht 1988" mußten SPD und CDU ihre ungeheuerliche Liebe zum Menschen dartun.

„Viel Spaß dabei allen und niemandem weh, mit ‚Helau' grüßt ganz Frankfurt: die SPD!" Und der CDU-Oberbürgermeister Brück, auch ein Gastarbeiter in Frankfurt, ließ mitteilen: „Seit Jahrhunderten gehören Lebensfreude, Mutterwitz und Respektlosigkeit vor der Obrigkeit zum Lebens- und Charakterbild der Frankfurter." Wahnsinn!

Der Frankfurter ist vor der Obrigkeit respektlos, und hinter der Obrigkeit bescheißt er die Steuer. Frankfurt ist ein Witz. Und der Witz, das sagt uns Jean Paul, ist der verkleidete Priester, der noch jedes Paar kopuliert. Und das wiederum ist ein Grund zur Freude. □

Matthias Beltz, 43, lebt in Frankfurt und macht seit zwölf Jahren Kabarett – mit dem »Vorläufigen Frankfurter Fronttheater«

Dem Volksmund kommt Humorvolles kaum mehr über die Lippen

VON MATTHIAS BELTZ

Sicher, auch in Frankfurt wird gelacht, greift Grinsen Platz und findet Schadenfreude statt. Die Zutaten für Ortswitz sind also vorhanden, die eine Erwähnung Frankfurts auf der Landkarte des Regionalhumors rechtfertigen könnten.

Doch auf der Suche nach kommunalspezifischer Lachkultur, also nach dem, was eine so wichtige Stadt erst richtig volkstümlich und heimatfähig macht, stieß ich auf eine interessante Erscheinung: Zwar gibt es Bücher über den hiesigen Humor; die Fernsehfamilie Hesselbach ist so bekannt, wie es der Hessische Rundfunk fast nicht verdient zu sein; und auch das endgültige deutschsprachige Satiremagazin „Titanic" wird in Frankfurt am Main produziert. Nur: Den Frankfurter Witz, authentischen Eingeborenen-Humor – den gibt es nicht, genausowenig wie es Frankfurter und Frankfurterinnen gibt. Frankfurt ist ein Nichts in der Verkleidung einer Großstadt, „a nothing in disguise".

Die Stadt – bleiben wir dabei, die Kostümierung als wahre Erscheinung zu nehmen – ist total überfremdet. Von Deutschen aus Schlesien oder Köln, Stuttgart, Limburg, Gießen und Itzehoe, Plauen, Berlin und Unterföhring und sonstwoher.

Die Männer und Frauen, die hier leben, nennen wir sie der Einfachheit halber „die Frankfurter", sie sind nicht nur in den seltensten Fällen hier geboren, sie fahren auch noch dauernd in der Gegend herum.

Diese hektische Tätigkeit wird üblicherweise mit der verkehrsgünstigen Lage der Stadt gerechtfertigt. Der kräftig expandierende Flughafen, die herrlichen Autobahnanschlüsse und der exquisite Fahrplan der Deutschen Bundesbahn – sie alle tragen Mitverantwortung daran, daß die Frankfurter gar keine Zeit haben, zu Hause zu bleiben und hier einen ordentlichen Ortsgeist auszubrüten.

Geschweige denn einen ordentlichen Ortswitz. „Merr waaß es net", hören wir immer wieder eine Zwischenbilanz überlebenswichtiger Debatten, „merr munkelt nur, awwer es werrd noch geforschd."

Auch wenn meine Nachbarin frühmorgens auf ihren durch Altersschwäche gekrümmten Beinen in den Hof stolpert und ihren Hund anschreit: „Komm her, es duhd dir doch kaaner was!", so verbirgt dieser Ruf nur ein allgemeines Wissen um die Bosheit der Welt und ist eben kein vom Ortsgeist gezündeter Erkenntnisblitz.

Eine Angestelltenrunde erarbeitet sich die Feierabendstimmung – „happy hour" – in der Kutscherkneipe am Eschenheimer Tor: „Ich bin doch nicht verpflichtet, wenn ich vom 6. Stock zum 3. Stock will, daß ich dann zu Fuß gehe, nur weil da welche von der Bundespost hokken."

Ich weiß jetzt nicht, was dieser Mensch meint, aber auch das Nichtverstehen des Mitbürgers ist Zeichen der Zeit, ist gewissermaßen ganz normal.

Nun mag eingewandt werden, ich bevorzugte eine typische Innenansicht der Verhältnisse, eine beschränkte Nabelschau. Gut, dann betrachten wir die Sache mal mit den Augen des Fremden, der sich vorurteilsfrei und neugierig, wie Fremde so sind, der Rhein-Main-Metropole nähert.

Wenn nun unser Fremder gerade im Februar vorbeikommt, dann wird er eine Demonstration erleben, die nur deshalb den Straßenverkehr nicht extrem belästigt, weil sie am Sonntag stattfindet. Ansonsten zeichnet sie sich durch die gleiche Lustlosigkeit und die gleiche dröge Wiederholung schlaffer Parolen aus wie andere Massenmanifestationen des guten Willens. Aber – der Kalender zeigt's – es handelt sich nicht um die 1.-Mai-Demonstration, sondern um den Frankfurter Fassenachtszug.

Der Fremde läßt die Mundwinkel noch nicht hängen. Tapfer schreitet er durch die Stadt. Er hat gelernt, das Wort „Ebbelwei" so auszusprechen, daß ein Berliner die Empfindung haben könnte, ein Münchener würde versuchen, so zu sprechen wie der Bundeskanzler. Das verzeihen wir dem Fremden, denn auch in den einschlägigen Apfelweinkneipen, in denen auf Anordnung des Fremdenverkehrsamtes Gemütlichkeit stattzufinden hat, findet er nur den Bevölkerungsdurchschnitt, wie er sich heute durch die Werbung für Zigaretten, Kaffee und Aperitifs tummelt: Yuppies, Hippies, Papis und Mamis. Von wem soll der Fremde da lernen?

Nachmittags sitzen noch ein paar Alte auf den Bänken. Am Abend müssen sie der Touristeninvasion weichen, doch jetzt, so gegen 17 Uhr, erzählen sie von der Quetsche-Lilli, dem Streichholz-Karlchen, dem Brezel-Heinrich. All diese Originale sind aber verstorben, und kein Nachwuchs ist in Sicht. Draußen knallen zwei Autos aufeinander. „Bestimmt zwei Offebächer", murmelt ein Gast. In New York könnte es passieren, daß der Crash mit einem donnernden „I love New York" kommentiert würde.

Leben denn nicht zahlreiche Mundartdichter in der Stadt, und ist nicht die Mundart die Heimat des Humors, so wie er unverwechselbar und unvergleichlich die Seele der Frankfurter in die Welt hinausjubelt? Unser Fremder macht sich kundig. Er geht in eine Buchhandlung und fragt. Sofort wird ihm Stoltze angeboten, Friedrich Stoltze. Der allerdings verstarb schon im Jahre 1891. Ob es etwas Zeitgenössisches gibt?

HESSELBACH HAT AUSGELACHT

ALFA 164. EINFACH NICHT GEWÖHNLICH.

Nebelscheinwerfer Sonderausstattung

3.0 V6 Eine bemerkenswert andere Dimension innovativer Automobilbaukunst ist Realität geworden. Alfa Romeo präsentiert seine neue exclusive Creation: den Alfa 164.

Elegant die von Pininfarina designte klare Linienführung. Vorbildlich der C_W-Wert von 0,30. Kraftvoll das 3.0 V6 Triebwerk* mit Katalysator. 135 kW (184 PS) liefern ein beeindruckendes Drehmoment von 245,3 Nm bei 3000 Upm. Für entspanntes und ruhiges Fahrvergnügen ebenso geschaffen wie für dynamische Leistungsentfaltung. Das angeborene Alfa-Temperament, die beispielhafte Straßenlage, das ABS garantieren ein besonders hohes Maß an aktiver Sicherheit. Und das beruhigende Gefühl, selbst kritische Situationen souverän zu beherrschen. Ein faszinierendes Konzept mit perfekten Detaillösungen. Der Alfa 164. Kultiviert und geräumig, auf Wunsch mit Automatik und Klimaanlage. Eine Hochleistungslimousine, die immer ein außergewöhnliches Fahrerlebnis vermittelt.

*Oder Sie entscheiden sich für das andere typische Alfa-Triebwerk, den 2.0 Twin Spark mit 105 kW (143 PS).

ALFA ROMEO EMPFIEHLT Agip

Alfa Romeo. Fahren aus Leidenschaft

Zu umweltschonender Technik gibt es auf Dauer keine Alternative. Im Brennpunkt steht allerdings die Frage nach ihrer Wirtschaftlichkeit.

Die DG BANK ist mit dieser Thematik vertraut: Als bewährter Partner bei großen Investitionsvorhaben kennt sie nicht nur die Problematik, sondern auch erprobte und innovative Lösungswege.

Gemeinsam mit Ihnen entwickeln wir ein Konzept zur Fremdkapitalbeschaffung, das genauso zeitgemäß ist wie Ihre Projekte: eine Währungsfinanzierung auf Rollover-Basis über einen unserer Auslandsstützpunkte, eine projektbegleitende, fristenkongruente Finanzierungslösung, eine Kreditlösung, bei der der Zinsendienst aus dem Cash Flow des Projekts geleistet wird, eine Eurowährungsanleihe – oder eine Kombination aus all diesen Lösungen.

Die Geschäftsbank mit der breiten Basis:

DG BANK, Postfach 10 06 51, Am Platz der Republik, 6000 Frankfurt am Main 1, Telefon (069) 74 47-01, Telex 4 12 291, Telefax (069) 74 47-16 85/16 88, Btx *59 700 #.

Im FinanzVerbund der Volksbanken und Raiffeisenbanken.

DG BANK
Deutsche Genossenschaftsbank

VON
MANFRED E.
SCHUCHMANN

In der Kunstszene herrscht Aufbruchsstimmung. Generös investieren Kommune und Privatunternehmen in ihre kulturellen Ambitionen; kein Museum ist mehr zu teuer, kein Unternehmen von Rang mag länger auf eine avantgardistische Dekoration seiner Residenzen verzichten. Galeristen und Künstler eilen an den Main, um teilzuhaben an dem Boom, der Frankfurt auf den Weg gebracht hat, Köln als Deutschlands Mekka der modernen Kunst abzulösen

Immer kühn nach vorn kaufen

Jede Woche macht in Frankfurt ein neues Gerücht die Runde. Aus Berlin wolle demnächst die Galerie Z. zuziehen, meldet ein Kunstblatt, und in Stuttgart denke man bei M. intensiv über die Marktchancen am Main nach, will das Vernissagengeflüster wissen. B. aus Hamburg habe sich sogar schon repräsentative Räume im Schatten der Bankensilos ausgeguckt. Selbst Leute, denen noch vor ein paar Jahren zum Thema Frankfurt und Kunst kaum etwas Zusammenhängendes einfiel, erkundigen sich heute mit nonchalanter Neugier nach dem Stand der Dinge.

Es ist gar nicht so einfach, sich auf dem laufenden zu halten: 14 Tage keine Zeitung gelesen, und schon hat man den Anschluß verpaßt. Ein Museum nach dem anderen wird gegründet, eingeweiht und erweitert; Schlag auf Schlag wird kostspielige Kunst gekauft, Mann für Mann zieht eine Elite von Künstlern und Ausstellungsmachern in die aufstrebende Metropole – Händler, hört die Signale!

In Frankfurt breitet sich Aufbruchsstimmung aus. Hin zu den neuen Ufern einer kulturell ambitionierten Freizeitgesellschaft. „Das können Sie ruhig so schreiben", diktiert Hilmar Hoffmann, der Republik bekanntester Kulturdezernent, dem Journalisten in den Block: „In meinen Dienstjahren haben wir hier schon eine Milliarde in die Kultur verbaut."

Die kulturell verbaute Milliarde ist stadtbildwirksam: Museum für Kunsthandwerk, Kunsthalle Schirn, Architekturmuseum, Filmmuseum, Museum für moderne Kunst, Erweiterungsbauten für das Liebieghaus und demnächst für das Städel; die Kunstschachtel Portikus, mit ihren rührenden 500 000 Mark Entstehungskosten, wurde gewissermaßen aus der Portokasse bezahlt.

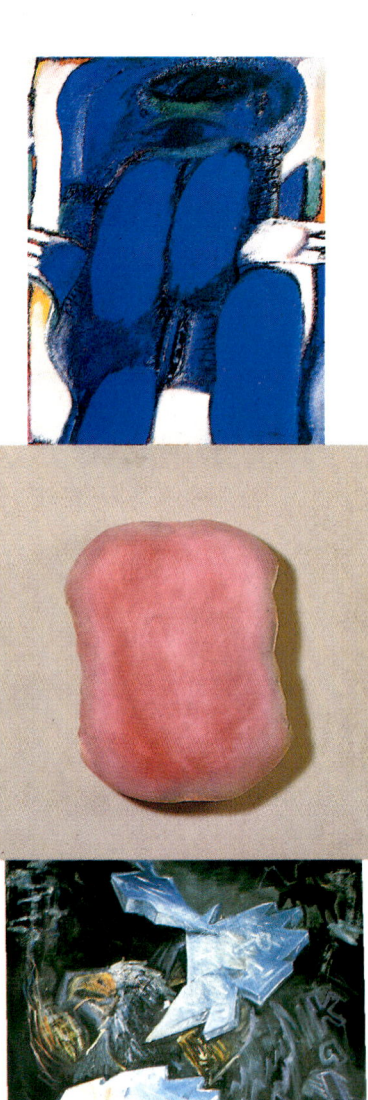

Diese Generosität hat Frankfurt ins Gespräch gebracht, auch wenn die Konkurrenz noch gern spottet, hier kostümiere sich eine graue Maus plötzlich als Paradiesvogel. Da ist freilich etwas dran: Wer später als andere ins Geschäft einsteigt, muß die auffälligere Show abziehen. Das Stück aber, so sieht es aus, wird mit Erfolg gegeben, für Galeristen gilt der Standort mit Weltflughafen inzwischen als heißer Tip.

„Sehen Sie", sagt Ulrich Rückriem, international renommierter Bildhauer aus Düsseldorf, „was wollen Sie heute noch in Köln? Da stehen ihnen nur Künstler auf den Füßen und kaum ein normaler Mensch." Dieser Gefahr ist er in Frankfurt entschieden weniger ausgesetzt. Und weil ihm die knallharte Atmosphäre hier gefällt, hat er sein Atelier in eine Lagerhalle im Frankfurter Ölhafen verlegt und seine Düsseldorfer Professur mit einer an der Städelschule vertauscht, Deutschlands kleinster Kunsthochschule – demnächst auch Deutschlands feinster?

Nein, das sei ihm viel zu spekulativ, wiegelt Kasper König ab, seit dem Frühjahr 1988 Städel-Rektor. Das brauche Jahre, bis hier eine eigenständige Kunstszene wachse, die könne man nicht mit Geld und Hauruck aus dem Boden stampfen. Einstweilen immerhin wechselte der Maler Per Kirkeby von Karlsruhe an die Städelschule, haben Gerhard Richter und Christa Näher Gastvorlesungen gehalten, wird über die Berufung von Jörg Immendorff und Hermann Nitsch laut nachgedacht. Was

Wunder also, daß über die Adresse in Sachsenhausen geredet wird, wie selten zuvor, seit Max Beckmann und Willi Baumeister dort lehrten. Das war in den zwanziger Jahren.

In den Fünfzigern brachten die Maler der Gruppe Quadriga vorübergehend frischen Wind in die Stadt. Aber die avantgardistische Brise verhauchte alsbald im provinziellen Mief; Bernard Schultze und Karl Otto Götz, Protagonisten der Quadriga, zogen ins Rheinland. Dort trafen sie auf Museumsleiter, die sich für zeitgenössische Kunst engagiert einsetzten; in Frankfurt hingegen fand die Nachkriegsmoderne offiziell überhaupt nicht statt. Vielleicht erklärt der enorme Nachholbedarf also ein wenig die Wucht, mit der man sich der Kunst jetzt an die Brust wirft.

Daß es dennoch alles andere als leicht sei, den blinden Hessen Bilder zu verkaufen, ahnte Maria Rothe schon, bevor sie im April 1988 im Westend die Dependance ihrer Heidelberger Galerie öffnete. Weil sie auf den großen Kunstmessen von ausländischen Sammlern immer wieder gefragt wurde, wo denn bitte Heidelberg liege, und sie jedesmal erklären mußte: „near Frankfort", beschloß sie, künftig gleich vor Ort zu arbeiten. Sie bringt die erste Riege der deutschen informellen Malerei mit an den Main, darunter die Quadriga-Künstler Götz und Schultze. Vielleicht, hofft sie, kauft ja die eine oder andere Bank einmal ein schönes, großes Objekt.

„Wir machen bislang zwar in Köln den vierfachen und in München noch den doppelten Umsatz, aber Frankfurt ist einfach die reichste Stadt", rechnet auch Graf Douglas vor. „Nehmen Sie nur die fast 400 Banken, die hier präsent sind. Von denen haben mindestens 50 ihren Vorstand in der Stadt, und jeder einzelne Vorständler bringt im Jahr wenigstens 700 000 Mark nach Hause. So müssen Sie rechnen!"

Graf Douglas vertritt in Deutschland als Geschäftsführer das traditionsreiche englische Auktionshaus Sotheby's – bis vor kurzem noch mit Hauptsitz in München. Doch kaum hatte Hans-Erhard Haverkampf, Frankfurts Baudezernent mit robustem Selbstbewußtsein und kulturellen Ambitionen, den Veränderungswillen der Versteigerer vernommen, offerierte er ihnen ein Domizil in bester Palmengarten-Lage. Renovierung und Umbau des Hauses, in das auch zwei Galerien einzogen, wurden obendrein mit 2,7 Millionen Mark aus dem Stadtsäckel subventioniert. Den britischen Umsatzmilliardär rührte die spontane Sozialhilfe, er sagte sein Kommen zu.

Dem harten Geschäft, aus Neugierigen Sammler und aus Sammlern Süchtige zu machen, sieht Graf Douglas gelassen entgegen: „Die fragen dann nicht mehr ‚was kostet es?', sondern nur noch ‚wie krieg ich es?'" Und sollte sich das gegenwärtig so milde Kunstklima einmal verkühlen, etwa wenn die nächste Wahl die Sozialdemokraten ans Ruder im Rathaus brächte, „dann", sagt der distinguierte Experte für altes Silber ohne Zögern, „dann sind wir so schnell wieder weg, wie wir gekommen sind".

Hans Neuendorf, Galerist mit transatlantischen Geschäftsbeziehungen und Vielflieger wie sein Hausgenosse, der Sotheby's-Statthalter, hält die verkehrsstrategische Lage für Frankfurts stärkstes Argument: „Dieser fabelhafte Flughafen, man kommt so

Ein Querschnitt moderner Kunst aus Frankfurter Messen, Galerien und Privatsammlungen (Standortangaben auf Seite 228 unter den Fotovermerken): Seite 120, von oben nach unten: Horst Antes »Blaue Figur (Maja)«; Gotthard Graubner »Kissen«; Jörg Immendorff »Kaltmut«; Heiner Blum »Keine Gefangenen« – Seite 121: Max Bill »Kontinuität«; Joachim Raab »Komposition 50/86«; Christa Näher »o. T. (Narrenturm)«; Lucio Fontana »Concetto spaziale – Attese«; Georg Baselitz »Adler«

Seite 122: Ottmar Hörl »Plastik IV/1982«; Bernard Schultze »Großes Migof-Dickicht«; Istvan Laurer »Schatten der Rose«; Markus Lüpertz »Dachpfannenbild« – Seite 123: Arnulf Rainer »Rembrandt I«; R. A. Penck »Kleines Weltbild (Psychotronic-strategic Art)«; Andy Warhol »Dance – Diagramm – Tango«; Jan Smejkal »Rucanor«; Ulrich Rückriem »Große Stele« (r.)

schnell her und kann so schnell wieder weg."

Neuendorf zeigt im Frankfurter Westend Ausstellungen von Museumsformat: 58 von 60 Stücken seiner Lucio Fontana-Schau stammten aus eigenem Besitz, eine Picabia-Retrospektive, die er gemeinsam mit der schottischen Nationalgalerie vorbereitet, wird zur Hälfte aus seinem Depot bestückt. Von Hans Neuendorf stammte auch die Idee, in Frankfurt eine eigene Kunstmesse aufzuziehen. Die Anregung wurde begeistert aufgegriffen und umgehend publik gemacht – zur anhaltenden Verschnupfung der altvorderen Konkurrenz in Köln und Basel. Viel zu früh für Frankfurt, warnten Insider; mein Gott, noch eine Messe, stöhnten die Galeristen. Doch sie kommt, im Frühjahr 1989. Aus Basel holte man sich auch gleich den organisatorischen Kopf: Anita Kaegi. Mit Professionalität und Charme feilt sie seit Februar als Geschäftsführerin der „Kunstmesse Frankfurt GmbH" an einem Konzept für 100 bis 150 Teilnehmer und 9000 Quadratmeter Standfläche.

Die Stadt tut etwas für die Künste, das ist gut für den Standort Frankfurt und seine Unternehmen; die Unternehmen tun etwas für die Künste, das ist gut für die Stadt und für sie selbst. Als die Stadt Ende Januar 1988 eine ganzseitige Anzeige in die Tagespresse rücken ließ, in der Degussa-Chef Gert Becker zu einem Bild der Athena-Skulptur aus dem Liebieghaus, Frankfurts feinem Museum für alte Plastik, um ein Wort zum Thema „Kapital für die Kunst" gebeten wurde, war die Degussa bedauerlicherweise schon wg. Nukem auf die Titelseiten der Gazetten abonniert. Doch das war Pech. Hatte sich die Gold- und Silberschmelze schließlich gerade erst mutig für einen „modernen Wandschmuck", so ein Vorstandsmitglied, in den Korridoren ihres neuen Verwaltungsbaus entschieden und konsequent Werke von Ottmar Hörl, Istvan Laurer, Joachim Raab, Bernd Vossmerbäumer und einer weiteren Riege spannender Frankfurter Künstler als avantgardistische Erstausstattung gekauft.

Beginnt bei Frankfurts Unternehmen also wirklich das Kunstfieber zu glühen? Das Foyer der Frankfurter Hypothekenbank erfrischt Schuldner wie Gläubiger seit geraumer Zeit mit einem „Wasserfall" von Bernd Zimmer; vor der Leichtmetallhülse der Dresdner Bank – sie fördert junge Künstler über ihre Jürgen Ponto-Stiftung – versperrt eine wuchtige Brunnenplastik von Heinz Mack den Platz; die BHF-Bank läßt sich gerade Vorschläge für eine zeitgemäße Gestaltung ihrer Konferenzräume machen; Werbeagenturen und Anwaltskanzleien laden zu Privatausstellungen mit jungen Talenten.

Auf Kontinuität und Bewährtes setzt dagegen die Deutsche Bank – beim Geschäft und in der Kunst. Versinnbildlicht wird das Branchenprinzip durch ein endlos verschlungenes Band – der „Welt größte Granitskulptur" – von Max Bill. An ihr muß vorbei, wer die spiegelnden Doppeltürme des mächtigsten Geldinstituts im Lande betreten will. Im Aufzug reist man per Knopfdruck durch die Epochen der neuesten Kunstgeschichte. Etage A 5: Siegfried Anzinger; B 7: Manfred Stumpf; A 20: Markus Lüpertz; B 31: Arnulf Rainer; ganz oben, im Olymp: Beuys und Antes. Darüber thront nur noch der Vorstand, umgeben von „Klassikern der Moderne".

Auf 155 Höhenmetern hat die Deutsche Bank viel gesammelt, was gut, und etliches, was teuer ist: insgesamt 1500 Arbeiten, alle auf Papier, für rund zwei Millionen Mark. Jedes Stockwerk wird von einem anderen Künstler beschickt – und die Bank kauft weiter. Da hänge nun vieles, was der Städtischen Galerie schmerzlich fehle, klagt Klaus Gallwitz, Direktor der Galerie und des Städelschen Kunstinstituts in Personalunion. Zusammen mit Peter Beye von der Stuttgarter Staatsgalerie und dem Vorstandsmitglied der Deutschen Bank, Herbert Zapp, hat er die Auswahl für die Deutsche Bank getroffen.

Sein eigenes Haus – für Kunst zwischen Mittelalter und frühem 20. Jahrhundert eines der bedeutendsten in Deutschland – hat unter Gallwitz' Vorgänger die Zeitgenossenschaft verschlafen und büßt heute mit vielen Lücken. Das deutliche Defizit erregte denn auch bereits in den siebziger Jahren öffentliches Ärgernis; gegen das Institut und seine konservative Zögerlichkeit braute sich Gewitterstimmung zusammen.

Entschiedener Stimmführer war Peter Iden, Theater- und Kunstkritiker der „Frankfurter Rundschau", der beim damals gerade frisch gewählten CDU-Oberbürgermeister Wallmann und dessen SPD-Kulturdezernenten Hoffmann offene Ohren für seine Argumente fand: Frankfurt brauche ein eigenes Museum für moderne Kunst.

Als „Tortenstück" und „Kunstdampfer" apostrophiert, wuchs der Entwurf des Wiener Stararchitekten Hans Hollein über einem kuriosen Dreieckgrundriß nahe Dom und Römer empor. Die Entscheidung für das neue Haus war spätestens 1980 gefallen, als große Teile der Pop-art-Sammlung Ströher in einem Überraschungscoup aus dem benachbarten Darmstadt nach Frankfurt geholt wurden – Preis: über fünf Millionen Mark. Den zur Sammlung gehörenden Werkblock von Joseph Beuys verschmähte Frankfurt damals. Erst nach dem Tod des Meisters schlug man zu und blätterte blitzschnell 2,5 Millionen Mark für die vielteilige Bronzegarnitur „Blitzschlag mit Lichtschein auf Hirsch" auf den Tisch. Das Nachsehen hatte das Kölner Museum Ludwig, die Domstädter waren mit der Finanzierung nicht fix genug.

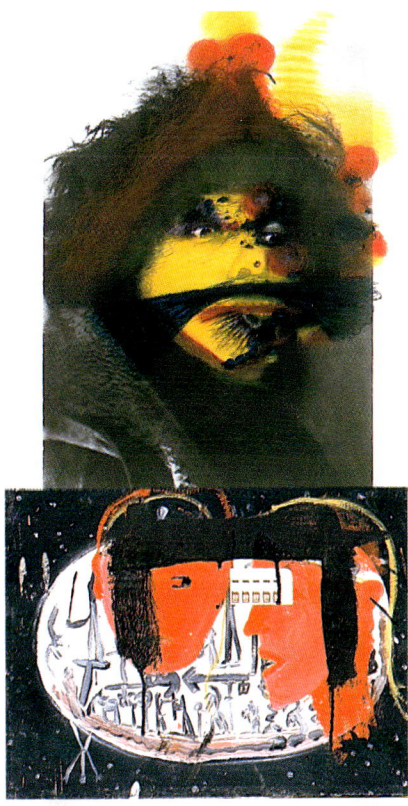

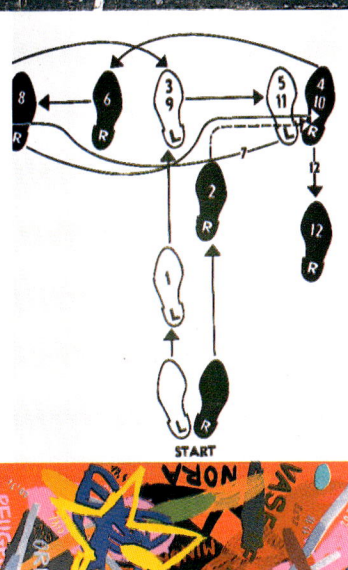

Für eine Weile tobte in Frankfurt Kulturkampf: Hier die Verfechter der Moderne und des neuen Museums, dort das Städel und seine standhaften Paladine; hier die „Frankfurter Rundschau", dort die „Frankfurter Allgemeine". Inzwischen haben sich die Wogen wieder geglättet, künftiger Chef des Hollein-Hauses wird Jean-Christophe Ammann von der Basler Kunsthalle sein, ein Fährtensucher im Bilder-Dschungel und, nach eigener Einschätzung, ein knochenharter Praktiker und Überzeugungstäter. Allerdings: Er wird einen Neubau beziehen, der von Anfang an zu klein geraten ist; und über die Werke, die Gründungsdirektor Iden sammelte, sagt Ammann bereits, man müsse prüfen, inwieweit sie sich als dialogfähig erwiesen. Der Kleinkrieg mit dem Städel, immerhin, ist – ohne Friedensvertrag – beendet, beide Häuser dürfen kühn nach vorne kaufen. Überschneidungen sind ebenso unerwünscht wie unvermeidlich.

Wer sich den Luxus zweier konkurrierender Museen lei-

Viel, was gut, und etliches, was teuer ist

ste, meint Städel-Direktor Klaus Gallwitz, müsse auch mit dem Luxus einer doppelten Sammlung leben. Vielleicht werde man die Besucher mit kleinen Schildern neben den Bildern auf die jeweils andere Mainseite verweisen, etwa so: „1500 Meter von hier: mehr von Andy Warhol!" Gallwitz kann sich derweil damit trösten, daß ihm ein anderer Wiener Baukünstler, Gustav Peichl, einen Erweiterungstrakt hinstellen wird – für die Kunst des 20. Jahrhunderts. Und für 18 Millionen Mark.

Es wird also weitergeklotzt. Und nur Städel-Rektor Kasper König, der zielstrebige Manager im bundesdeutschen Kunstbetrieb, zeigte den bauwütigen und prestigedurstigen Frankfurtern mit listiger Ironie, wie es auch anders geht: Inhalt statt Verpackung, Sparsamkeit statt Aufwand. Hinter die einsam dastehende Tempelfassade der weggebombten Stadtbibliothek ließ er einen nüchternen Container für ein beachtenswertes Wechselprogramm setzen.

Eine Bescheidenheitsgeste im allgemeinen Überschwang dürfte dies bleiben. Denn zu nachhaltig ist das Finanzzentrum mit Flughafen von der Muse nun wachgeküßt worden. Anfängliche Stilunsicherheiten blieben dabei unvermeidlich und sind in Parks und Einkaufsstraßen dutzendfach als Bronzespekulatius und Marmorknorpel zu besichtigen. Auch freut man sich bereits mit Gruseln auf die Ausmalung der ehrwürdigen Paulskirche, im Revolutionsjahr 1848 Sitz des ersten deutschen Parlaments. Johannes Grützke gewann den Wettbewerb, nachdem die Mehrzahl der Angesprochenen mit sicherem Gespür für die kolossale Chance, hier grandios zu scheitern, gar nicht erst teilgenommen hatte.

Vielleicht behält am Ende des teuren Booms aber auch Frankfurts alte Neue Linke recht, die schon immer zu wissen glaubte, es ginge der Stadt bei all ihren Anstrengungen weniger um die Kunst, als um schiere Image-Kosmetik und um den gepflegten Feierabend für ihre Armani-Yuppies und Nadelstreifen-Banker. In dieser Vision vom grenzenlosen Wachstum anspruchsvoller Freizeit seien die Künstler bestenfalls als Schaufensterdekorateure eingeplant.

Doch die Verweigerungsfront wankt, die Veteranen von '68 erkennen ihr vertrautes „Krankfurt" selbst kaum wieder. Ungeniert flanieren erste Überläufer durch die Galerien, in der einen Jackentasche Daniel Cohn-Bendits „PflasterStrand", in der anderen die Hochglanzpostille „Wolkenkratzer", das „Art Journal" vom Main. Peter Weiermair freut sich jedenfalls über ein zunehmend junges und neugieriges Publikum in seinem Kunstverein; und Christoph Vitali, Hausherr der Kunsthalle Schirn vis à vis, die ihrer Architektur wegen als „postmoderne Bundeskegelbahn" bespöttelt wird, registriert „regen Zuspruch quer durch Schichten und Generationen".

Die Besucherzahlen waren selbst bei einer Larionow-Ausstellung höchst erfreulich. Weniger erfreulich nur, daß sich sämtliche Exponate des russischen Abstrakten nachträglich als Fälschungen erwiesen – das war der Schirn-Riege weiter nicht aufgefallen. □

Bronzespekulatius und Marmorknorpel dutzendfach

Hermann Goepfert »Große Spirale RF«; Gerhard Richter »Fußgänger«; Picabia »Haschisch«; Karl Otto Götz »Bild vom 15. 12. 1952/II«

Dr. Manfred E. Schuchmann, 41, arbeitet als freier Kulturjournalist und lebt in Langen bei Frankfurt. – Bildrecherche: **Rochus Kowallek**.

Graeger Sekt. Für das Besondere sein.

Seine feine, unverwechselbare Prägung verdankt dieser Sekt einer meisterlichen Abstimmung sorgfältig ausgesuchter Weine. Sie verleihen ihm die edle Feinheit, die erlesenen und unverfälschten Genuss verbürgt. Sekt, der hält, was seine Erscheinung verspricht.
Carl Graeger Sektkellerei · Hochheim am Main

Ihre Eintrittska

In Deutschland und in 170 Ländern weltweit sind Sie bei mehr als 6 Millionen EUROCARD-Akzeptanzstellen immer willkommen. Bei Fluggesellschaften, Reisebüros, Autovermietungen. In Hotels, Restaurants, Geschäften. Und Sie können den Bargeldservice im In- und Ausland bei 125 000 Geschäftsstellen von Kreditinstituten nutzen.

Für 100 Mark Jahresbeitrag bietet Ihnen die EUROCARD in Verbindung mit der international verbreiteten MasterCard und Access in Großbritannien eines der dichtesten Akzeptanznetze rund um die Welt.

Fragen Sie nach den weiteren Vorteilen und Zusatzleistungen der EUROCARD. Und zwar dort, wo Sie auch Ihre eurocheque-Karte bekommen: Ihr kontoführendes Kreditinstitut hält EUROCARD-Anträge für Sie bereit.

EUROCARD: Eine Empfehlung der

rte für die Welt.

MARC CAIN

der friseur

mr. hewi-exclusiv

deutschen Banken und Sparkassen.

Messe **Party für Schausteller und Voyeure**

Spiegelbild einer großen Show: Mit Inszenierungen wie »Agritechnica« oder »Dach+Wand« lockt der Spielplan der Messe Frankfurt GmbH rund ums Jahr. Mal Bayreuth, mal Volkstheater – jede Messe hat ihr eigenes Publikum. Eines aber verbindet die Handelsreisenden aus aller Welt: der feste Wille, ein paar Tage lang Arbeit mit Vergnügen zu verbinden

VON JENS REHLÄNDER

Wie vom Blitz getroffen reißt es in Halle 9 die Choreographin vom chromglänzenden Barhocker. „Nein, nein, nein!" schreit sie, stürzt nach vorn, verheddert sich mit einem ihrer Pfennigabsätze in der Plastikplane, die den taufrischen Teppichboden schützt, stürmt nun um so erzürnter zu den Mannequins auf die Bühne, greift eines der Mädchen am Arm und reißt es mit sich fort im Wiegeschritt: „So, so, so!" – nach links, „so, so, so!" – nach rechts.

Und während die Mädchen in Jeans und Sweatshirts ihre Probe fortsetzen und so elegant wie möglich von hüben nach drüben schweben, setzt es hinter ihrem Rücken Taktschläge, gnadenlos wie von einer Dampframme: „Tam, tam, tam!"

In Halle 9 auf dem Frankfurter Messegelände heizt das Premierenfieber den Temperamenten ein. Denn in 24 Stunden werden sich hier und in der Halle nebenan die Glastüren zur 40. Internationalen Pelzmesse öffnen. Werden binnen fünf Tagen 25 000 Besucher aus 60 Ländern auf die 45 000 Quadratmeter große Ausstellungsfläche fluten und an 510 Ständen Pelze, Accessoires und Maschinen für etwa eine Milliarde Mark ordern.

Doch am Premierenvortag mag mancher nicht mal eine müde Mark darauf wetten, daß anderntags tatsächlich alles funktionieren wird: Noch immer kriechen Teppichleger über bunte Meterware, und Installateure angeln von Alu-Leitern nach Stromstrippen, die zahlreich von der Decke baumeln. Noch immer steigen aus dem Gassenlabyrinth der Budenstadt die blauen Dieselgaswolken der Gabelstapler zum Hallenhimmel empor. Und noch immer setzt es bei der Tanzlehrerin Schläge für die taktlose Modeltruppe.

Derweil drängelt sich im Raum „Symmetrie" das geladene Publikum zur Pressekonferenz. Mit Gel im Haar und Jankerl am Leib läßt der smarte Hamburger Couturier Wolfgang Joop die Puppen tanzen: Auf langen Beinen stöckeln die Pelztrends der Herbstsaison an den Gästetischen vorüber, dabei bohren sich die Blicke der Mädchen trotz schwingender Hüften und Hintern unverwandt in die Linsen der fast aufeinanderhockenden Fotografen. Und Meister Joop erklärt, was Sache ist: Pelz an sich sei schon lange out. „Veredelung" nennen es die Kürschner, wenn sie Nerzfelle rupfen, Füchse scheren, Hamster mit Zebrastreifen bedrucken, Persianern Fischgräten verpassen, Bisam mit Rosenmuster zieren und aus Stallhasen Chinchilla-Attrappen machen.

„Multicolor" heißt ein Trend: etwa bei der Windstoßjacke, deren Fell violette, gelbe und schwarze Tupfer zeigt und dadurch beim laienhaften Betrachter Analogien zum Farbenwirbel auf dem heimischen Perserteppich schafft. Applaus setzt ein, als die Kombisets defilieren: etwa der Strickmini mit Fuchsstreifen, der auch als Kapuze kleidet.

„Die Silhouette", weiß Meister Joop, „drückt sich in dieser Saison kurzhaarig aus", und die Pelze fallen nicht länger als bis zum Knie. Das Branchenpublikum nickt sachverständig, und der Laie lernt, daß der Nutzen eines Pelzes wohl ganz zuletzt darin besteht, den Körper zu wärmen.

Und obwohl niemand danach gefragt hat, wird den Reportern noch in die Blocks diktiert, woher das Material der Fellverarbeiter kommt: zum einen vom Schlachtvieh, bei uns seien das Schafe und Lämmer, in Fernost auch Hunde; zum anderen von den Skalps erlegter Schädlinge, etwa von Bisamratten, die durch ihre Tunnelbauten bekanntlich die Deiche bedrohten, aber auch Iltisse und Rotfüchse, die bei Tollwut gemordet gehörten. Und ein Teil der Pelzlieferer, so gibt man zu, würde eben auch gezüchtet. Unter welchen Umständen – das will kein Reporter wissen. Denn jetzt ist Mittagszeit, und vor der Tür ist seit gut einer Stunde das Büfett gedeckt – streng bewacht von der Messe-Assistentin, die den Serviererinnen flüsternd eingeschärft hat: „Passen Sie auf, daß die Handwerker keinen Sekt kriegen!"

Während Schinkenröllchen und Walnußkäse schließlich häppchenweise ihrer gerechten Bestimmung zugeführt werden, erzählt einer, daß die Messe GmbH zum vierzigjährigen Pelzmessen-Jubiläum eine Riesentorte gespendet habe. Die hätte nur leider in dem überfüllten „Symmetrie"-Raum keinen Platz mehr gehabt. Drum werde man sie nun einem Behindertenheim schenken. „Toll!" meint sein Nachbar – und schiebt noch ein Lachsschnittchen hinterher, um den peinlichen Sektrülpser zu überspielen, der seinem Lob zweifelhaften Nachdruck verliehen hätte.

Eitelkeit und Snobismus sind auf jeder Messe zu Hause, in Frankfurt nicht anders als etwa in Düsseldorf oder Hannover. Nur hat der Frankfurter Messerummel eine Tradition,

GEO **129**

Was die Zunft der Kürschner kreiert, zeigt sie auf der Internationalen Pelzmesse: Haar-Kunst gefärbt, bedruckt, gerupft. Felle, Accessoires und Maschinen für über eine Milliarde Mark werden von den Einkäufern geordert – als Stadt des Pelzhandels hat Frankfurt Weltrang

Einmal im Jahr wird das Fell über die Ohren gezogen

mit der keine andere Stadt der Republik mithalten kann.

Schon 1240 nahm Kaiser Friedrich II. per Privileg alle Reisenden unter seinen Schutz, die jedes Jahr gegen Mitte August die Mainstadt zum Handel aufsuchten. Was die Geschäftsreisenden anzubieten hatten, stellten sie zunächst unter freiem Himmel, dann in Häusern aus, später, mit wachsendem Zustrom, auch in Meßbuden auf dem Römerberg.

1330 genehmigte Kaiser Ludwig der Bayer einen zweiten Handelstag, die Frankfurter Frühjahrsmesse. Der Keim war gepflanzt, aus dem im Laufe der Jahrhunderte die Messe an Umfang und Umsatz prachtvoll gedieh. Einst als „Kaufhaus der Deutschen" apostrophiert, ist das nunmehr auf 400 000 Quadratmeter gewachsene Gelände auf dem besten Weg, dem prätentiösen Prädikat gerecht zu werden, das der Frankfurter Messe etwas voreilig schon vor Jahr und Tag verliehen wurde: „Haupt aller Jahrmärkte auf Erden" zu sein.

Inzwischen kommt jeder zweite Aussteller aus dem Ausland. 39 Messen und Ausstellungen mit fast zweieinhalb Millionen Besuchern wurden 1987 ausgerichtet. Weitere 250 000 kamen zu Kongressen und rund 600 000 zu Veranstaltungen in der Festhalle. Ein profitables Geschäft für die Messe GmbH, deren Umsatzkasse 200 Millionen Mark verbuchte – keineswegs aber ein Grund, sich auf den errungenen Lorbeeren auszuruhen. Die Konkurrenz unter den Messestädten ist messerscharf, und weil Frankfurt Frankfurt ist, liegt es auf der Hand, daß die Messe-Manager mit Erfolg allein nicht zufrieden sind: Die Frankfurter Messe will immer weiter nach oben.

Und da Geld in Frankfurt keine Rolle spielt, wenn es der Geldvermehrung dient, wird in Sachen Standortentwicklung mächtig geklotzt. Namhafte Vertreter der Haute Architecture wurden diesseits und jenseits der Grenzen verpflichtet, um Frankfurt zum schönsten Großmarkt der Republik zu machen: Durch die 750 Meter lange „Via Mobile" spazieren die Besucher trockenen Fußes

Vertrieb: Peter Eckes KG mit beschränkter Haftung

„Mit Stolz kann ich heute berichten, daß unsere Umsatzkurve laufend nach oben perlt."

„Magnifique. Nichts ist eben prickelnder als der Erfolg."

„Uns, die kleine, grüne, prickelnde Elégance aus Frankreich, treffen Sie überall dort, wo man auf sich hält. Und da guter Geschmack nicht aufzuhalten ist, begegnen wir uns auch in Deutschland immer häufiger. Immer in der besten Gesellschaft. Immer dort, wo man das Savoir-vivre zu schätzen weiß."

„Perrier. Wir kennen uns doch."

Die Buchmesse präsentierte 1987 in ihrer Budenstadt 320 000 Titel, darunter 90 000 Neuerscheinungen. Über vier Millionen Mark kostete dieser Literaturgroßmarkt, der so geliebt und so gehaßt wird wie keine andere Frankfurter Messe. Im Zweijahrestakt posieren auf der Internationalen Automobilausstellung die neuesten PS-Schlitten im Messeglanz – ein Anlaß, der 1987 über eine Million Besucher anlockte

Kraftvolle Worte und Motoren haben die meisten Fans

von Halle zu Halle. In der „Galleria", einem 120 Meter langen und 32 Meter hohen Lichtdom zwischen den Hallen 8 und 9, gönnt man den verschwitzten Füßen Atempausen. Im Westen des Geländes hat das Gros der insgesamt nur 378 Messeangestellten im 117 Meter hohen „Torhaus" von Oswald Mathias Ungers eine zweifellos stilvolle Unterkunft gefunden – einem Zwergbau allerdings, gemessen an dem „Messeturm" von Helmut Jahn, der demnächst fast vier Dutzend Etagen auf 254 Meter Höhe stapeln soll.

Bei diesem Projekt stießen die geschäftstüchtigen Frankfurter Entwicklungsvisionäre allerdings erstmals an irdische Finanzierungsgrenzen: Der Super-GAU, der letztes Jahr die Börsennotierungen von einem Augenblick auf den nächsten zu Staub und Asche verbrannte, hatte den Hauptinvestor des Turmbaues zu Frankfurt, die Deutsche Bank, das Fürchten gelehrt. Und nachdem die Buchhalter Kassensturz gemacht hatten, zog sich der angeschlagene Kapitalriese lieber kleinlaut in seine beiden eigenen, vergleichsweise mickrigen Türme zurück. Gebaut wird trotzdem: Die laut Kostenvoranschlag zu erwartende Rechnung von 500 Millionen Mark wollen nun US-Unternehmen bezahlen. Auch der Bau eines Bahnhofs im Souterrain des Büro-Giganten ist inzwischen beschlossene Sache, so daß Reisende in Zukunft vom Flughafen direkt zum Messegelände fahren können. „Wir wollen", sagt ein Messeplaner, „daß unsere Kunden, zum Beispiel in Tokyo, in den Flieger steigen und hier ihren Messestand erreichen, ohne ein einziges Mal an der frischen Luft gewesen zu sein."

Klar, daß der Messe-Wandel vom spartanischen Hüttendorf zur Komfort-Siedlung auch die Mieten auf ein anspruchsvolleres Niveau hebt. Schließlich soll das investierte Kapital auch Zuwachs einspielen. Doch nicht jede Branche, die jährlich auf der Messe hofhält, kann sich diesen Luxus noch leisten. Der erste Untermieter, der gegen die Hausherren GmbH rebellierte, war der Börsenverein des Deutschen Buchhandels: Für eine Woche Buchmesse mußten die Aussteller 1987 bereits 2,3 Millionen Mark Miete und 1,8 Millionen Mark für Serviceleistungen hinblättern. Das war der Messe GmbH im darauffolgenden Frühjahr nicht mehr genug: Staffelweise wollte man den Veranstaltungspreis binnen zehn Jahren um 160 Prozent aufstocken.

Der Verlegerverein ächzte und grollte, andere Messestädte, etwa München und Hamburg, hörten die Signale und boten Asyl an. Da besannen sich die Frankfurter flugs und baten die Buchdruckerallianz zum versöhnlichen Round-table-Gespräch. Schließlich möchte man aus Imagegründen die – neben Automobilausstellung und Pelzmesse – bekannteste Gastveranstaltung nicht an die Konkurrenz verlieren.

Auch die Frankfurter Hotel- und Gaststätteninnung würde es nicht übers Herz bringen, diese goldenen Kälber zu schlachten. Schließlich machen die Hotels zu Messe-Spitzenzeiten Umsätze, wie Branchenkollegen andernorts wohl im ganzen Jahr nicht. Das „Plaza"-Hotel zum Beispiel, nur wenige Meter weit vom Messehaupteingang entfernt, kassiert, wenn der Andrang am größten ist, 395 Mark pro Nacht für seine 20-Quadratmeter-Zimmer – ohne Frühstück. Außerhalb der Saison kommt man für etwa die Hälfte unter.

Zu einer beträchtlichen Aufstockung ihrer Handkasse kommen auch die Schüler und Studenten aus dem Frankfurter Raum, die auf den Messen jobben. Zumal beim Treffen der Kürschner, die immer einen großen Bedarf an hübschen Frauen für ihre „Show Times" haben. Die 21jährige Petra aus Frankfurt, blond und groß, ist schon fast eine Veteranin in diesem Geschäft. Für 200 Mark wird sie diesmal auf dem Stand eines griechischen Kürschners aus dem Bahnhofsviertel präsent sein. Täglich zehn Stunden lang wird sie sich nach Aufforderung einen Pelz anziehen und vor Einkäufern eine elegante Figur machen.

„Man kommt sich vor wie ein Kleiderständer", sagt sie und ist auch wegen ihres Honorars nicht zufrieden. 500 Mark Tagesgage waren

DER OPEL KADETT GSi 16V

ZUR SICHERHEIT FAHREN WIR AUCH RENNEN DAMIT.

Der Kadett GSi 16V ist der stärkste 16ventiler seiner Klasse. Kein Grund für uns, sich auf den Lorbeeren auszuruhen. Deshalb haben wir über 100 leicht modifizierte 16V-Motoren in Lotus-Rennwagen eingebaut. In der „Opel Lotus-Challenge" sammeln Nachwuchspiloten Rennpraxis und fahren die Motoren unter Extrembedingungen. Im Autoalltag bedeutet das: Sie verfügen über ein ausgereiftes 16V-Triebwerk, das auch bei hoher Beanspruchung exakt reagiert. Wer mit 110 kW (150 PS) auf die Straße geht, hat eine besondere Verantwortung: Sicherheit geht vor. Deshalb wurden Fahrwerk und Bremsen des GSi 16V neu entwickelt und der gesteigerten Leistung angepaßt. Ihr freundlicher Opel Händler erwartet Sie zur Probefahrt.

DER OPEL KADETT. BESTENS IN FORM.

Die Puppen warten auf ihren nächsten Auftritt

Kaum hat der letzte Besucher eine Ausstellungshalle verlassen, demontiert ein Rollkommando die Stände, denn Zeit ist Geld – und nebenan werden bereits die Kulissen für das nächste Spektakel aufgebaut. 1987 wurden die Kulissen 39mal umgebaut

in den Vorjahren schon mal drin. Nur diesmal hatte sie den Anschluß verpaßt: Denn wer zwei, drei Tage vor Messebeginn noch ohne Engagement ist, muß zum Künstlerdienst des Arbeitsamtes; „zur Fleischbeschauung", wie Petra das nennt. Dort säßen dann die Chefs, würden Beine und Hintern begutachten und Knebelhonorare bieten, die jede Frau annähme, um am Ende nicht ganz leer auszugehen.

Schließlich verdienen auch die Frankfurter Handwerker an jedem Messeaufbau. Ihr ärgster Konkurrent ist wiederum die Messe GmbH, die auch in diesem Erwerbszweig die Hand aufhält. „Komplettstandservice" heißt das Zauberwort. Aussteller, insbesondere aus Übersee, können sich per Katalog einen Stand zusammenstellen und finden bei der Ankunft ihre Mietbutze schlüsselfertig vor – inklusive Kaffeemaschine, Stadtplan und Würfelzucker. Die Nachfrage ist groß: Der Veranstaltungsleiter Hans-Jürgen Kruchem fing vor zwei Jahren bei der „Interstoff", der bedeutendsten internationalen Textilmesse, mit 600 Quadratmetern an; heute bringt er bereits 5000 Quadratmeter Fertigstand-Fläche an die Kunden.

Jedes Element hat eine Breite von einem Meter. Für die „Interstoff 1988" bedeutet das, 23 Kilometer Wände aufzurichten, 1,6 Kilometer Fenster anzuschrauben, einen Kilometer Türen einzuhängen, drei Kilometer Stoffstangen für die Textilexponate zu befestigen und 2000 Firmenschilder zu malen. Die Komplettstände gibt es in 126 Variationen von 3885 Mark bis 9065 Mark plus Mehrwertsteuer und Miete – und der Barkeeper ist gegen Aufpreis lieferbar.

So hoch ist die Frequenz der Frankfurter Messen bereits geworden, daß oft eine Veranstaltung noch gar nicht begonnen hat, während in anderen Hallen bereits mit dem Aufbau der nächsten begonnen wird. Und während die Choreographin am Vorabend der Pelzmessen-Eröffnung noch wütend den Taktstock schwingt, nimmt in den Hallen 3 und 4 die „Interstoff" Gestalt an. Das Frankfurter Designerbüro „Habernoll & Vest" ist im Auftrag der Messe GmbH für den Aufbau verantwortlich. Auch hier sind die Hallen vom Kreischen der Sägen erfüllt, tuckern die Gabelstapler, herrscht Hektik.

Christian Habernoll, Alt-68er – „Sehen Sie die Beule? Da hat mich an der Galluswarte ein Polizist bei 'ner Demo hingehauen" – und arrivierter Jungdynamiker mit BMW-Cabrio, sieht es gelassen und mit heiterer Ironie: „Früher wollte ich der berühmteste Architekt Europas werden, heute gehört es zu meinem Job nachzugucken, ob die Schlösser an den Standtüren funktionieren."

Warum er dann hier arbeite? „Weil ich ein libidinöses Verhältnis zur Messe habe. Alles Theater. Lachsschnittchen essen wie unser täglich Brot, Sekt von morgens bis abends, ein wenig arrogantes Fachgesimpel – Messe macht Spaß." □

Jens Rehländer, 25, studierte einige Semester Rhetorik in Tübingen, bevor er als Redakteur zu GEO kam. Sein Autoreninteresse gilt vor allem Deutschlandthemen. Mit Frankfurt sympathisiert er seit der Konzeption dieses Hefts in mancher Hinsicht. Eines indes lehrte ihn das Fürchten: der Geschmack des Apfelweins.

COMMERZBANK ☀

In der Welt des Geldes sind wir an Ihrer Seite

**Commerzbank
Die Bank an Ihrer Seite**

Auch wenn die ganz großen Sessions selten geworden sind – keine

VON UWE SCHMITT

Jazz ist der Gesang von der Urbanität, sein Klang wird Sound über hartem Pflaster. Jazz ist das Zeug, das in den Steinbrüchen kaputter Städte gebrochen und in den Minen von dreckigen Metropolen gefördert wird.

Die Materialausgabe hat rund um die Uhr geöffnet, und alltäglich sammeln Jazzmusiker, die den Namen und deshalb nicht besonders viel verdienen, die Bruchstücke, um an ihnen herumzuspielen; bis Kunststücke gewonnen sind. So etwa geht das, aber nicht überall. Städte, die viel von sich her machen, geben für den Jazz wenig her; Jazzmusiker, die allesamt ihre Autobiographie improvisieren, Tagebuchchorusse, machen aus jedem Dreck etwas, aber Dreck muß schon da sein.

Häßlichkeit macht wütend und Mut, sich zu wehren. Hamburg, München oder Düsseldorf hatten da nie eine Chance, mit Frankfurts lässiger Vernachlässigung zu konkurrieren. Schon früh, als die Verdunklungsgefahr in Deutschland gerade gebannt und Schutt und Asche noch heiß waren, kam der Jazz in Frankfurt auf die Beine. Der Stern der US-Armee muß den Musikern wie ein Gotteszeichen erschienen sein: Keine zehn Tage nach der Kapitulation erhielt das „Hot-Club Sextett" von den Militärs Spielerlaubnis für das Frankfurter „Tivoli". Aufbruchsstimmung zwischen Abbruchhäusern, nach 1000 Jahren Wartezeit gab es keine Zeit zu verlieren.

Carlo war dabei. Carlo Bohländer, ein begnadeter Mundartist an der Trompete und am Frankfurter Idiom, hatte sich die braunen Zeiten so erträglich wie möglich mit Blue notes eingefärbt. Zwischen 1941 und 1944 spielte die „Hot-Club Combo" in der „Rokoko Diele" und im „Wappenhof" kalten Herzens, was gerade noch erlaubt war; und heimlich spielte sie hot. Emil Mangelsdorff, Klarinettist, Altsaxophonist und Alberts kleinerer und älterer Bruder war dabei; und Horst Lippmann an Baß oder Schlagzeug, später – und bei allem Respekt: wichtiger – Jazzpromotor, Clubbesitzer und Labelchef. Nach Carlos Schätzungen gab es 1949 im Frankfurter Raum etwa 120 Jazzmusiker unterschiedlicher Fertigkeit; man muß es recht verstehen: Jazz war Freiheit und Wiedergutmachung an allem Schöpferischen.

„Gegen Spießer, Nazis und rückwärtsgerichtete Ignoranten: Jazz war die ästhetische Wahrheit", wie Volker Kriegel, Gitarrist und Publizist, vor einigen Jahren schrieb. Große, pathetische Worte, doch auf die Nachkriegszeit gemünzt noch ohne hohlen Nachklang. Damals aber hatte sich die Sprache noch nicht von ihrer Vergewaltigung erholt. Ein Dokument vom 1. Juli 1949, aus dem Gastspielvertrag zwischen der „Kapelle Swingstars" und dem Lokal „Almschänke": „Als Gage wird pro Mann pro Stunde DM 3,– gewährt. Des Weiteren wird pro Mann je Abend 1 Ltr. Bier verabreicht."

Gruppen wie die „Swingstars" verabreichten nun auch in den Ami-Clubs der Gegend Jazz für die Moral der Truppe; sie genossen den Dixieland-Boom der fünfziger Jahre, und später überstanden sie die Dixieland-Baisse der siebziger.

Im „Jazz-Life-Podium", an der Sachsenhäuser Kleinen Rittergasse, kann man die „Swingstars" noch immer hören, die dienstälteste Band Frankfurts noch vor der „Barrelhouse Jazzband", die erst seit 35 Jahren ihr Spiel macht. In ihrer Musik

DOMIZIL DER "JATZER"

andere deutsche Stadt kann sich einer glänzenderen Jazz-Tradition rühmen

überleben die alten Zeiten: als die Jazzer noch Bubi oder Pepsi hießen, als der Mainstream noch so träge durch Frankfurt strömte wie der Main, als man den Jazzer schon daran erkannte, daß er „Jatz" sagte, als in der Steinwüste der Stadt aber noch keine wirklich harten Brocken bearbeitet worden waren.

Diese Zeit kam erst mit dem Cool und dem Bebop, der nicht mehr die Verhältnisse zum Tanzen, sondern ein Publikum zum Schweigen bringen wollte. Und diese Zeit wußte erst wohin sie sollte, als Carlo im Sommer 1952 das „domicile du jazz" an der Kleinen Bockenheimer Straße 18a aufmachte. Das heißt, den „Jazzkeller" aus einem Trümmergrundstück grub, Spitzhacke in der Rechten, Trompete in der Linken, und irgendeiner hielt das Bier. In diesem schäbigen Backsteingewölbe dauerten die Nächte 24 Stunden und länger, es wurde, wie Kriegel sagt, „Stammkneipe, Vereinsheim, Trainingslager". Bezahlt wurde bis 1960 nichts, nur die Drinks waren frei.

Der große Saxophonist Hans Koller und andere sollen sich in ihren Glanzzeiten dort rote Nasen verdient haben; dazu, heißt es, fanden sich in den Nächten kochender Jam-Sessions eine Menge bereitwilliger Damen ein, die sich für ihr Jazz-Faible auch gerne krummlegten. Zu atmen gab es ab Mitternacht nur noch Zigarettenqualm. Die Nebelwand, undurchdringlich für Blitzlicht, ließ Zeugen immerhin noch sehen, wo Duke Ellington eine Weile das Bier zapfte und Dizzy Gillespie sein krummes Horn nicht mehr geradehalten konnte. Wie Louis Armstrong nur die Zähne bleckte und Sinatra nur seine Bodyguards vorführte. Wie Ella Fitzgerald alle unter den Tresen trank. Wie Frankfurter Jazzer „Deckel" von vierstelliger Höhe machten, die in Härtefällen durch Generalamnestie verschwanden.

So gelegen es dem „Keller" auch kam, daß sich die Großen des Geschäfts nach ihren feinen Konzerten in seiner Unterwelt betranken, seinen exquisit berüchtigten Ruf, der am schwersten zu bespielende Jazz-Platz der Republik zu sein, verdankte er anderen. Den Frankfurter Musikern und ihrem verwöhnten Publikum.

Albert Mangelsdorff, erster unter gleichen, hat dort sein Septett und Quintett formiert: Gruppen, die bis in die siebziger Jahre hinein fast identisch waren mit dem Jazz-Ensemble des Hessischen Rundfunks, eine seit Mai 1958 in der Bundesrepublik einmalige, frei gewohnheitsrechtliche Institution, die in der Stille des Studios eine ganze Enzyklopädie vorzüglich improvisierter Musik eingespielt hat. Im Keller setzten die „Two Beat Stompers" Maßstäbe mit ihrem Dixieland-Sound. Horst Lippmanns erstes „Deutsches Jazzfestival" hat sich hier seit 1953 bestens bedient: Heinz Sauer, Bob Degen, Günter Lenz, Ralf Hübner, danach – und zugleich die nächste Generation – Christof Lauer, Michael Sagmeister, Markus Becker und John Schröder. Kellerkinder-Existenzen, denen Konkurrenz und Klima in dieser mit Patina überzogenen Katakombe des Jazz ausgezeichnet bekamen.

Kein anderer Klub in Frankfurt konnte da je mithalten: nicht „Sinkkasten", „Batschkapp", „Brotfabrik", die zwar auch modernen Jazz bringen. Aber eben nur: auch. Die Schattenseiten des „Kellers", der einige Krisen und Personalwechsel erlebte, sind auch seine Stärken: die Enge und die Frankfurter Jazzer, nur 80 Sitzplätze und ein Hang zur Inzucht im „closed circle". Eugen Hahn, seit Mai 1986 Kellerwirt unter der Lizenz von Albert und Emil Mangelsdorff, macht seine Sache mit Berliner Schandmaul, Galgenhumor und Geschäftssinn recht gut. Ihm verdankt der „Keller" eine neue Lüftung, einen akzeptablen Flügel und das Zurückstutzen der Festgagen von Frankfurter Musikern, zuletzt 100 Mark, auf 80 Prozent der Kasse. Hahn hat alle ihre Boykotts und Drohungen überstanden. Wenn der schwarz genoppte Gummifußboden, ein Restposten vom Rhein-Main-Flughafen, noch verschwände, meint er, „könnte det 'n ganz jemütlicher Laden" werden.

Wilhelm Liefland, der 1980 verstorbene Poet und Pianist, Jazzkritiker und leidenschaftliche Haßliebhaber des „Kellers", brachte es ein für allemal auf einen anderen Punkt: Er diagnostizierte „eine erbärmliche Proustiade auf dem verlotterten Niveau von Human relations, verkleistert mit großbürgerlicher, verschlissener Boutiquen-Nonchalance". Er meinte den „Keller" und traf Frankfurt.

Die Stadt wirbt mit ihrem Jazz, aber den Jazz umwirbt sie äußerst unauffällig. Sicherlich, im Sommer drängen sich „Jazz im Palmengarten", „Jazz im Burggraben" in Höchst und „Lieder im Park". Der „Jazzkeller" bekommt derweil übers ganze Jahr 1500 Mark monatlich zugesteckt. Auch von diesem Trauerspiel singe der Jazz im Keller. „Verstehsde, was ich maan?" sagt Carlo. Niemand in Frankfurt glaubt schon so lange an den Jazz wie Carlo. □

Uwe Schmitt, 32, studierte unter anderem Musikwissenschaft und stand als Jazzer auf der Bühne, bevor er 1985 Feuilletonredakteur der „FAZ" wurde.

Jam-Sessions wie diese in den späten vierziger Jahren gab es viele in Frankfurts Ami-Clubs und Kellerlokalen. Dort trafen sich junge Musiker, GIs und durchreisende Jazzgrößen und spielten spontan bis in die frühen Morgenstunden

Carlo Bohländer, Jazzer der ersten Stunde, eröffnete 1952 das »domicile du jazz«, den bis heute berühmten »Jazzkeller«

GEO 137

138 GEO

GI
Blues

27 000 Amerikaner leben in Frankfurt – Soldaten, Zivilisten, Familienangehörige. Nachbarn auf Zeit. Den meisten bleibt die Stadt fremd. So wie sie der Stadt fremd bleiben. Am Ende haben sie nur noch ein Ziel vor Augen: den Flug nach Hause

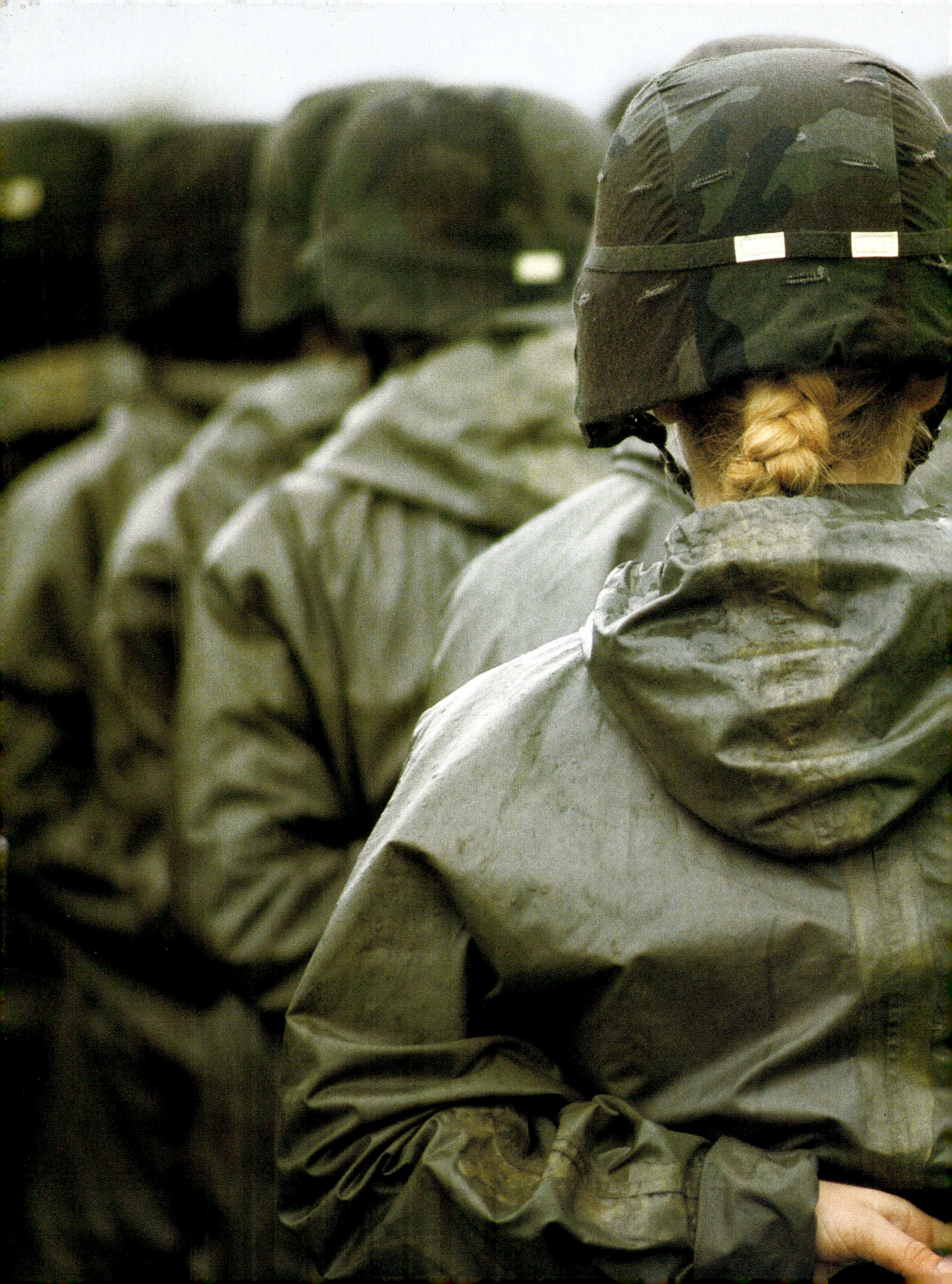

Seit Berufs-Soldatinnen mit geschultertem Gewehr zum Alltag in den Kasernen gehören, gewinnen auch die GIs ihrem harten Job mehr Freude ab. Vor allem die Arbeitslosigkeit in den Vereinigten Staaten und die Aussicht auf eine Berufsausbildung locken Frauen zum Militär – manche auch die Hoffnung, einen Mann fürs Leben zu finden

Vereidigung. Vor dem »U.S. Military Court« des V. Corps, das im Abrams Building, dem ehemaligen IG-Farben-Haus, tagt, werden alle Straftaten von Angehörigen der Einheit verhandelt – vom Diebstahl bis zum Mord. Das Militärgericht kann auch die Todesstrafe verhängen, denn die amerikanische Gemeinde lebt nach den Gesetzen der Vereinigten Staaten. Und so wie zu Hause: etwa beim Gospelgottesdienst in der Kirche der Schwarzen

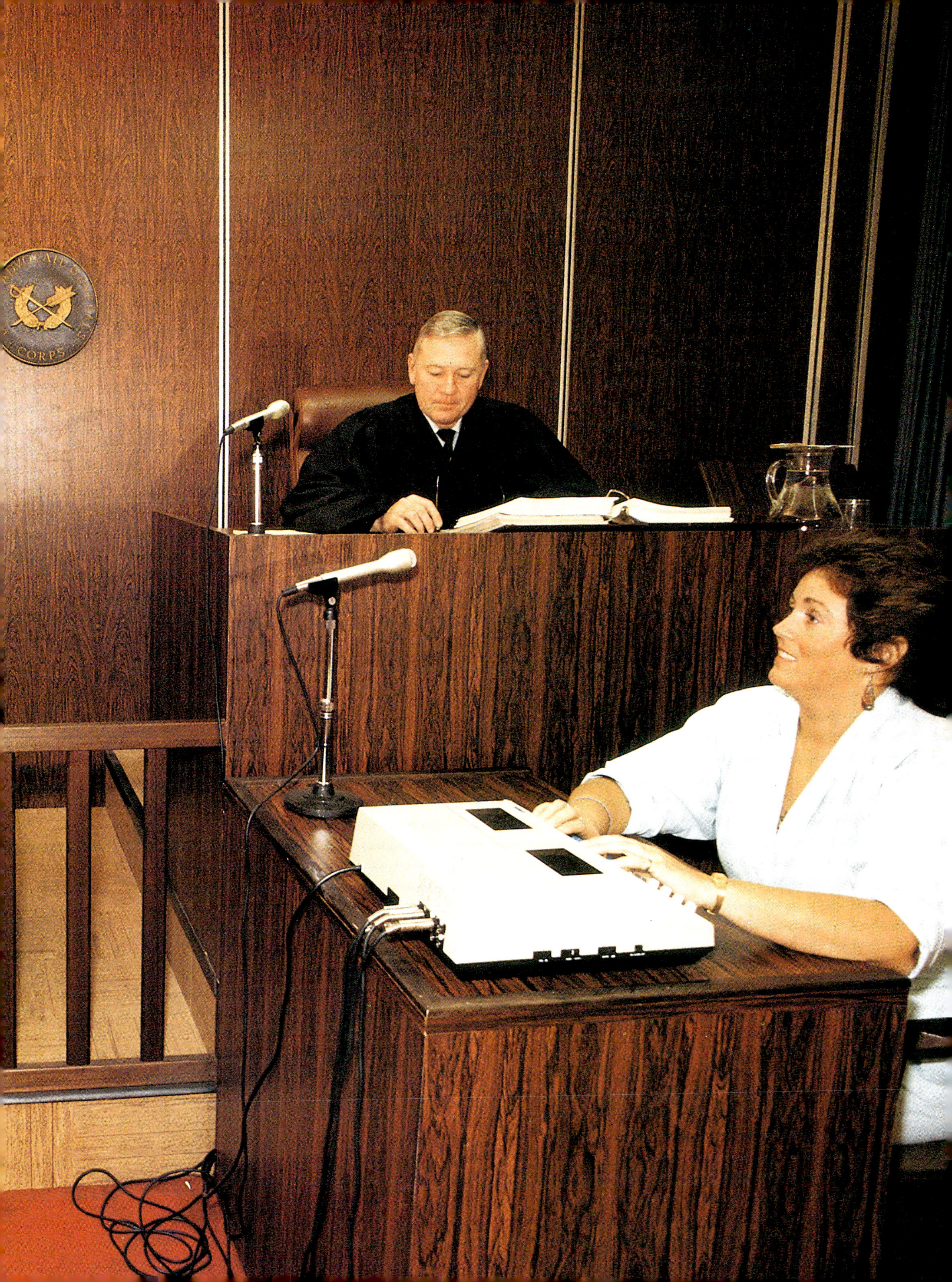
CORPS

Ein Höhepunkt der alljährlichen deutsch-amerikanischen Freundschaftstage rund um den 4. Juli, den amerikanischen Unabhängigkeitstag, ist das Rodeo – mit »bull riding« und »line dance«, einem ländlichen Tanz aus dem Südwesten der USA. Bullen und Pferde züchtet Alan Jacobs in der Pfalz. Der Rancher veranstaltet alle Rodeos in den amerikanischen Garnisonen Europas

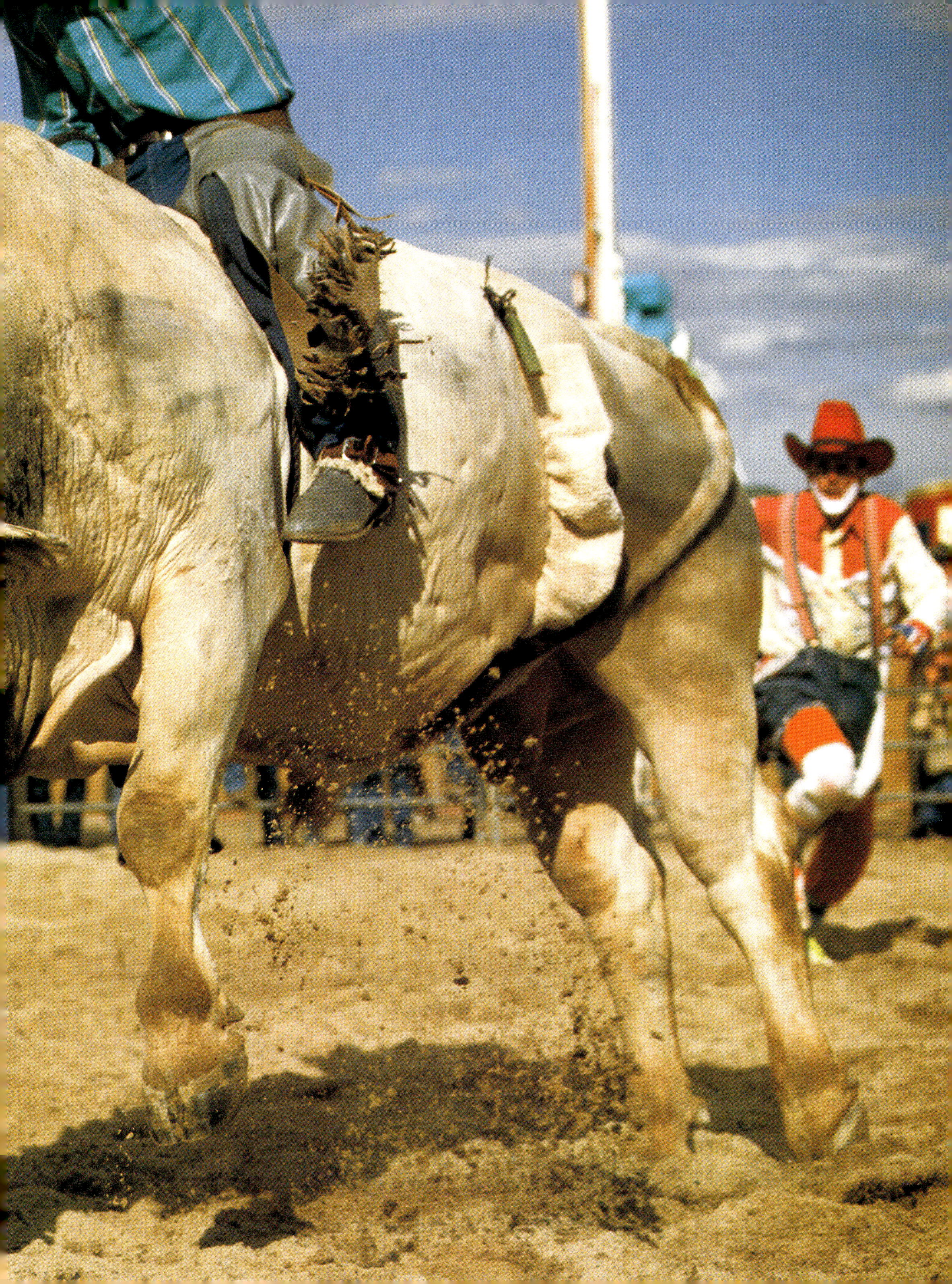

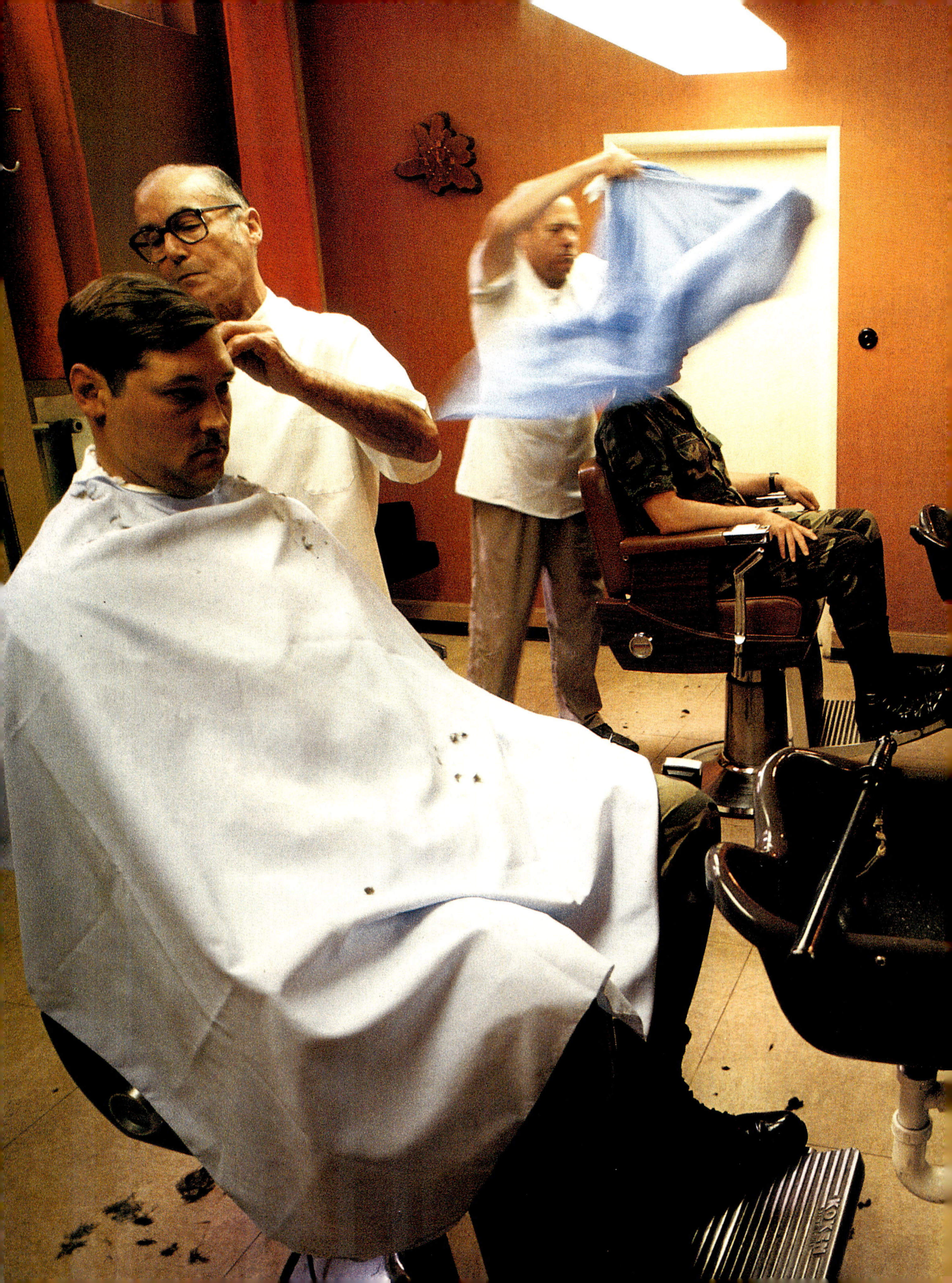
KOKEN

Hier gelingt es nicht einmal mit Gewalt, ein kritisches Wort herauszulocken. Die Wände und Zäune? – Ach, es sei unangenehm gewesen in der ersten Zeit, aber man habe sich daran gewöhnt. Und sie geraten über die Existenz der Terroristen in Verlegenheit, als seien sie selber schuld daran. Wut über die Einengung äußert keiner.

Weißt du noch? Damals, '68, strömten die Demonstrationen oft am amerikanischen Militärgefängnis vorbei, dem düsteren Bau mit den dicken Eisenstäben vor den Fenstern. Die Demonstranten sangen: „Ona-nie, Ona-na, fuck the Army, love is better than war", und alle amerikanischen Arme, die sich durch die Gitterstäbe reckten mit geballten Fäusten, waren schwarz.

Die Riesenschlachten der GIs, wenn sie in Sachsenhausen oder in die Innenstadt einfielen und die Kneipen aufmischten, als die Dollars noch was wert waren – Vergangenheit. Allein am Dornbusch haben drei Kneipen mit Countrymusik inzwischen dichtgemacht. Dafür gibt es im Umkreis von 300 Metern jetzt vier Videotheken, geöffnet bis elf Uhr abends. Prügeleien gibt es auch noch hin und wieder. Aber die Militärpolizei bereitet ihnen ein unsanftes, brutales Ende und haut selber drauf. Schließlich: Bier als Treibstoff für Randale und Durchdrehen ist vergleichsweise harmlos. Die diversen Drogenpulver und -flüssigkeiten, wovon Crack das schrecklichste zu sein scheint, verursachen andere, tückischere und viel schwerer besiegbare Formen des Ausflippens.

„Kein unlösbares Problem", sagen Offizielle so beschwichtigend wie vage. Außerdem sei Crack in der Frankfurter Szene noch gar nicht aufgetaucht. „Doch", sagen andere, den Endverbrauchern wahrscheinlich nähere Experten.

Tatsache bleibt, daß man sie kaum unterscheiden kann: die drogenbetäubten jungen Amerikaner und die Deutschen, die sich an den einschlägigen Orten rund um den Bahnhof treffen. Nur die vielen schwarzen Dealer sind keine Amerikaner, sondern Afrikaner – sagt die Polizei. In den Medien wird das alles mit einer Mischung aus Betulichkeit und Abscheu mit dem Begriff „Ausländerproblematik" abgedeckt und abgehakt. Aber das sind sie nicht, die Amerikaner: Ausländer. Ihr Status ist ein anderer, und gerade das verursacht die Mischung aus Trotz und Dukken, die das Miteinander schwermacht. Selbst dort, wo es zu funktionieren scheint, wirkt es ein wenig krampfig und inszeniert.

„Die können ja machen, was sie wollen", sagt ein Taxifahrer und präsentiert seine Belege, ohne daß man ihn als Linken oder Deutschnationalen einordnen könnte: „Die können bauen, was sie wollen und wohin sie wollen. Die können Waffen ein-

Basketball in der Drake-Kaserne: Täglich in der Gruppe Sport zu treiben ist Soldaten-Pflicht, über deren Erfüllung Unteroffiziere wachen – denn die Armee legt Wert auf Fitness und Gesundheit. Schwangere Soldatinnen erhalten Vitaminpillen, außerdem gehören bezahlter Urlaub und kostenlose Voruntersuchungen – in den USA die Ausnahme – zur medizinischen Betreuung. Auch für preiswertes und problemloses Shopping ist gesorgt: In jeder Kaserne gibt es PX-Läden für den alltäglichen Bedarf

uns je betreten hat. Aufgegebenes Terrain. „No trespassing!" und wortreiche Verbotsschilder stehen da. Wir drehen den Kopf zur Seite und tun so, als sähen wir die langen Blocks ohne Gardinen an den Fenstern nicht, diese Häuser, die alle zwei Jahre in Gelb oder Grau neu angepinselt werden und merkwürdige, vierstellige Nummern tragen.

An schönen Sommerabenden wölken Barbecue-Schwaden aus der Housing Area herüber, und man hört ein bißchen Gelächter und Musik. Wer dort eingeladen ist – als Frankfurter –, wird von lauter Freundlichkeit, Begeisterung über Deutschland und die deutsche Kultur, Sprachbemühung und Gastfreundschaft ganz betäubt. Die Wanduhr aus Wien hat ihre Geschichte und der silberne Bowlenlöffel auch. Die Kinder hätte man so gern in eine deutsche Schule geschickt, aber es sei eben ein bißchen schwierig. Wer wisse denn schon, wie lang man am Ende hierbleiben dürfe?

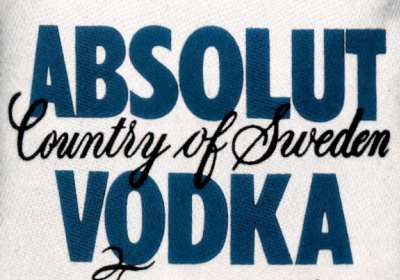

ABSOLUT BRILLIANT.

PRODUCED AND BOTTLED IN SWEDEN BY AB VIN & SPRITCENTRALEN.
IMPORTED BY JACOBI KG, WEINSTADT/WÜRTTEMBERG.

Karneval treffe man Deutsche und rede miteinander.

„Waren schon mal Deutsche in deiner Wohnung zu Besuch?"

„Nein. Deutsch ist schwierig", sagt sie auf deutsch und lacht wieder. Auch sie will mich nicht kränken und bezieht die Schwierigkeit der amerikanisch-deutschen Freundschaft auf sich und unsere sperrige Sprache.

Dann fällt ihr doch noch ein entlastendes Beispiel ein: In der Weight-Watchers-Gruppe seien mehr Deutsche als Amerikanerinnen, sagt sie erleichtert. Zuerst sei sie hingegangen, weil es ein amerikanischer, freundlich-vertrauter Name war. Jetzt geht sie hin, weil sie zu dick ist und sich das nicht ändern will, wie bei vielen ihrer Nachbarinnen, die einen Panzer gegen die Langeweile und die Fremdheit mit sich herumtragen.

Mit den „Befreiern" fing alles an, mit amerikanischem Zahnpasta-Schokolade-Erdnußbutter-Zigaretten-Jazz, den Kneipen und auch mit „no fraternisation", aber nicht lange.

Es gab in Frankfurt für die Amerikaner eine eigene Straßenbahnlinie, Tag und Nacht. Die „Round-up" sammelte die Sieger ein und brachte sie zu ihren Kasernen, und wenn es Schlägereien gegeben hatte, dann kam ein „Off limits"-Schild an die Kneipe. Damals wollten alle Frankfurter sein wie die Amerikaner und so schöne Autos fahren. Aber das ist lange her.

„Frankfurt und Amerikaner?" sagt ein junger schwarzer Soldat, der beim amerikanischen Autohändler an der Ecke deutsche Mercedes und BMWs streichelt. „So einfach kann man keine Unterscheidung treffen. Der eine kommt aus New York oder Boston und ist weiß. Der andere kommt aus Georgia oder Virginia und ist schwarz. Amerikaner? Manche sind euch näher, manche kommen euch nie näher. Viele verschiedene Töpfe", sagt er und lacht.

Immer kommen sie in einer Wolke von Musik daher, die schwarzen Mädchen und Jungen, schleppen mühsam tonnenschwere Recorder mit sich herum. „Krachmacher!" schimpft der Nachbar. Aber sie, die ihre Musik an den umzäunten deutschen Wohnhäusern vorbeitragen, hören ihn nicht.

Wenn plötzlich alle Amerikaner ihre Garnison verließen, wäre ein Stadtteil, etwa so groß wie Bornheim, vollkommen leer: 27 000 Menschen – Soldaten, Zivilisten und Familienangehörige – leben hier. Immer kann man genau erkennen, wo ihr Gebiet beginnt. Das konnte man schon zu der Zeit, als noch nicht allenthalben doppelte und dreifache Zäune emporgewachsen waren, aus Furcht vor antiamerikanischen Anschlägen. Die aber hat es gegeben, und über Nacht waren ganze Viertel plötzlich unsichtbar geworden, und Straßen sahen aus, als lägen sie an der Zonengrenze.

Es gibt eine Zonengrenze, es gab sie schon vor ihrer Sichtbarkeit. Woran liegt es? Es scheint, als habe man zwei Flüssigkeiten miteinander vermischen wollen, die sich nur minimal und an den Rändern verbinden.

Weißt du noch, früher? Da konnte man ins amerikanische Hauptquartier, das frühere IG-Farben-Haus, einfach reinspazieren. In jenes finster-moderne Gebäude, das von oben aussieht wie eine Gebißhälfte und das nun hinter Zäunen fast verschwunden ist. Verschlossen ist den Interessierten das Zentrum der fremden Macht. Unzählige Prüfungen wären zu überwinden, bis man Fragen stellen könnte, die nicht beantwortet werden. Die Enkel der Sieger leben hier, aber sie verraten nichts von der Art und Weise, wie sie uns beschützen. Vor anderen oder vor uns selber. Wer weiß das schon genau?

Nur als Erinnerung existiert die unterwürfige, neugierige Freude an allem Amerikanischen, die bis in die frühen sechziger Jahre hinein vorhielt. Dann kamen der Vietnamkrieg und die Studentenbewegung und ein sich ausbreitendes Unbehagen am Beschütztwerden. Der Liebesentzug muß die Amerikaner erstaunt und verärgert haben. Man findet nur wenige, die darüber reden können und wollen. Es sind ja auch schon wieder 20 Jahre her. Eine Generation.

Zwei Momentaufnahmen aus einer ehemaligen Studentenkneipe in Frankfurts Innenstadt: Ein schwarzer Anfangvierziger, betrunken, erzählt von seiner Vietnamzeit und den betäubten, drogengesättigten Jahren danach. Keiner, der das nicht mitgemacht habe, wisse irgendwas, sagt er lallend und drohend. Man hört ihm zu, fast desinteressiert und ohne Widerrede.

Was ihn in Deutschland halte? „Nichts", sagt er. Warum er denn bleibe? „Warum nicht?" fragt er zurück. Ob ihm irgend etwas gefiele? „Fuck!" sagt er. Später unterhält er sich in zwar betrunkenem, aber makellosem Deutsch über die Bücher des Ethnologen Carlos Castaneda.

Ein paar Tage später tauchen zwei kleine, zierliche Soldaten auf – in Uniform. Nein, nicht bloß in Uniform, was in früheren Jahren allein schon für ein mittleres Erdbeben gesorgt hätte, sondern in Gala! Bunte Abzeichen und glitzernde Streifen, wie aus einer bizarren Operette. Fröhlich stehen sie am Tresen und lassen sich von den fransbärtigen Kneipen-Ureinwohnern bestaunen.

„Du mußt uns in Texas besuchen!" sagen sie zu jedem, der sich mit ihnen unterhält. „Texas ist ein wunderbares Land. Aber Frankfurt ist auch eine wunderbare Stadt", setzen sie höflich hinzu. Und daß sie ein Fest in der Army gehabt hätten. Es sei ein bißchen langweilig gewesen, aber nun hätten sie sich schon so schön gemacht und wollten es uns auch zeigen.

„400 Dollar!" sagt der eine wieder und wieder und strahlt. Und es scheint, als habe er die teure Uniform mit den bunten Sternen nur gekauft, um eine Kneipe voller Altlinker mundtot zu machen.

Sendboten sind sie aus der fremden Kasernenwelt, die an unseren alltäglichen Wegen liegt und die kaum jemand von

Master-Sergeant Gant B. Whiteley ist preisgekrönter Sportschütze; »Weltklasse«, wie er selber sagt. Vier Pistolen – sein ganzer Stolz – hat er aus den Staaten mitgebracht. Whiteley wohnt im »Single Man's«-Quartier, einem tristen Unteroffiziersheim; unter einem Dach mit weiblichen Unteroffizieren

VON EVA DEMSKI · FOTOS: HENNING CHRISTOPH

Auf den Bäumen am Alleenring wachsen Stiefel. Plumpe, schwarze Stiefel, die wie fette Vögel in den Zweigen hängen. Ein Taxifahrer klärt mich auf: Die würden amerikanische Soldaten da hinaufwerfen, wenn ihre Dienstzeit zu Ende sei und sie wieder nach Hause könnten.

Monate vorher hatte ich einen GI nach den Stiefeln gefragt. „Ach das", hatte er gemeint, ein bißchen verlegen und so höflich, wie alle Amerikaner, mit denen ich sprach, höflich und verschlossen. „Ach das."

Ich wußte nicht, was *das* bedeutet. Er hatte mich wohl nicht kränken wollen, indem er mir lieber verschwieg, daß man aus lauter Glück sein Schuhwerk auf Nimmerwiedersehen in die Luft schmeißt, wenn man endlich zurück darf. Dabei geben wir Frankfurter uns doch die allergrößte Mühe, damit es ihnen bei uns nicht allzu fremd ist. Denken wir. Aber da sind wir schon am Anfang, an einem der vielen Anfänge, die amerikanische Gemeinschaft in der amerikanisierten Gemeinschaft aufspüren zu wollen.

Aller Anfang ist falsch. Amerikaner in Frankfurt – das ist eine lange Geschichte und eine seltsame dazu. Sie hat sich nicht allmählich fortentwickelt mit den Windungen und Verästelungen, Fort- und Rückschritten, wie Geschichten zwischen zwei unterschiedlichen Gemeinschaften es zu tun pflegen, wenn man sie zusammenzwingt. Es gibt in der frankfurto-amerikanischen Zwangsliaison nur Phasen, gleichbleibende, manchmal Jahre währende Zustände, die sich dann durch äußere, politische Ereignisse schnell, hart – und irreversibel – ändern.

Wenige von denen, die hier sind, werden wissen, wie damals alles angefangen hat. „Doch", sagt Judy, die ich fast jeden Tag beim Einkaufen sehe und die es fertigbringt, mit doppelt so vielen Kindern wie die deutschen Hausfrauen höchstens halb soviel Krach zu machen. „Doch." Sie habe alles über den „Second World War" auf Video gesehen. Wegen dieses Krieges seien sie hier.

Judy ist noch nicht 30, und ihr Mann arbeitet in der Kantine. Judy ist Weiße und hat, trotz ihrer vielen Kinder, viel Zeit. Judy wohnt in jener „Housing Area", die als die gepflegteste und schönste von ganz Frankfurt gilt.

Was heißt Heimweh auf amerikanisch? Ich frage sie, ob sie nach Hause möchte. „Irgendwann", sagt sie gleichgültig. Sie seien schon ein paar Jahre hier, schon viel länger, als sie eigentlich bleiben wollten. Aber sie fühlten sich wohl in Frankfurt.

„Hast du deutsche Freunde?"

„Eigentlich nicht", sagt sie verlegen und lacht. Beim amerikanisch-deutschen

Für den korrekten Kurzhaarschnitt sorgt der Militärfriseur, für Zerstreuung nach Dienstschluß der »Topper Club« im Abrams Building. Der Nachtclub bietet Amerikanern all das, was sie von zu Hause kennen und lieben: etwa Bingoabende, Countrymusik, Soulkonzerte. Für Frankfurter ist das Vergnügen tabu – nur »Frolleins« haben freien Eintritt, wenn sie eingeladen sind

GEO 147

Altersvorsorge, Versicherungen, Bausparen und Investment.

Durchblicken.
Immer sicher.

Wer als Besucher in Frankfurt die Augen offenhält, findet viel Beachtenswertes. Wer im Leben nach vorn schaut und durchblickt, überläßt seine Zukunft nicht dem Zufall.
**Mit der Iduna läßt sich die Zukunft sicherer machen durch Absicherung nach Maß.
Die Iduna hat die richtigen Versicherungen für Sie. Bei der Iduna finden Sie die richtige Baufinanzierung.
Mit der Iduna erschließen Sie sich die richtigen Investment- und Anlagemöglichkeiten. Vor allem aber hat die Iduna den** richtigen Gesprächspartner für Sie – 20.000 mal im Bundesgebiet, unter Iduna in Ihrem Telefonbuch.
Der Iduna-Fachmann berät Sie detailliert und ausführlich.
Er hilft Ihnen, Ihren persönlichen Rahmen auch in Zukunft zu sichern.

Weitere Informationen:
Iduna, Hauptverwaltung, Abt. IS,
Postfach 30 27 61, 2000 Hamburg 36.

IDUNA
Immer der richtige Rahmen

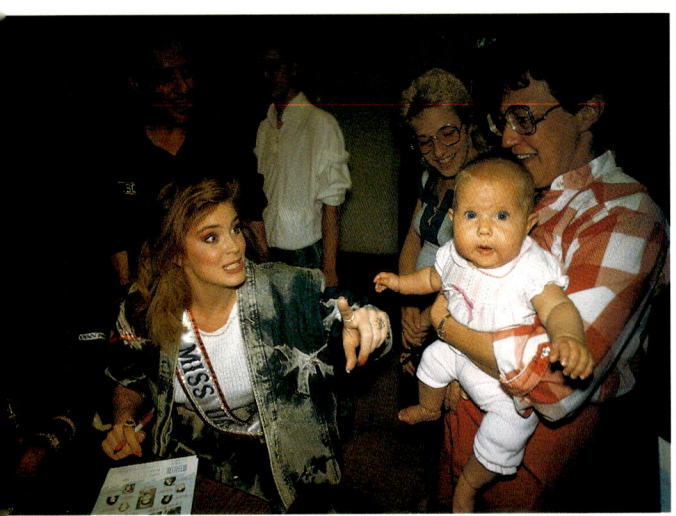

Courtney Gibbs, Miss USA, beim V. U. S.-Corps – Stoff für die Frankfurter Europazentrale des »American Forces Network«. Den Amerikanern bringt AFN seit 45 Jahren News aus der Heimat. Den Deutschen brachte er den Rock 'n' Roll

Weißt du noch? Als der „AFN" für uns noch das Größte war. Als der unvergessene Werner Lamp den Wetterbericht sprach, für den wir ihn alle liebten, auch wenn er schlechte Prognosen gab, in seinem kunstvollen Frankfurto-Amerikanisch: „Sse Wessä is pattli klaudi tudeh . . ." Die Amerikaner sorgten dafür, daß seine Aussprache in all den Jahren dieselbe blieb, nur ja nicht besser wurde! Und „Stickbuddy Jamboree" und all die anderen Sendungen! Da haben wir unschuldsvoll in die Neue Welt gehorcht, die uns befreit hatte, nicht wahr? Und Werner Lamp war eine Stelle, an der das Unvermischbare sich doch vermischt hatte.

Noch eine neue, unsichtbare Variante der Vermischung gibt es, die so reizvoll wie unheimlich erscheint: die deutsch-amerikanische Vermischung im Privatfunkverkehr. Erika hat mir davon erzählt. Erika ist Anfang 30 und körperbehindert. Sie trägt ein Stützkorsett, und in Monaten der vollkommenen Unbeweglichkeit kam sie aufs Funken. Eine wilde, überhitzte akustische Welt hat sie sich da zusammengesucht. Die Unbeweglichkeit und der Mangel an Außeneindrücken störte sie nicht mehr. Den größten Teil ihrer heimlichen, unsichtbaren Umgebung bildeten und bilden Amerikaner, die dieses Mittel zur Grenzüberwindung schon lange benutzen. Da gibt es auch eine Mischsprache. „Man versteht alles", sagt Erika. „Man kann sich auch alles sagen. Alle haben Decknamen. Mich nennen sie ‚die Glockenstimme'!"

Sie läßt sich begehren und schmiedet Pläne von einem Leben in Florida oder Kalifornien. Sie verführt und verweigert, und ihr amerikanischer Fanclub sei ganz verrückt nach ihr. Viel zärtlicher seien sie als die Deutschen, das wisse sie genau, sagt Erika. Sie war mit einem Deutschen verheiratet, aber das würde sie nie wieder tun. Sie wird sich Zeit lassen, bis die richtige Stimme in ihr Zimmer dringt, und dann wird sie wirklich weggehen, nicht nur auf Schallwellen, wie allnächtlich.

Wenn ich diese schaurig-schöne Geschichte Mrs. Y erzählte, würde sie aus der Haut fahren. Ein ganz zarter sächsischer Ton in ihrem Amerikanisch erinnert daran, daß sie mal hierher – oder fast hierher – gehört hat. Seit vielen Jahren ist sie mit dem schwarzen Mr. Y verheiratet. Die beiden Kinder sind erwachsen und so erfolgreich wie nur möglich. Ihr Mietshaus hat Mrs. Y gekauft, mit dem Einsatz all ihrer Mittel und Möglichkeiten, und sie pflegt es wie ein Schloß. Ihre Kinder, sagt sie, würden nie vor irgendeiner Tür stehen und wegen ihrer Hautfarbe keine Wohnung kriegen. Ihre nicht! Dafür habe sie gesorgt, jawohl.

Ob das Leben in einer Mischehe in Deutschland leichter sei als in Amerika? „Überall beschissen", sagt sie und schaut auf Mr. Y, der in immer gleichen Abständen Primeln in den Vorgarten pflanzt: eine blaue, eine weiße, eine rote.

Sie sei eine starke Frau und werde sich überall durchsetzen. Illusionen mache sie sich keine. Alles müsse man selbst in die Hand nehmen, sagt sie. Da seien ihr die Amerikaner insgesamt lieber, aber Deutschland sei sauberer, sicherer und die Schulen seien besser.

In der Housing Area werden unterdessen die Häuser geweißt, kleine Jägerzäune aufgerichtet und Barbecues herausgestellt. Dieses Jahr sind Zierbrunnen-Attrappen sehr in Mode, in die man Geranien pflanzt. Dies ist das einzige Viertel der Stadt, in dem kleine Kinder mit ihren Bällen und Skateboards sicher über die Straße flitzen können. Tempo 30 gilt eisern, und man fährt mit den großen, alten Schlitten eher Tempo 20, um die Kids vorbeizulassen und ihnen nachzuschauen.

Ob ich ein Stück „sparerib" mitessen wolle, fragt die junge Frau, die ich vom Einkaufen her kenne. Jetzt kommt sie nicht mehr so oft in den deutschen Laden. Der Dollarkurs verordnet manchen ein Stück Armut – auch ein Stück Amerika, vielleicht? Nein, es sei wirklich ganz gut hier, man habe sich eingerichtet. Ein transportables Stück Vaterland.

„Perhaps I should learn German", sagt eine junge Amerikanerin, die in Manila geboren wurde und von New York nach Frankfurt kam. Sie wird es nicht müssen. Wenigstens so gut wie Wetterfrosch Werner Lamp können hier fast alle Englisch. ☐

buddeln, soviel sie wollen – keinen brauchen sie zu fragen."

Durch ein Gespinst von Zaundrähten hindurch sieht man in langen Reihen auf den Kasernenhöfen Panzer und anderes schweres Kriegsgerät stehen. In jenem Grün, das wir schon als Kinder „Amigrün" nannten. Plump, bedrohlich und widerspruchserregend präsentiert sich die Kampfmaschine, die existiert, damit sie nicht in Gang gesetzt zu werden braucht – wie es immer heißt. Wir hören es im Radio, sehen es im Fernsehen und fangen – jahrzehntelang an die Unbeweglichkeit dieser Installierung gewöhnt – vielleicht tatsächlich an, daran zu glauben.

„An den Tagen der Offenen Tür, bei den Flugschauen und Volksfesten haben die deutschen Kids richtig Spaß am Gerät", sagt ein Sergeant stolz. „Wir machen hier bloß unseren Job", sagt er und geht zurück hinter die Gitter. Zurück in die schachtelförmigen Häuser und die sich selbst erhaltende, sich selbst genügende Gemeinschaft, die alles aus sich selbst hervorgebracht hat: von der Versicherung bis zum Krankenhaus, vom Beerdigungsunternehmen bis zu Kirchen und Theatern.

Henning Christoph, 44, ist Amerikaner, lebt aber seit 1967 in Essen. Soldat ist der Fotograf nie gewesen, kehrte jedoch von diesem Reportageeinsatz hochdekoriert zurück: mit einer Medaille des V. U. S.-Corps „für treue Pflichterfüllung".

Unser Stammbuch.

LICHER BIER. AUS DEM HERZEN DER NATUR.

Die Main-Metropole im Meinungsstreit:

»Urban, weltoffen und gemütlich«

Walter Wallmann, 56, CDU, Hessens Ministerpräsident

Frankfurt am Main ist wieder zu einer liebens- und lebenswerten Stadt geworden. Die hessische Metropole ist nicht nur wirtschaftliches Zentrum mit Banken, Börse, Messe und dem Flughafen von Weltgeltung, sondern sie ist auch wieder zu einer Stadt geworden, in der sich die Menschen, die Bürgerinnen und Bürger und ihre Gäste, wohl fühlen.

Alt-Sachsenhausen, das Museumsufer, der Römerberg und die Alte Oper stehen als Beispiele für Flair und Wohnlichkeit des neuen, menschenfreundlichen Gesichtes der alten traditionsreichen Stadt.

Das war nicht immer so. Die schwer vom Krieg getroffene Stadt Frankfurt am Main erlebte in der Nachkriegszeit, bedingt durch ihre verkehrsgünstige Lage und die wirtschaftlichen Gegebenheiten, einen enormen Aufschwung. Mit der raschen wirtschaftlichen Entwicklung ging der Bedarf an zentralen Büroräumen und Wohnstätten für viele Tausende von Menschen einher. Eine fehlende Gesamtschau begünstigte das planlos erscheinende Auswuchern der Stadt.

Der Wert des Alten wurde nicht nur nicht erkannt, sondern als Symbol einer als überkommen angesehenen Zeit allzu leichtfertig geopfert.

Zu den Fehlentwicklungen der Vergangenheit zählte auch, daß oftmals nur leicht beschädigte historische Gebäude nicht wiederhergestellt, sondern abgerissen wurden. Unmittelbare Folge davon war eine unkontrollierte Bebauungswelle, die die Voraussetzungen für viele Funktionen einer menschengerechten Stadt zerstörte. Die schnelle Expansion war außer Kontrolle geraten. Dazu hatte wesentlich das Fehlen rechtsgültiger Bebauungspläne beigetragen. Die Aufspaltung der Stadtplanung in unverbindliche Stadtteilentwicklungspläne hatte zu Rechtsunsicherheit und zu einer rapiden Ausdehnung des Umfanges der Erteilung von Ausnahmegenehmigungen und damit zu einem unorganischen Wachstum der Stadt geführt. Wohnviertel, Dienstleistungszentren und Industriegebiete entstanden eher zufällig.

Diese Entwicklung wurde durch den Reichtum der Stadt gefördert und beschleunigt. Dies hatte besonders verhängnisvolle Folgen für die Innenstadt und die innenstadtnahen Wohngebiete. Die Funktion der Innenstadt als Schauplatz des öffentlichen Lebens ging verloren – ein Verlust an städtischer Atmosphäre war die Folge.

Die moderne Häßlichkeit architektonischer Massenkonfektion und die ziellose Entwicklung der Stadt in die Landschaft führten zu einer massiven Kritik an der Großstadt. Paul Bahrdt beschreibt den Circulus vitiosus, der so entsteht: Die Großstadt wird vollends unerträglich, weil der Großstädter sie abschreibt. Die Bürger wurden der Unregierbarkeit ihrer Stadt aus Glas und Beton überdrüssig.

Diese Beschreibung beschränkt sich naturgemäß auf einige wesentliche Akzente. Der Stadt wurde mit einem Male bewußt, daß sie ihre Identität verloren hatte. Gerade die Auseinandersetzung um die Alte Oper – Abriß oder Wiederaufbau – machte deutlich, welcher Nachholbedarf an Identifikation und Heimatgefühl bestand. Es wurde deutlich, daß eine Stadt eben doch mehr als eine Ansammlung von Menschen, Gebäuden und Verkehrswegen ist. Ein rascher Wandel mußte erfolgen.

Die vordringlichste Aufgabe bestand darin, die „Aushöhlung" der Stadt rückgängig zu machen und eine neue Urbanität herzustellen. Denn das Gesicht einer Stadt wird nach Oswald Spengler bestimmt vom Geist der Plätze und Winkel, Anschlüsse und Durchblicke, der Brunnen und Denkmäler, der Kirchen, Bahnhöfe und Rathäuser. Das Gesicht einer modernen Großstadt wird jedoch auch von der Zahl und Art der Arbeitsplätze, der Wirtschaftskraft, der Leistungsfähigkeit des öffentlichen Nah- und Fernverkehrs und der umweltschonenden Bewältigung des Individualverkehrs geprägt.

Leitbild der Erneuerung der Stadt Frankfurt am Main war – anknüpfend an ihre große Tradition als Gemeinwesen der Toleranz – die Überwindung von Indoktrination, Intoleranz und politischem Extremismus. Es war der entschlossene politische Wille zu Bürgernähe und zu liberaler

PRO & CONTRA

...eine Weltstadt, die Heimatgefühl vermittelt, wie Walter Wallmann sagt...

Erneuerung. Zunächst galt es, die Stadt mit rechtsgültigen Bebauungsplänen auszustatten, in denen die vielfältigen Funktionen städtischen Lebens rechtsverbindlich festgeschrieben wurden.

Diese Pläne mußten mit Leben erfüllt werden. Die Schaffung und Wiederherstellung architektonisch gestalteter Plätze, die Gestaltung von Einkaufsstraßen ohne störenden Straßenverkehr sowie eine schienenfreie Innenstadt dienten diesem Ziel. Die Verbindung von Alter Oper, Hauptwache und Konstablerwache durch Freßgass' und Zeil bildete eine neue Achse urbaner Kommunikation. Der Wiederaufbau der historischen Ostzeile auf dem Römerberg und die Einrichtung des Museumsufers setzten zusätzliche Akzente und trugen dazu bei, die örtliche Einheit von Wohnen, Arbeiten und Freizeit wieder herzustellen, die früher die Lebendigkeit der historischen Stadtkerne ausdrückte.

Zur Planung gehört aber auch die Anbindung der angrenzenden Stadtgebiete und die Aufgabe, dabei gleichzeitig deren historische Eigenheiten zu bewahren. Das Ziel, keine sterilen neuen Trabantenstädte zu errichten und vorhandene behutsam und kleinteilig zu sanieren, wurde erreicht. Die Bebauung von Seckbach Nord oder die Sanierung Bokkenheims sind gelungene Beispiele für diese Entwicklung. Mit der Wahrung ihres eigenen, oft dörflichen Charakters wurden bewußt Kontrapunkte und damit Alternativen zur städtischen Lebensform geschaffen. Darüber hinaus konnte es mit diesem Gesamtkonzept erreicht werden, ausländische Mitbürger in das Stadtleben innerhalb der Grenzen der Integrationsfähigkeit, die die Stadt bieten kann, einzubeziehen. Eine unerwünschte „Getto-Bildung" konnte so vermieden werden.

Wesentliches – wenn nicht wichtigstes – Element der Erneuerung ist die Kulturpolitik. Denn Kulturpolitik ist das Ferment der Kommunalpolitik. In ihr drücken sich Wünsche, Hoffnungen und Gefühle der Menschen aus. Das Fluidum dieser Stadt, ihr urbaner Geist, ihre Weltoffenheit, ihr Sinn auch für Gemütlichkeit und für Lebensart werden durch Kulturpolitik mitteilbar. Sie trägt entscheidend zu ihrer Identität, zum Gesicht der Stadt, bei.

Der hohe Stellenwert der Kulturpolitik kommt nicht zuletzt im hohen Anteil am städtischen Etat zum Ausdruck. Die Stadt Frankfurt am Main wendet über zehn Prozent – etwa doppelt soviel wie vergleichbare Großstädte – dafür auf. Der Kulturetat hat eine neue Dimension gewonnen; er ist nicht der letzte, jederzeit verfügbare Etatposten, sondern er wird geradezu als Voraussetzung für die Sicherung der wirtschaftlichen Grundlagen und die Entwicklung der Stadt angesehen. Der Wiederaufbau der Alten Oper, die Gestaltung des Museumsufers, der Neubau der Frankfurter Kunsthalle in der Schirn, die anstehende Inbetriebnahme des Mouson-Turmes und die ab nächstem Jahr regelmäßig stattfindende Kunstmesse sind signifikante Beispiele der neuen Urbanität. Sie sind nicht nur markante architektonische Eckpunkte der Metamorphose dieser Stadt, sondern darüber hinaus Belege für das Erwachen eines neuen Lebensgefühls aller Bürgerinnen und Bürger der Stadt Frankfurt am Main. □

»Unterm Flitter gluckst der Sumpf«

Joschka Fischer, 40, Die Grünen, Mitglied des Landtags

Frankfurt ist in, wir Frankfurter sind wieder wer!

Vorbei die Zeiten zwischen Verbrechen und Würstchen, Randale und Ebbelwei, zwischen häßlichem Städtebau und nacktem Reichtum. Nunmehr glänzt es vor sich hin, das Neue Frankfurt, geliftet, geschönt, kultiviert.

Die sozialdemokratischen Barbareien auf dem Römerberg – westwallartige Bunkerarchitektur am Technischen Rathaus und am Historischen Museum – verschwinden neben den betonierten Symbolismen der Postmoderne und denen des ausgehenden Mittelalters aus Walter Wallmanns Ära. Der Römer war und ist unser politisches Zentrum. Und wer hier die Konfrontation zwischen sozialdemokratischer und christdemokratischer Architektur betrachtet, dem wird sich schnell erhellen, warum die Sozialdemokraten mehr als reif waren für die Opposition in der Stadt. Und warum sie sich im ehemaligen „roten" Frankfurt selbst nach zehnjähriger Abstinenz von der Macht mit deren Wiedergewinn so unendlich schwertun.

In den beiden gigantischen Glastürmen der Deutschen Bank spiegelt sich die Ruhe des Neuen Frankfurt: selbstversunkene Jugend mit Walkman und Skateboard auf dem Opernplatz, wo noch Jahre zuvor die Wacker flogen und revolutionäre Hymnen erklangen, eingerahmt von

Der Tradition verhalf er zu neuem Ansehen: 1982 feierte Walter Wallmann als Oberbürgermeister das Richtfest der nachgebauten Ostzeile auf dem Römerberg

... oder herausgeputzte Provinz, die sich in satter Selbstgefälligkeit belügt,

einem Schmockcafé für Yuppies mit Ariernachweis im Gesicht und einer Alten Oper, die gemäß dem Prinzip Wallmann die gründerzeitliche Fassade mit einem harten hochmodernen Betonkern verbindet. Ruhe, Reichtum, Kultur – die Haupteigenschaften des Neuen Frankfurt werden ostentativ und jedem sichtbar überall und unablässig vor Augen geführt; der Reichtum vor allem.

Frankfurt und wir Frankfurter gelten mittlerweile in der Republik als die unsympathischsten Vettern Neureich: die höchsten Hochhäuser im Lande, die tollsten Grundstückspreise, der größte Flughafen, der größte Bahnhof, die größte Messe, einer der weltweit größten Chemiekonzerne, die größte westdeutsche Privatbank und die vier nächstkleineren gleich dazu, die wichtigste Börse, die reichste Stadt, die höchste Verschuldung – Superlativ, was begehrst du mehr!? Allein die höchste Kriminalitätsrate befleckt das glänzende Bild.

> »Frankfurt ist
> schick, clever, teuer – und
> zu Langeweile erstarrt«

Frankfurt grapscht sich den Tennis-Daviscup, denn die Stadt bettet die Veranstalter auf Gold. Sie baut sich nicht nur *ein* Museum, sondern gleich eine ganze Museumskette, entworfen von den klangvollsten Namen der internationalen Architektenszene. Geld, wie gesagt, spielt keine Rolle. Und nunmehr lockt Olympia 2004. Und alles aus eigener Kraft, aus eigenem Vermögen, ohne – wie etwa Westberlin – aus den nie versiegenden Subventionsquellen des Bundes gepäppelt zu werden.

Frankfurt ist Spitze – und mittlerweile quälend langweilig. Schick, clean, teuer und erstarrt. Beispiel Westend: In den Siebzigern bedroht von der Spekulation, gerettet von Bürgern, Emigranten und Studenten, dämmert es – für die ehemaligen Bewohner unbezahlbar geworden – im Büroschlaf der Werbeagenturen und Banken dahin, hübsch und tot. Die bemühte Konkurrenz um den Status einer internationalen Metropole, die sich mit New York, London, Paris, Hongkong, Tokyo mißt, wirkt jenseits des Frankfurter Flughafens und außerhalb der Kathedralen des Geldes schlicht lächerlich. Frankfurt, die Stadt, war in den wilden, unregierbaren siebziger Jahren mehr und eher Metropole denn heute.

Frankfurt, dieses von Adenauer um die Hauptstadt betrogene Zentrum der westdeutschen Nachkriegsrepublik, die Stadt der ungeschminkten Wahrheiten, der Widersprüche und Widerwärtigkeiten und sämtlicher janusköpfiger Möglichkeiten einer geschenkten Demokratie im Wirtschaftswunderland; Frankfurt, dieses städtebaulich verhunzte Gesicht der schnellen Mark beim Wiederaufbau, dieser schräge Reichtum à la Bahnhofsviertel, diese Freiheit der Spekulanten und Häuserkämpfer, der Nutten und Bankiers, von „Pardon" und „FAZ", von Adorno bis Abs – dieses Frankfurt ist wohl zur Geschichte geworden. Aus, entschieden der Kampf, erstickt im Zuckerguß der Postmoderne und in den Wohltaten eines Oberbürgermeisters, der Frankfurt instinktiv mit Marburg verwechselte und es diesem gleich provinziell krummschloß.

Die stolze Ära Wallmann, sie erweist sich als ein Pyrrhussieg für die Stadt, als ein erwürgender Triumph der Provinz über die Metropole. Frankfurt, das war einmal die ehrlichste Stadt der Bundesrepublik, brutal ehrlich, voller Ungezügeltheit und Dynamik, und heute belügt sie sich selbst in satter Selbstgefälligkeit hinter Betonfassaden und mit importierter Scheckbuchkultur.

Frankfurt war auf dem Weg zur Metropole dieser Republik. Aber Metropole bedeutet – seit dem Mittelalter die beste Tradition deutscher Städte – Zuflucht für die Flüchtlinge, die Freiheitshungrigen, die schrägen und krummen Vögel, die Verrückten und Genies, die Glückssucher und Wagemutigen. Die Geschichte von Bahnhofs- und Bankenviertel, von Puff und Börse, diese Story ist ein wesentliches Stück der Frankfurter Nachkriegsfreiheit – die sie hier gegenwärtig zu Grabe tragen.

Unseren Flohmarkt, den samstäglichen Markt der Möglichkeiten und Unmöglichkeiten, Hyde Park Corner am Eisernen Steg, kreativer als das gesamte museale Ufer in seiner teuren Pracht, haben die Neufrankfurter auf dem Altar der Ordnung und Langeweile geopfert. Zu viele Falschparker, zu viele Hehler, zuviel Unruhe. Ab auf den Schlachthof mit dem Flohmarkt, und dort trottet man samstags, fest ummauert, wo werktags bis vor kurzem noch die Ochsen ihren letzten Gang antraten. Dem Bahnhofsviertel, dem Gutleutviertel wird es ähnlich ergehen. Aber ja, dafür bekommen wir 1989 die Bundes-

wie Joschka Fischer dagegenhält?

gartenschau. Heissa, welch ein metropolitanes Vergnügen!

Das Neue Frankfurt fürchtet die Erinnerungen an Herkunft und Vergangenheit. Einer Dame aus dem Bahnhofsviertel gleich, die es bis zur Reputierlichkeit des feinen Lerchesberges gebracht hat, behängt man sich mit Otz und Protz, mit Klunkern und Geschmeide, denn man hat es ja und hält das auch noch für Kultur. Aber sowenig die smokingbewährte Akzeptanz von Wagner-Opern und der dazugehörige Dämmerschlaf der ratzenden Börsenjobber, Werbefuzzis oder Metzgermeister die Metropole ausmachen, sowenig macht dies allein die Expansion der Verkehrsverbindungen und Bankenadressen. Menschen sind es, die eine Metropole ausmachen, Menschen in ihrer Großartigkeit und Gemeinheit; Kulturen sind es, der Zusammenprall, die Vermischung dieser Kulturen; Freiheit ist es, Gewerbefreiheit, politische Freiheit, künstlerische Freiheit und Ganovenfreiheit nicht zuletzt, die eine Metropole macht, einen Schmelztiegel, eine Stadt jenseits der engen Grenzen von Nationalstaat und Nationalkultur, eine Weltstadt also.

Metropole Frankfurt? Ein Viertel der Wohnbevölkerung, sonntags in frommen Reden als „ausländische Mitbürgerinnen und Mitbürger" geschönt, die Woche über als „Kanaken" drangsaliert und am liebsten in die Heimatländer exportiert: Seit mehr als 20 Jahren behandelt man sie als „Gäste" minderen Rechts und überantwortet sie der Ausländerpolizei. Solch ein Kaff nennt sich Metropole. Was wäre Frankfurt denn ohne seine Ausländer? Ohne die Türken, Chinesen, Inder, Afrikaner, Jugoslawen, Italiener, Griechen und die U.S. Army? Eine kulinarische und kulturelle Sauerkrautwüstenei mit Bembelhorizont! Eine schreckliche Vision.

»Frankfurt zu hassen gibt es viele Gründe – es zu verachten deren neuerdings mehr«

Politische Flüchtlinge, sogenannte „Wirtschaftsflüchtlinge" gar, Menschen, die ihr Glück jenseits des ererbten Elends zu machen versuchen, da schütteln sich die Neufrankfurter vor Grauen. Sie wollen die Exporterlöse und Devisengewinne, die internationalen Finanz- und Handelsströme, aber daß es in die Metropolen auch Bedürftige, Verfolgte, Unbequeme, Fremde zieht, darüber ist der Jammer groß.

Würden sie nur jammern, sei es drum, denn gejammert wird überall. Nein, Frankfurt ruiniert sich durch die zwanghafte Auflösung der Widersprüche zugunsten von provinzieller Anständigkeit und kleindeutscher Enge. Sind die sozialen und kulturellen Sümpfe erst einmal trockengelegt, hat also das große „Artensterben" begonnen, so wird es selbst denen in den obersten Stockwerken der Banken langweilig werden. Die Bürostadt Niederrad droht dann allüberall.

Doch unter dem Flitter gluckst der Sumpf. Es gibt das alte Frankfurt noch, bizarr bisweilen, aber immerhin: Wenn es so weitergeht, hat bald die halbe Stadtverwaltung wg. Korruption die Büros geräumt und Haftzellen in Preungesheim bezogen. 300 Ermittlungsverfahren gegen Bedienstete der Stadtverwaltung und gegen Bauunternehmer seit 1987, 36 inhaftierte oder vorläufig festgenommene städtische Mitarbeiter von Februar '87 bis Mai '88 – und dies nach zehnjähriger christdemokratischer Anstandstherapie. Die vom Magistrat verordnete Planierung der Reste des alten jüdischen Gettos führt zu einem kommunalen Historikerstreit bester Frankfurter Provenienz. Faßbinder, ja oder nein? Ignatz Bubis, der Vorsitzende der Frankfurter Jüdischen Gemeinde, besetzt die Bühne des städtischen Theaters, so wie wir weiland seine Häuser im Westend besetzt haben.

Ein aus der DDR Entsprungener kraxelt des Nachts durch ein Fenster der Oper und fackelt diese ab, weil er frustig ist. Und welche Stadt verfügt schon über ein Rauschgiftkommissariat, dessen Betriebsausflug in einer Haschischorgie wider Willen endet? Dazu ein Oberbürgermeister, der rheinisch singt, und ein Kandidat, der schwäbelt, die verrücktesten Fundis und die realistischsten Realos; Batschkapp, KBW-Haus, Gallusviertel, das „freie Bockenheim", das 4. Polizeirevier, die Subkulturen der Karnevals- und Kleingartenvereine, das „grüne" Bornheim-Nordend, die ewig vor sich hin stinkende Hoechst AG, die Trinkhallen und eine „Eintracht", deren Kicker neuerdings nicht nur nach dem Ball treten, sondern ihn dann und wann auch wieder treffen . . .

Frankfurt zu hassen, gibt es viele Gründe, es zu verachten, neuerdings deren mehr. Die Stadt zu lieben, hingegen wenige, dafür aber immer zwingende. Frankfurt war für mich eine Liebe auf den dritten Blick, aber diese Liebe hält bis zum heutigen Tag, was sie damals versprochen hatte, trotz der neuen Bravheit und des ganzen Neureichgetues. Noch lebt Mainhattan, noch.

Und die Alternative für die Zukunft scheint klar zu sein: Entweder wird Frankfurt zum universellen Büroraum verkommen, mit Museumsufer und Flughafen, oder aber die „Eintracht" wird Europapokal-Sieger, Offenbach endlich eingemeindet, die Deutsche Bank baut doppelt so hoch, und Frankfurt wählt nach der Olympiade seinen ersten Oberbürgermeister mit türkischen Vorfahren. Als bis dahin „alter" Frankfurter hoffe ich, dies alles noch zu erleben.

Ach ja, und natürlich auch die Abschaffung der Polizeistunde. Denn was, bitte schön, hat in einer Metropole die Polizei zwischen Durst und Zapfhahn zu suchen? □

»Foltert die Polizei?« Über dieses Thema sprach Joschka Fischer 1974 vor Studenten. Damals, »in den wilden siebziger Jahren«, so der Politiker, »war Frankfurt eher Metropole denn heute«

„Meine Bank kann alle Finanzleistunge von A bis Z liefern."

Der Privatbank-Unterschied

Alexander Demuth Ffm

„Das ist normal.
Meine Bank entwickelt
daraus ein eigenes
Leistungspaket
speziell für mich."

Finanzplanung heute – und ihre praktische Umsetzung im Tagesgeschäft – stellt höhere Anforderungen denn je. Wer deshalb von seinem Bankpartner mit Recht mehr erwartet als Standardleistungen und schematisierten Service, kommt früher oder später auf den Privatbank-Unterschied: Schröder Münchmeyer Hengst & Co ist nicht einfach eine Bankverbindung, sondern Ihr persönlicher Finanzberater.

Jeder von uns denkt unternehmerisch wie Sie, identifiziert sich mit Ihren Zielen, kennt Ihre speziellen Anforderungen. Jeder von uns leistet Maßarbeit für Ihren persönlichen Erfolg.

Schröder Münchmeyer Hengst & Co

Mitglied der Lloyds Bank Gruppe

Der Widerspenstigen Zähmung

20 Jahre danach: Was aus den Rebellen von '68 geworden ist

Erinnern wir uns an die Zeit, als Frankfurt neben Westberlin ein Zentrum der Studentenbewegung war: an Wasserwerfer und »Ho-Ho-Ho-Tschi-Minh«-Rufe zwischen Opernplatz und Römerberg. An Institutsbesetzungen und Teach-ins an der Johann Wolfgang Goethe-Universität. An die Führer der Rebellion: Hans-Jürgen Krahl, Aktivist der »Antiautoritären« und Sprecher des Sozialistischen Deutschen Studentenbundes (SDS); Monika »Mona« Steffen, die erste Genossin im SDS-Vorstand; Günter Amendt, »Apo-General« mit Mao-Mütze und Sonnenbrille; Joschka Fischer, Chef der »Putzfraktion«, der keinen Pflasterstein links liegen ließ; an den »roten Dany« Cohn-Bendit, der Spontanität über das Palaver stellte; an Matthias Beltz, den »revolutionären Kämpfer« am Opel-Fließband. In ihrem ehrwürdigen »Institut für Sozialforschung« – von Georg Lukács ironisch »Grandhotel Abgrund« genannt – entwickelten Theodor »Teddy« Adorno, Max Horkheimer und Herbert Marcuse die »Kritische Theorie«, die zum philosophischen Rüstzeug der streitbaren Studentenschaft gehörte. Auch wenn die geistigen Ahnherren dieser »Frankfurter Schule« bald selbst als bürgerlich vermaledeit wurden und SDS-Frauen Adorno mit einem Oben-ohne-Happening brüskierten. Und was nun ist über die Erinnerung hinaus von Frankfurts wilden Jahren geblieben? Die Führer sind in Ehren ergraut, und viele von ihnen haben in derselben Gesellschaft Karriere gemacht, die sie damals abschaffen wollten. Bernd Eilert (Text) und Hans Traxler (Zeichnungen) – beide Mitglieder der »Neuen Frankfurter Schule«, die seit 1979 das Satiremagazin »Titanic« herausgibt – beschreiben die wundersamen Wandlungen fiktiver '68er

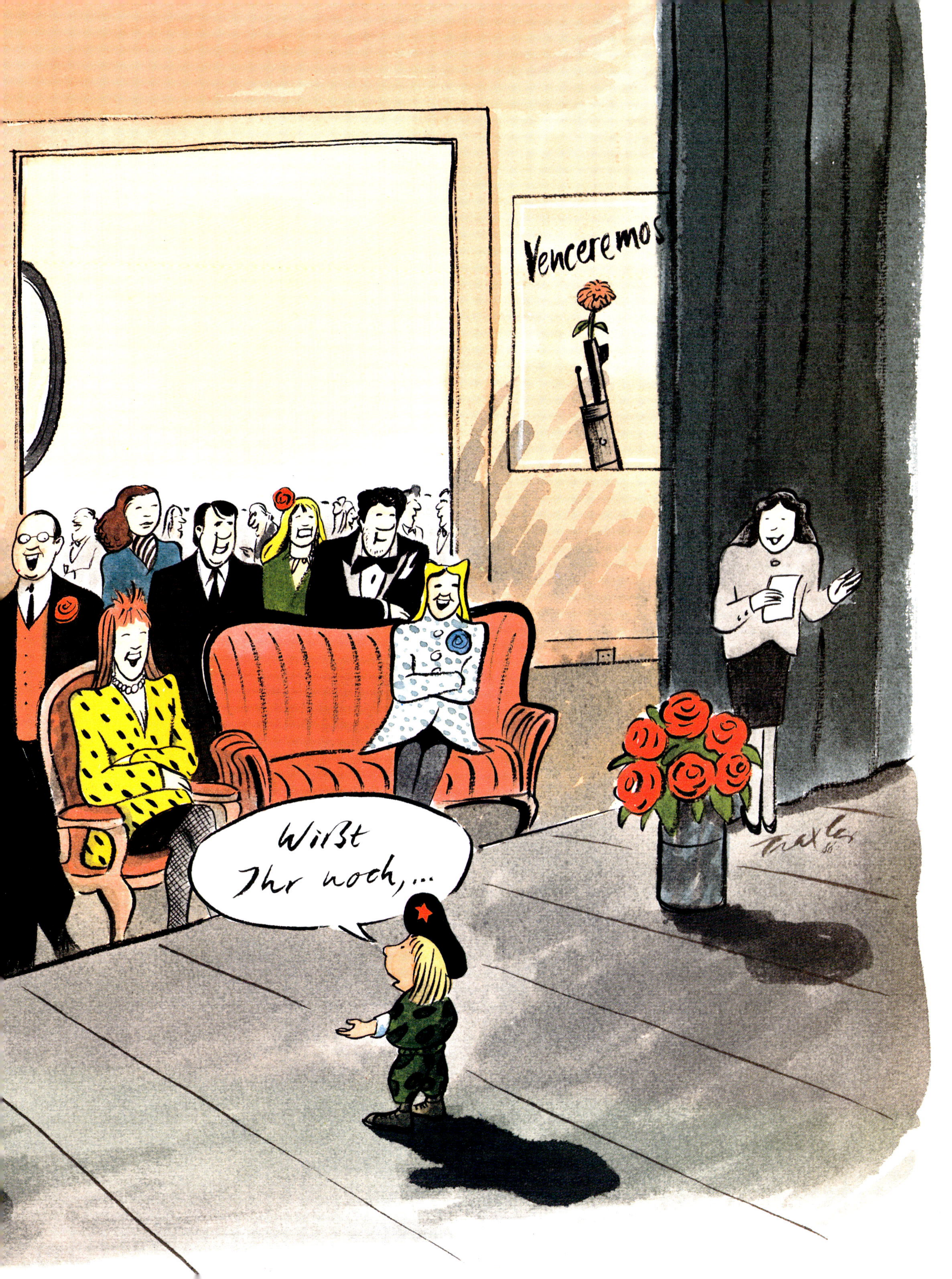
Venceremos
Wißt Ihr noch, ...

... vor tausend Jahren,

Damals war **A** Terrorist

er, der heut Minister ist

Damals war **B** Luftpirat

heut sitzt er im Aufsichtsrat

C und **D**, einst harter Kern

heute: gern geseh'ne Herrn

E war damals Ladendiebin

heut verwöhnt sie ihre Lieben

als wir jung ...

F fuhr grundsätzlich nur schwarz

heute: Bungalow im Harz

G und H warn damals schwul

heute sind sie wieder cool

I, J, K, der Kadertrupp

heute: Headhunter für Krupp

L, M, N, O, P und Q:

damals offen — heute zu

...und glücklich waren?

R gab einst Konkret heraus

heute zieht er Mädchen aus

S, der harte Drogenfreak

leitet die Natur-Boutique

T, einst Molli-Spezialist

heute gnadenloser Christ

U studierte bei Adorno

heute produziert er Porno

V und W von der K 1  – heute: Prinzenpaar in Mainz

X, die einst Emanze war  — ist heut Miss Amerika

Y, einst Stadtindianer  — heut: Trabantenstädteplaner

Ja, und Z, der alte Sponti?  — Chefsaucier im Interconti!

Im Schatten der Beton-Landschaft gedeiht das Idyll

Die Mauer-blümchen

Schrebergartenrosen am Fuß des Fernsehturms – auch das ist Frankfurt. Viele nehmen sie gar nicht mehr wahr, die grünen Oasen, die heimlichen Provinzen. Denn sie sind versteckt im Labyrinth der Stadt. Oder sie blühen am Rande, wo das Metropolenfieber die Menschen kalt läßt, wo Tradition Trumpf ist und Müßiggang kein Luxus, den man sich nur am Wochenende leistet

GEO 167

Familien-Ausflug: 22 Kilometer weit führt der Weg

VON JUTTA STÖSSINGER
FOTOS: HANS-JOACHIM ELLERBROCK
UND GERHARD SCHAFFT

In den Nidda-Auen haben Rad-Wanderer freie Fahrt

von Nied nach Harheim – durch Äcker, Wiesen und Felder

„Nimm nur mal die Mainzer", hatte Harry gesagt und eine dieser früheren Landstraßen gemeint, die mittlerweile in Gestank und Lärm ersticken. „Da kriegst du doch Panik." Zum wiederholten Male folgte unser beliebtes Gespräch über das, was wir den alltäglichen Frankfurter Frust zu nennen pflegen, und wie üblich polarisierten sich bald die Positionen.

Harry ist kürzlich aufs Land gezogen. Ich dagegen bleibe, um weiterhin diesen spezifischen Wildwuchs mitzuerleben, dabei zu sein, wenn Wolkenkratzer neben Hinterhöfen und Schrebergärten zwischen Straßenschneisen ins Kraut schießen. Nicht schön, aber spannend, heißt es gewöhnlich zum Thema Frankfurt. Harry kann da nur den Kopf schütteln und von Selbstbetrug sprechen. Sei nicht so puristisch, Harry, und so streng. Auf, ich zeig dir die Provinz, die sich vor der Skyline abbildet, die Dörfer, die sich in der Stadt verstecken.

Nein, wir gehen heute nicht ins Seckbacher „Rad" oder ins „Gemalte Haus", das kennst du ja alles. Das weißt du ja, daß zwischen Bornheim und Sachsenhausen die Gläser immer gut mit Apfelwein gefüllt sind, und in den frühen Abendstunden der Handkäs auf den Tellern Musik macht. Jetzt kehren wir auch nicht beim „Rüth" ein, der das fahrende Volk mit Rippchen versorgt, und auch nicht in der „Stalburg", wo die Bäume in den Großstadthimmel wachsen und den Schoppepetzern Schatten spenden. Diesmal wollen wir das Herz woanders wärmen.

Im dichtbesiedelten Riederwald vielleicht oder gleich hinter unserer Gartenlaube, am gottverlassenen Hafenbecken oder im Klosterhof der Mutter Maria. Keine Sorge, daß wir auf unser Lieblingsthema nicht erneut zu reden kämen, Harry. Die Reise ins provinzielle Paradies beginnt hier doch allemal mit einem Hürdenlauf durch zersiedeltes, geteiltes, verbautes Land.

Immer der Nase nach, die Mainzer Landstraße entlang, stadtauswärts. Gebrauchtwagenhandel und Großmarkt, Hochbahn und Baukran säumen den Weg, der Verkehr steht im Stau. Das geht doch vorüber und geht auch vorbei. Im Heimatmuseum von Nied hat der Realschulrektor Adalbert Vollert Geschichte gemacht. Mehr als 1000 historische Fotos trieb er in der Be-

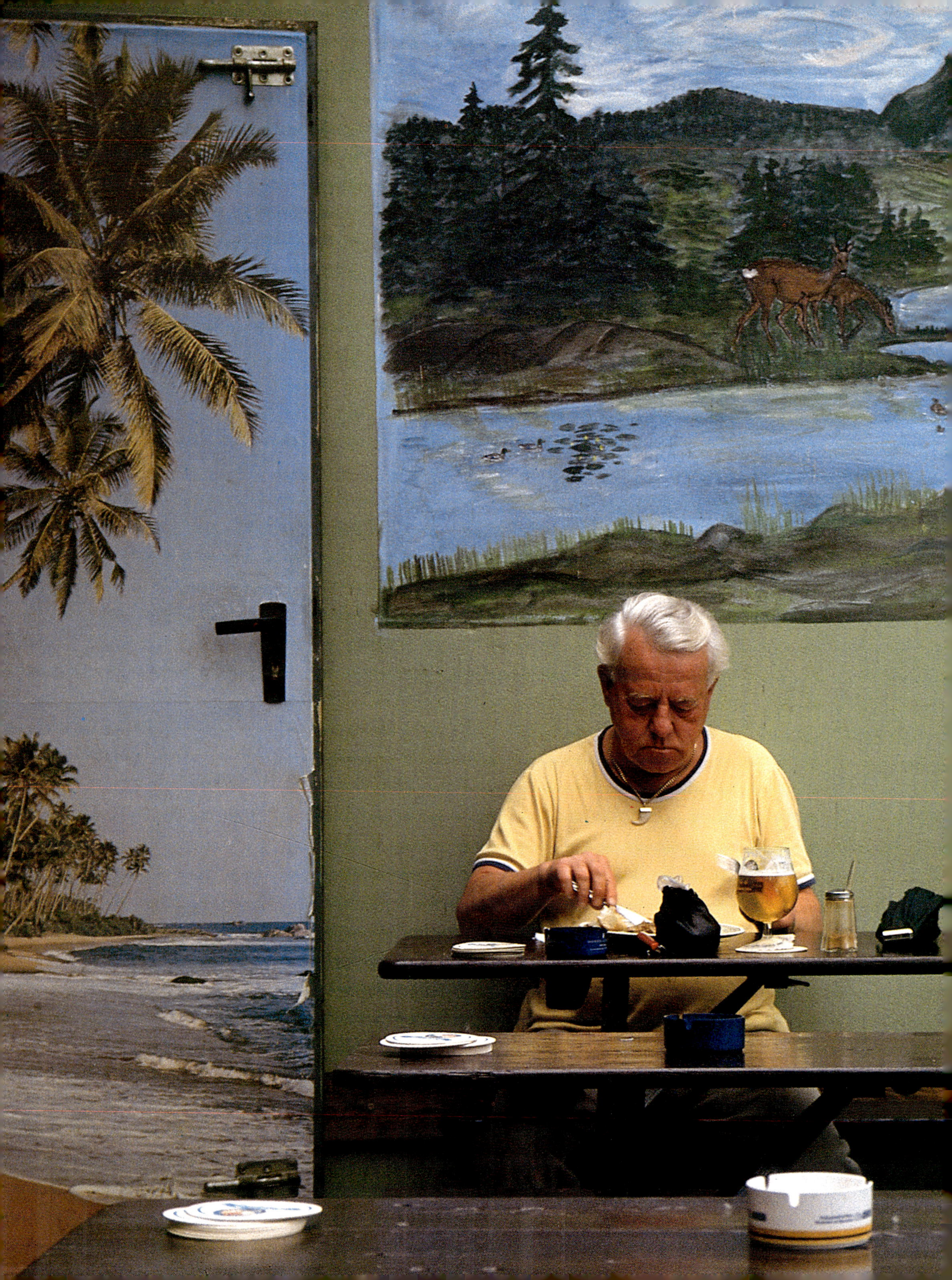

Auch die vertraute Welt bietet die Chance zum Tapeten-Wechsel

Das Anglerheim von Nied ist ein zweites Zuhause

völkerung auf, und der Rentner Martin Anders baute bereits ein paar Dutzend alte Häuser getreu der Vorlagen in kleinem Maßstab nach: den Bauernhof Wagner und das Gasthaus „Zum Karpfen", die ganze Straße Alt-Nied von der Nummer 10 bis zur Nummer 38. Die Originale sind längst abgerissen, Fachwerk und Dachreiter durch Glasbausteine und Fernsehantennen ersetzt.

Längst fraßen sich die Schaufelbagger auch durch das Eisenbahn-Ausbesserungswerk, nachdem die Dampfloks ausrangiert und die Schienenstränge stillgelegt worden waren, und Hausbesetzer ihre Krallen genauso zu zeigen begannen wie der Reichsadler, der am Werkstor hing. Aber die Eisenbahnersiedlung zwischen Niedwald und Nidda-Ufer, die steht noch. Und ihr Gebrauchswert steigt von Tag zu Tag.

Hier ist die Eisenbahnertochter Gudrun Wehner aufgewachsen. Hier hat sie jeden Mittag, Schlag 12 Uhr 30, auf die Werkssirene und den Vater gewartet, der für eine halbe Stunde zum Essen rüberkam. Grünkohl und Kopfsalat wuchsen hinterm Haus, und auch Karnickelstall und Taubenschlag dienten der Selbstversorgung. So ist es noch immer, selbst wenn inzwischen statt der Kesselschmiede und der Spengler mancher naturverliebte Büroangestellte in der Siedlung wohnt, manche Blautanne den Bauerngarten abgelöst hat. Sperr die Augen auf, Harry, du bist mitten in Frankfurt! Kannst du auf dem Tanzplatz, unter den Platanen, die Eltern der kleinen Gudrun sehen? Wie sie in frischgewaschenen Sonntagskleidern sommernachts eine Polka über das gescheuerte Parkett stampfen?

Und jetzt: junge Leute mit Kofferradios und in schwarzen Klamotten. Du siehst die Geranien, die im verglasten Anbau überwintern, das sorgsam gestapelte Holz unterm Vordach und das Schild an der Änderungsschneiderei mit dem schönschriftlichen Hinweis, daß dieselbe „wegen des zu erwartenden Babys voraussichtlich im April geschlossen bleibt". Und schau mal: Grad wölbt sich ein Regenbogen über der Nidda.

„WER FISCHE FÄNGT mit Leidenschaft / Mit Meisterschaft und Wissenschaft / Und hält dabei sich tugendhaft / Der ist, wär's der geringste Knecht / Sportangler und auch fischgerecht." Die naßforschen Zeilen des Herrn Professors Claude du Bois-Raymond sind angeschlagen am Anglerheim zu Nied. Gleich neben dem Bericht der Gewässerwarte, die acht Zentner Karpfen

Das mittelalterliche Höchst wurde liebevoll restauriert

In den Gassen von vorgestern vergißt man den ungeliebten Nachbarn
– nichts läßt ahnen, daß der Chemiegigant allgegenwärtig ist

und zehn Zentner Zander in den Kellersackweiher gesetzt hat. Die Jugendmannschaft des Anglervereins lädt zu einem Pfingstzeltlager, zum Fischen am Grill'cher Altarm ein. Rehe und Reiher bevölkern das Wandgemälde auf der Vereinsheim-Terrasse.

Drinnen hängen die Medaillen und die Plaketten, die Urkunden und die Pokale, die von den rührigen Vereinsanglern im Laufe der Jahrzehnte errungen worden sind. Aus der Musikbox preist Freddy Quinn die Segnungen der christlichen Seefahrt. Die Damen tragen an diesem Ostermontag gestärkte Blusen. Man spricht über Fisch, derweil man sich die Balkanspieße und Zigeunerschnitzel einverleibt, denn die Wirtsleute sind nicht von hier.

Der Wind frischt auf. Die Nidda wetzt. Die Flüsse haben Hochwasser. In Höchst umspült der Main schon die Reisebusse, die auf der Uferpromenade parken. Das Restaurationsschiff von Peter Schlott und das Hausboot „Venus" sind fest vertäut. Die Fähre hat den Betrieb vorübergehend eingestellt. Auf dem kleingepflasterten und nach allen Geboten des Denkmalschutzes restaurierten Schloßplatz fotografieren 45 Gäste aus Japan und Amerika die im städtischen Fassadenwettbewerb prämierten Fachwerkhäuser.

Gut 100 Schritte weiter, im Park des Bolongaro-Palastes, der einst reichen Schnupftabak-Fabrikanten gehörte und heute Behörden beherbergt, da sind wir ganz allein. Hier wollen wir uns zwischen die eleganten Damen und die prächtigen Mohren aus Stein setzen und ein paar Pläne machen. Warst du denn mal drüben in Sossenheim, Harry? Kennst du das Café am Kapellenberg, wo vor der Korktapete Leda mit dem Schwan ringt und die Windjammer durch brausende Stürme jagen? Da werden wir gedeckten Apfelkuchen essen und die vergilbten Familienfotos an der Wand betrachten, das Schulmädchen, die Konfirmandin, die junge Braut und die Sammlung der Kitschpostkarten, auf denen die Treue und die Liebe, das Hoffen und das Bangen den allegorischen Reigen tanzen.

CASSELLA stellt Chemielaboranten und Werkschutzleute ein. Die „Frauen und Jungfrauen Fechenheims" gedenken mit einer Sandsteinsäule des „siegreichen Feldzugs", den ihre Männer und Brüder anno 1870/71 geführt haben. „Sportler sein ist gut, Sportler und Sozialist sein ist besser", fanden 50 Jahre später die Freien Turner der

GEO 173

Blumen und Gemüse in Reih und Glied, das Rasenviereck akkurat

Industriezone, die einmal ein Fischerdorf war: Das ist der Frankfurter Osten. Der grenzt ans Hafengelände mit seinen Brücken und Gleisen, Schornsteinen und Schuttbergen. Am Großmarkt trocknet Wäsche unter einem aufgebockten Lastwagen. Aus einer Lagerhalle bellt ein Hund.

Frühmorgens, werktags, hantieren die Händler zwischen Apfelsinenkisten, Getreidesäcken, Fleischerhaken und Butterfässern wie in einem orientalischen Basar. An der Staustufe wird Kies geschippt, Beton gemischt und Stahl verschweißt. Autowracks werden verschrottet, Container beladen, Waggons geleert. Aber an den Wochenenden, wenn die Arbeit ruht und keine Menschenseele sich hierher verirrt, hallt das Echo deiner Cowboystiefel in den asphaltierten Gassen wider, und du bist der einsamste aller Westernhelden, den jemals eine Filmkulisse zurückgelassen hat.

Das „Kommunisteträßche" hinter dem Kaiserlei-Kreisel will ich dir noch zeigen, Harry, das nach Ferdinand Lassalle benannt wurde und quer durch die Riederwald-Siedlung führt. Am Engelsplatz müssen wir Zwischenstation und Ernst May unsere Aufwartung machen. Mit Weitblick und Augenmaß hat er hier in den zwanziger Jahren Akzente und eine Gartenstadt ins Gewerbegebiet gesetzt. Flachdach und Fensterbänder, luftige Veranden und zweckdienliche Innenräume: alles beim alten und so modern wie lange nichts seitdem. Der Mann aus dem Eckhaus ist 1947 eingezogen, hat erst mal das ausgebombte Dach repariert. Er dächte nicht im Traum daran, seinen zusammengekerschelten Nutzgarten gegen eine öffentlich-rechtliche Grünanlage vor der Haustür einzutauschen. Nur fünf Minuten und er ist am Kiosk von Lore und Dieter, die im Sommer ein paar Stühle unter das Wellblechdach stellen. Vom Abenteuerspielplatz wehen Rauch und Gelächter herüber. Da haben die Riederwälder Kinder einen Kessel mit Suppe und Speck ins Lagerfeuer gehängt.

Die Trauben hängen hoch in Bergen-Enkheim, seit der Weinbau um die Jahrhundertwende eingestellt wurde. Sie hängen über den Eingangstüren der Wirtschaften und erinnern im Verbund mit dekorativen Laubkränzen und originellen Trinksprüchen daran, daß es zwischen Main und Rhein sehr schön ist. Das Stadtschreiber-Häuschen an der Oberpforte gibt diesmal einer begabten Dichterin Obdach, die ihrerseits in trauter

Ein grünes Glück im rechten Winkel

gestutzt: Freizeit-Freuden im Angesicht der Bürostadt Niederrad

Die letzte Frankfurter Main-Fähre setzt bis zu 150mal täglich über

Bei Höchst hat das Wasser noch Balken

Zweisamkeit mit einem wortgewaltigen Literaturkritiker gesehen worden sein soll. Dorfklatsch eben. So wie er damals in Harheim, an der nördlichen Peripherie, aufgewärmt wurde, als ein Fernsehteam die Kameras im Garten des kunstsinnigen und innovationsfreudigen Unternehmers Wilhelm Friedrich Weiler installiert hatte, um einen Film über ländlich-sittliche Verstrickungen in Szene zu setzen. Da fiel sie allen wieder ein, die Politposse um den verhaßten Anschluß der ehedem autonomen Gemeinde an Frankfurt. Da blühte das Gerücht noch mal auf, manch bauernschlauer Volksvertreter habe das Dorf verraten und an die Stadt verkauft.

Das ist lange her. Geblieben sind die Standfotos von den Dreharbeiten in Weilers geklinkertem Hotel am geplätteten Marktplatz. Geblieben ist seine alte Idee, aus Harheim dereinst ein Thermalbad zu machen. Die Erlaubnis zur Probebohrung hat er schon in der Tasche. Unterdessen streitet der Deutsche Pudelclub mit der Harheimer Jägervereinigung um ein verlassenes Grundstück, das beide Gemeinschaften gerne hätten. Und Heinrich Müller schreibt für die Enkel in aller Ruhe seine Chronik fort, die von der Kindheit am Eschbach, von Waschtag und Schlachtfest, von Kerwebäumen und Kartoffelfeuern, von Heimat handelt.

BALD IST DIE ZEIT der grünen Soße. Dann werden in Oberrad Petersilie und Schnittlauch, Sauerampfer und Pimpinelle, Kresse, Kerbel und Borretsch geerntet und unters Volk gebracht. Die Lokalredaktionen der Zeitungen vermelden es alljährlich wie den ersten Sonnenstrahl. Oder warte, Harry, auf den zarten Spargel aus den Oberräder Hochbeeten, auf Kohlrabi und Rhabarber, die jetzt ins freie Erdreich gebracht werden. Schon leuchten Tulpen und Narzissen auf den weitläufigen Feldern bis zum Horizont. Dort erheben sich die Türme, die Banken und der Dom, vom Frühjahrsnebel leicht verschleiert.

Und zu Füßen des Fernsehturms blühen die Pflaumenbäume. Zwischen Bundesbank, Schnellstraße und Autobahntrasse verbirgt sich das Idyll. Wiesenpieper, Buchfink und Feldlerche sind zurückgekehrt, Hollerstrauch und Heckenrosen schlagen aus. Die Normhütte, wie sie zur Bundesgartenschau auf akkuraten Musterparzellen ein ordentliches Vereinsleben versinnbildlichen soll, hat sich nicht durchsetzen können und fällt mithin auch nicht unter die am Schwarzen Brett vermerkten „Zuständigkeiten der Wegeobleute". Von ihnen einmal abgesehen, regieren hier die Sieben Zwerge: Autoreifen und Flaschenhälse begrenzen in bester Tradition die Beete. Badewannen und Blechkanister fangen wie eh und je das Regenwasser auf. Einige Hollywoodschaukeln sind noch mit Plastikplanen abgedeckt, aber in die holländischen Holzpantinen werden schon wetterfeste Stiefmütterchen gepflanzt. Die bunten Fliegenvorhänge vom letzten Urlaub in Italien flattern bereits in den Türen. Aus Thermoskannen dampft Kaffee. Am Abend wird die Kolonie der Schreber mit Koteletts vom Grill die Saison eröffnen.

Laß uns zu Inge und Hans in den Diebsgrund gehen und einen sauer gespritzten Apfelwein bestellen. Zwischen den Lampen aus gehämmertem Kupfer und der schmiedeeisernen Stammtischglocke, dem Trockenblumensträußchen auf dem Zapfhahn und den seitlich gerafften Spitzengardinen wollen wir den Leuten aufs Schlappmaul schauen. Großvater: „Inge, is noch en Haspel da?" Inge: „Ei, die iss mir. Aber isch hab' da noch e grie Gaddepump zu verschenke." Großvater: „Ei, da däht isch lieber e Bierfaß aaschließe." Inge: „Gell Opa, des Schönsde an de Gaddearbeit is des Gieße." Erzähl nichts rum von der Frankfurter Folklore, Harry! Sag keinem etwas vom verwilderten Winkel, den wir noch hinter jeder abgetakelten Fassade, in jedem verhunzten Stadtteil gefunden haben. Das soll unser Geheimnis bleiben.

DER ZEITUNGSSTÄNDER und die Doppelbettcouch, die Samtbordüre und der Hirschhornknopf im 100jährigen Kaufhaus Schneider, sie werden alle früher oder später ihre Kundschaft finden. Auch die älteren Herrschaften, die im Restaurant auf dem Dach an blankpolierten Resopaltischen ein illustriertes Brötchen oder eine Taunusforelle blau verzehren, finden zueinander. Sie haben hier als Jungvermählte den ersten Hausstand angeschafft und später manchen Schicksalsschlag überwinden und manchen Todesfall beklagen müssen. Sie kennen Frankfurt noch von früher, als unten auf der Zeil die Trambahn fuhr und gediegenem Mittelmaß der Vorzug vor schnellebigen Moden gegeben wurde. So was verbindet. Manchmal machen die Alten mit ihren Einkaufstüten auch nebenan in der Liebfrauenkirche Rast. Da stecken sie im stillen Klosterhof ein Licht für die Madonna auf und berühren in Ehrfurcht ihr hellblaues Kleid. Bald flackern 100 weiße Flämmchen am Marienaltar. Wir haben viel Zeit. Ist doch schön, Harry, oder? □

Jutta Stössinger, 45, ist Redakteurin der „Frankfurter Rundschau". **Hans-Joachim Ellerbrock**, 38, und **Gerhard Schafft**, 46, arbeiten als Fotografen-Team und sind in Hamburg zu Hause.

Soll und Haben.

Die Bedeutung einer Bank mißt man nicht daran, was sie leisten soll, sondern daran, was ihre Kunden von diesen Leistungen haben.

Auf ihrer Haben-Seite verbuchen die Kunden der HYPO-BANK die guten Ideen und die auf ihre individuellen Bedürfnisse zugeschnittene Beratungsleistung unserer Mitarbeiter. Aber gute Ideen kommen nicht von ungefähr – sie brauchen eine solide Ausgangsbasis. Das HYPO-Haus in München ist der Ideen-Stützpunkt für unsere Filialen. Die »Denk-Maschine«, in der mit modernster Technologie Daten und Informationen aus der ganzen Welt gesammelt, analysiert und über Oneline-Verbindungen blitzschnell an jede HYPO-Filiale in Deutschland weitergeleitet werden. So auch an unsere HYPO-Filialen im Rhein-Main-Gebiet.

Deshalb können die Mitarbeiter vor Ort auch mehr als das Soll erfüllen. Mit guten Einfällen und persönlicher Beratung sorgen sie dafür, daß auf der Haben-Seite alles für Sie klar ist. Sprechen Sie mit uns.

<u>Wir lassen uns etwas für Sie einfallen.</u>

HYPO☒BANK
Bayerische Hypotheken- und Wechsel-Bank
Aktiengesellschaft

Die HYPO. Eine Bank – ein Wort.

In Frankfurt:
Bockenheimer Landstraße 33–35

Strom macht, daß Leben

Eine Metropole wie Frankfurt steckt voller Energie – hier pulsiert das Leben rund um die Uhr, Tag und Nacht.
In den Lebensadern unserer Städte fließt Strom. Strom arbeitet, transportiert, heizt, leuchtet, kühlt, schreibt, rechnet, sendet, empfängt, trocknet, spült, kocht. Und Strom ermöglicht neue und bessere Technologien. Die mit alten Problemen aufräumen und uns häufig neue ersparen.
Dabei geht es jedoch nicht um Fortschritt um jeden Preis. Was wir heute brauchen, sind vernünftige Weichenstellungen für morgen. Für humane Technik. Für umweltschonende Verfahren. Für mehr Lebensqualität. Und für genügend Strom, für die Kraft, die vieles weiterbewegt. Sie wollen mehr darüber wissen, was Strom in unserer modernen Industriegesellschaft leistet? Fordern Sie einfach per Postkarte unsere neue Broschüre an. Ihr Titel: „Es dreht sich um Strom". Sie informiert mit knappen, verständlichen Texten und vielen Illustrationen über die verschiedenen Arten der Erzeugung elektrischer Energie, über

pulsiert.

Rauchgasreinigung in Kohlekraftwerken, die Sicherheit bei der Nutzung der Kernenergie und über die Möglichkeiten, mit Hilfe von Wasser, Wind und Sonne Strom zu gewinnen. Übrigens: „Es dreht sich um Strom" hat gerade beim 20. Internationalen Druckschriften-Wettbewerb die höchste Auszeichnung erhalten.

Ja, ich nehme Ihr Angebot an.
Bitte senden Sie mir kostenlos Ihre Schrift „Es dreht sich um Strom".
IZE. Informationszentrale der Elektrizitätswirtschaft e.V., Postfach 70 05 61, 6000 Frankfurt/M. 70.

Best. Nr.: 261

Name:
Straße:
PLZ/Ort:
Beruf/Branche:

Strom gibt neue Impulse. IZE

Ankommen

Wer mit dem Flieger einschwebt, erlebt Frankfurts Skyline „at its best"; besonders dem, der von Südosten her über dem Stadtwald niedergeht, zeigt sich die Stadt als Himmelsstürmer.

Das Erlebnis, sich einer Metropole zu nähern, verdichtet sich dann spätestens auf dem Boden der Tatsachen des **Rhein-Main-Flughafens**. Mit 23,3 Millionen Passagieren lag er 1987 hinter London Heathrow auf Platz zwei in Europa. Unangefochten europäische Spitze und weltweit Nummer vier war er mit einer Frachtumschlagsrate von fast einer Million Tonnen. Rund 270 000 Flugzeugbewegungen wurden 1987 gezählt, pro Woche 2900 Verbindungen mit 216 Zielen in 94 Ländern angeboten.

Schon deshalb muß dieser gigantische und immer weiter wachsende Airport, der mit über 40 000 Beschäftigten größter Arbeitgeber Hessens, ein Ort der langen Wege sein. Eine riesige Ladengalerie mit Geschäften, Kneipen, Kinos und ein Kongreßzentrum ist er überdies. Die Koffer können auf rolltreppentauglichen Karren zum **Taxistand** geschoben werden. Die Fahrt in die Innenstadt via Frankfurter Kreuz kostet etwa 30 Mark und dauert mindestens 20 Minuten. Wer in den Hauptverkehrszeiten ankommt, muß damit rechnen, im Stop-and-go-Verkehr wesentlich längere Zeit zu verbringen. Kalkulierbarer, billiger und schneller sind die Fahrten mit den S-Bahn-Linien 14 und 15, die in Abständen von maximal 10 Minuten zwischen dem unterirdischen Airport-Bahnhof und dem Hauptbahnhof pendeln. Fahrzeit: 11 Minuten; Tickets kosten an den Fahrkartenautomaten – für eine Anzeige grüne Taste drücken! – je nach Tageszeit 3,30 Mark oder 4,40 Mark.

Das zweite Nadelöhr für Reisende ist der **Hauptbahnhof**, 1988 Hundert geworden, größter Passagierbahnhof Europas und eigentliches Tor zur Stadt. Auf 25 Gleisen rumpeln täglich fast 1500 Züge mit mehr als einer Viertelmillion Menschen, meist Pendlern, in die dreischiffige Monumentalhalle oder hinaus.

Für diejenigen, die lieber mit dem eigenen **Auto** nach Frankfurt reisen, beginnt der abenteuerliche Teil einer Autofahrt nach und durch Frankfurt erst, wenn man sich am Ziel wähnt, an der Stadtgrenze nämlich: verschlungene Straßenführungen um tausend Ecken, seltene Möglichkeiten zum Linksabbiegen, eine unübersehbare Zahl von Einbahnstraßen und verschwindend wenig Parkplätze. Darum der Tip: Lassen Sie Ihren

Frankfurter Dreh- und Angelpunkte: der 100jährige Hauptbahnhof, der zur Einweihung – 1888 – der größte seines Typs war; der Main mit der Maininsel und den Flußbrücken; das Frankfurter Kreuz, gefürchtet wegen seiner ständigen Staus; der Tower, in dem Fluglotsen des wachsenden Luftverkehrs Herr werden müssen

Wagen in einem der vielen, gut ausgeschilderten Parkhäuser stehen – das Parkhaus Hauptwache etwa hat rund um die Uhr geöffnet –, und erkunden Sie die Stadt mit Bahnen und Bussen, besser noch zu Fuß. Ihre Nerven werden es Ihnen danken – und die Frankfurter auch.

Wer es nicht eilig hat und sich der Stadt auf eher ungewöhnliche Weise nähern will, kann dies auf dem **Linienschiff** tun, das von Mai bis September zwischen Köln und Frankfurt schippert.

Info: Flughafen Rhein-Main, Tel. (069) 690-30 51; Hauptbahnhof, Tel. (069) 1 94 19; Fremdenverkehrsamt (im Hauptbahnhof gegenüber Gleis 23 und in der Gutleutstraße 7–9, Eingang hinter der Tordurchfahrt links), Tel. (069) 212-88 49; Römer Telefon – Auskunftstelle des Presse- und Informationsamtes, Tel. (069) 212-40 00/41 00.

Mobil in der Stadt

Es gibt ohne Zweifel eine fesselndere Lektüre als die Tarif- und Beförderungsbestimmungen des **Frankfurter Verkehrs- und Tarifverbundes (FVV)** für Busse und Bahnen. Doch wer sich ein wenig kundig macht, kann Geld sparen. Die wichtigsten Regeln: Ein Normalfahrschein kostet 1,70 Mark, in den Hauptverkehrszeiten 2,20 Mark, außerdem gibt es einen Kurzstreckentarif von 1,20 Mark. In Richtung auf das Fahrtziel darf man beliebig häufig umsteigen, Unterbrechungen sind nicht gestattet; Rückfahrscheine müssen gesondert gelöst werden. Aufpassen: Fahrkarten gibt es nur am Automaten, nicht beim Fahrer. Und: Fürs Schwarzfahren wird „ein erhöhtes Beförderungsentgelt von DM 40 erhoben".

Die wichtigsten Umsteigebahnhöfe für **U- und S-Bahn** sind Hauptwache, Konstablerwache, Hauptbahnhof und Theaterplatz. Nehmen Sie sich für Ihre Ausflüge Zeit.

Für unternehmungslustige Touristen können, wie überall sonst auf der Welt, die **Taxifahrer** wichtige Informanten sein. Ob mürrisch oder mitteilsam, entscheidet auch hier die Tagesform; auf eine freundliche Frage gibt es aber meist auch eine freundliche Antwort. Redselig jedenfalls sind die Fahrer der rund 1700 Frankfurter Taxen nicht – stressgeplagte Geschäftsleute wissen das zu schätzen. An drei Zentralen kann man sich wenden: Die größte, mit etwa 1100 Wagen, hat zwei Rufnummern: 25 00 01 und 23 00 01. Die Nummern der beiden anderen: 23 00 33 beziehungsweise 54 00 11.

Klima

„Frankfurt ist Süden! Es liegt an seiner nördlichsten Grenze", schwärmt Walter Gerteis in seinen Betrachtungen über „Das Unbekannte Frankfurt" (Societäts-Verlag/Verlag Frankfurter Bücher, 7. Aufl. 1985). In der Tat ist das Frankfurter Klima milde, das Thermometer zeigt im Januarmittel 1 Grad und im Julimittel 19 Grad an.

Am nördlichen Rand des Oberrheinischen Tieflands liegt Frankfurt in einer weiten Ebene zwischen Taunus, Spessart und Odenwald. Diese Lage verhindert bisweilen den notwendigen Luftaustausch. Und wenn austauscharmes Wetter und die über dem Rhein-Main-Gebiet überdurchschnittlich mit Schadstoffen belastete Luft zusammenkommen – dann gibt's mal wieder Smogalarm. Auch die Skyline trägt dazu bei, daß nicht alle Frischluftströme die City erreichen: Die Kaltluft, die sich über den Taunushängen bildet und in die Hitzeglocke über der Stadt hineinströmt, wird durch Verbauungen abgeblockt und in den Straßenschluchten verwirbelt.

Zahlen

50°06′42,5″ nördliche Breite und 8°41′09,4″ östliche Länge – Frankfurt liegt zu beiden Ufern des Mains, 36 Kilometer vor dessen Mündung in den Rhein. In Meereshöhen zwischen 88 und 212 Metern beansprucht es eine Fläche von 249 Quadratkilometern; rund 120 Quadratkilometer des Stadtgebietes sind Waldgebiet, Wiesen, Acker- und Gartenland. Die größte Ost-West-Ausdehnung beträgt 23,4 Kilometer, von Nord nach Süd sind es 23,3 Kilometer, die Stadtgrenze ist 113 Kilometer lang.

Frankfurt hat 617 670 Einwohner (Stand 31.5.1988) und ist damit die größte Stadt in Hessen, die sechstgrößte der Bundesrepublik – und die mit dem höchsten Ausländeranteil (23,8 Prozent). Stärkste ausländische Bevölkerungsgruppe sind die Türken, gefolgt von Jugoslawen und Italienern.

Frankfurt finanzierte 1988 einen Kulturetat von über 383 Millionen und einen Sportetat von 145 Millionen Mark – im kommunalen Bereich nationale Rekorde.

Spitze im negativen Sinne ist Frankfurt auf dem Felde der Kriminalität: 144 476 Straftaten (ausgenommen Verkehrsunfälle) wurden 1987 im Stadtgebiet begangen. Das macht 24 355 Delikte auf 100 000 Einwohner. Einen weiteren traurigen Rekord hält Frankfurt mit 62 Drogentoten im Jahr 1987.

1987 reisten 1,7 Millionen Gäste nach Frankfurt – davon fast eine Million aus dem Ausland –, die 2,9 millionenmal in den 178 Beherbergungsbetrieben der Stadt übernachteten. Dazu sagt die Statistik: Die Fremdenbettenausnutzung ist die zweitbeste in Deutschland. Und: Der Durchschnittsgast blieb keine zwei Tage.

Hotels

In sämtlichen Frankfurter Herbergen zusammen stehen 18 000 Gästebetten zur Verfügung, die alle belegt sind, wenn gerade eine Messe stattfindet – und wann ist das nicht der Fall? Selbst an den verbleibenden Tagen des Jahres sind die Hotels und Pensionen mit Handelsreisenden aus aller Welt gut ausgelastet. Frühzeitige Zimmerreservierung ist deshalb immer erforderlich. Behilflich dabei: die **Tourist Information** im Hauptbahnhof, Tel. 212-88 51. Messebesucher wenden sich an die Zimmervermittlung der Messe GmbH, Tel. 75 75-62 22/62 89 und 75 75-62 96 (Privatzimmer).

Und noch eins: GEO hat auf die Angabe von Zimmerpreisen verzichtet, da diese je nach Ausstattung der Räume in den Kategorien stark variieren. Grundregel: Frankfurt ist Weltstadt, die Preise sind entsprechend.

Luxuriös und gediegen

Frankfurt Intercontinental
Wilhelm-Leuschner-Straße 43
Tel. 23 05 61.
Außen kühle Sachlichkeit, innen luxuriöse Funktionalität – ein niveauvolles First-Class-Haus am Mainufer.

Frankfurt Sheraton Hotel
Flughafen, Terminal Mitte
Tel. 69 77-0.
Der 2100-Betten-Koloß, Westeuropas größtes Hotel, liegt direkt am Flughafen, Blickrichtung Runway. Die geschäftige Eile der Gäste, die hier gleich ihre Konferenzen abhalten können, ohne erst in die Stadt fahren zu müssen, bestimmt die Atmosphäre des Hauses.

Hotel Gravenbruch Kempinski
6078 Neu-Isenburg 2
Tel. (06102) 50 50.
Im Isenburger Ortsteil Gravenbruch, kaum 15 Autominuten von der City entfernt, wohnt man mitten im Grünen ruhig und luxuriös. Auf dem Gelände eines ehemaligen Gutshofes in großzügiger Parklandschaft, mit See und altem Baumbestand, gruppieren sich flache Gebäude im Landhausstil. Leonard Bernstein steigt bei seinen Frankfurt-Aufenthalten gern hier an.

Hotel Hessischer Hof
Friedrich-Ebert-Anlage 40
Tel. 75 40-0.
Wertvolle chinesische Tapeten, antike Möbel, seltenes Porzellan und Gemälde schmücken Zimmer und Flure. Der Altbau war früher Stadt-

INFO

palais der Prinzen von Hessen. Eine Schatztruhe, in der man sich gut aufgehoben fühlt.

Parkhotel Frankfurt
Wiesenhüttenplatz 28–38
Tel. 26 97-0.
Traditionsreiches First-Class-Haus in unmittelbarer Bahnhofsnähe. Schwere Möbel und viel Edelholz verströmen eine Gediegenheit, die mit modernstem Design kontrastiert: Die ausladenden Wannen in einigen Bädern hat Star-Designer Luigi Colani entworfen.

Präsidentensuite, Butler: Frankfurter Hof

Steigenberger Hotel Frankfurter Hof
Am Kaiserplatz 17
Tel. 2 15 02.
Die erste Adresse unter Frankfurts Herbergen – mit 360 Zimmern, vier Restaurants und 15 Banketträumen. Information für Staatsbesucher: Seit 1987 stehen mit der Präsidentensuite 300 Quadratmeter ungewöhnlich erlesen möblierter Wohnfläche zur Verfügung – auf Wunsch mit persönlichem Butler. Preisvorstellung für Deutschlands teuerste Hotelsuite, die zudem höchsten internationalen Sicherheitsanforderungen entspricht: 3500 Mark pro Nacht.

Komfortabel

Hotel Maingau
Schifferstraße 38–40
Tel. 61 70 01.
Frankfurter Konzertveranstalter bringen ihre Künstler gern auf der Sachsenhäuser Mainseite unter, denn in diesem Haus weiß man selbst mit Problemkindern flexibel umzugehen. Auch viele Messegäste schwören auf das gemütliche und erschwingliche Hotel.

Turm-Hotel
Eschersheimer Landstraße 20
Tel. 15 40 50.
Sehr zentral in unmittelbarer Nähe des Eschenheimer Turms. Saubere Zimmer und – für die Lage – akzeptable Preise machen es zu einer vielbesuchten Adresse für Geschäftsreisende.

Einfach und preiswert

Hotelschiff Peter Schlott
Höchst, Mainberg 3
Tel. 31 54 80.
Wer gern gut und reichlich frühstückt – das Bolongaro-Schlößchen im Rücken, den Main vor Augen –, quartiert sich hier ein. Weitere Attraktionen: die Restaurant-Terrasse über dem Wasser und zweimal wöchentlich (am Donnerstag und am Samstag) Tanz.

Sophien Hotel
Sophienstraße 36
Tel. 70 20 34.
Preisbewußte Messebesucher, die auf Luxus keinen gesteigerten Wert legen, übernachten hier gern. Zum Messegelände läuft man nur zehn Minuten.

Pension Adria
Neuhaußstraße 21
Tel. 59 45 33.
Im ruhigen Teil des Nordends gelegen und trotzdem keine zehn Minuten zu Fuß vom Zentrum entfernt. Drei Einzel- und vier Doppelzimmer ohne besonderen Komfort; Frühstück gibt es für sieben Mark.

Pension Aller
Gutleutstraße 94
Tel. 25 25 96.
Eins der unfreundlich grauen Häuser direkt am Baseler Platz. Aber hat man mit Frau Kraus, der Besitzerin, erst einmal die Stufen zu den Zimmern erklommen, sieht alles hell und freundlich aus. Preisgünstige Unterkunft auch für Familien.

Pension Stella
Frauensteinstraße 8
Tel. 55 40 26.
Ein gepflegtes Haus mit familiärer Atmosphäre an einer von großen Bäumen gesäumten Allee in der Nähe des Hessischen Rundfunks.

Jugendherberge

Haus der Jugend
Deutschherrnufer 12
Tel. 61 90 58.
Die preisgünstigste Übernachtungsmöglichkeit (für Reisende mit gültigem Jugendherbergsausweis) und zudem Treffpunkt für Globetrotter aus aller Herren Ländern.

Sehenswertes

Die Frankfurter haben zu den Zeugnissen der Stadtgeschichte ein eigentümliches Verhältnis. Bei Kriegsende lag alles in Schutt und Asche. Dann spuckten die Menschen in die Hände, packten zu und schufen einen nüchternen Wohn- und Büroraumbehälter nach dem anderen. Nachdem dann solchermaßen ein funktionelles Allerwelts-Frankfurt etabliert worden war, setzte die Sehnsucht nach den identitätsstiftenden Reliquien aus der „guten alten Zeit" ein. In einer zweiten Wiederaufbauphase wurden einige solcher Symbole kurzerhand neugebaut, andere wiederhergestellt – zum Gefallen der meisten Bürger und Touristen. GEO weist einen Nostalgiepfad durch Deutschlands modernste Stadt.

Zu Fuß durch die Stadt

Über dem Schnittpunkt beinahe aller U- und S-Bahnlinien steht im Zentrum der City die **Hauptwache.** 1729–1730 als Wachlokal der

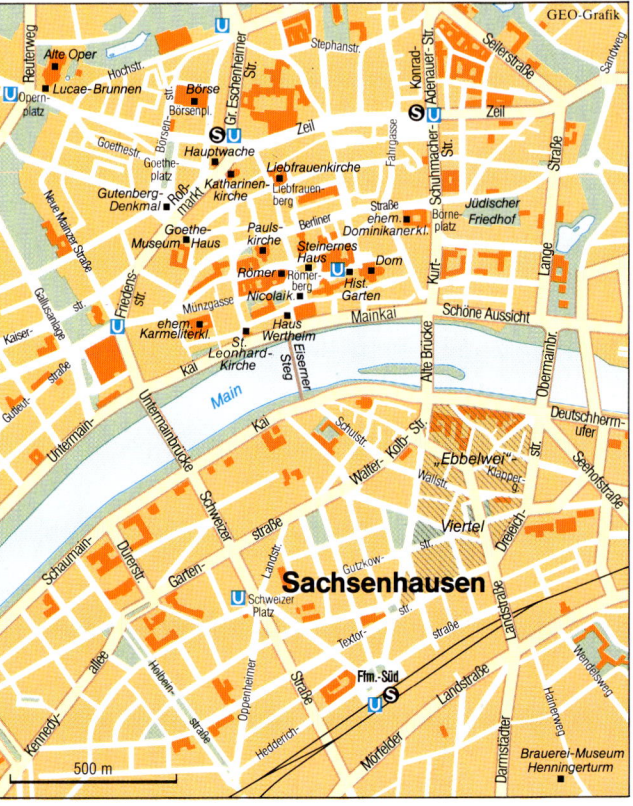

Die Heiligen Drei Könige beim Christkind: Relief im Tympanon der Liebfrauenkirche

Für Fußtouristen: Wegweiser durch die Innenstadt

182 GEO

Stadtmiliz erbaut, diente das Gebäude zeitweise auch als Gefängnis, war aber schon Anfang des Jahrhunderts ein Caféhaus. Im Krieg zerstört, wurde es zunächst nur provisorisch wiederaufgebaut. Als 1966 die U-Bahn entstand, trug man die Hauptwache Stein für Stein ab und errichtete sie zwei Jahre später wieder originalgetreu am historischen Ort. Gleich nebenan erhebt sich die 1678 bis 1681 erbaute protestantische **Katharinenkirche**, in der Johann Wolfgang von Goethe, dessen Eltern sozusagen um die Ecke wohnten, getauft wurde.

Zum **Liebfrauenberg** geht es ein kurzes Stück auf der Zeil entlang und dann durch die erste Gasse auf der rechten Seite. Am Rande des Altstadtplätzchens mit seinem prachtvollen Brunnen steht die **Liebfrauenkirche**. Ins Innere des spätgotischen Baus pilgern Kunstinteressierte, um das Tympanonrelief zu bewundern, das einst das Hauptportal zierte. Von hier aus führt der Weg weiter zum klassizistischen Ovalbau der **Paulskirche**. Wer seine Geschichtslektion vergessen haben sollte: Die evangelische Kirche war Sitz der Deutschen Nationalversammlung in den Jahren 1848/49. Heute dient das gerade wieder einmal renovierte Renommierstück der deutschen Demokratie als Aus-

Einzug der Abgeordneten: Paulskirche, 18.5.1848

stellungsstätte und Lokal für gehobene Feierlichkeiten, wie etwa die Verleihung des Friedenspreises des Deutschen Buchhandels.

Weiter geht's zu Frankfurts „guter Stubb", dem **Römerberg**. So benannt nach dem Haus **Römer**, einem der drei Bürgerhäuser mit den gotischen Staffelgiebeln, die 1405 vom Rat der Stadt gekauft und zum Rathaus umgebaut wurden. Sehenswert ist im mittleren Gebäude der Kaisersaal, in dem Deutschlands Herrscher ihre Krönungsgelage abhielten. Ihre Portraits, 52 an der Zahl, zieren den repräsentati-

„Wir verlangen mehr von einer Kopfschmerztablette als nur rasche Wirkung."

(Sie auch?)

Thomapyrin Schmerztabletten erfüllen auf Grund ihrer speziellen Zusammensetzung die Erwartungen, die bei Kopfschmerzen an eine moderne Schmerztablette gestellt werden. Sie sind rasch wirksam und gut verträglich: durch niedrig dosierte, aufeinander abgestimmte Wirkstoffe. Thomapyrin Schmerztabletten lassen sich leicht teilen, mit etwas Flüssigkeit problemlos einnehmen und helfen gegen Kopfschmerzen, Zahn- und Regelschmerzen und Erkältungskrankheiten.

10 Tabletten DM 2,95, 20 Tabletten DM 5,10. Auch in der Schweiz erhältlich.

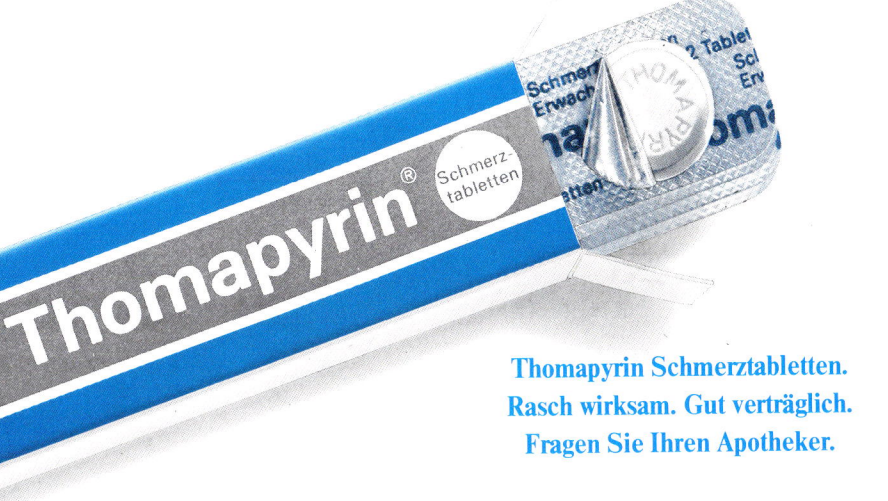

Thomapyrin Schmerztabletten.
Rasch wirksam. Gut verträglich.
Fragen Sie Ihren Apotheker.

Thomapyrin Schmerztabletten bei Schmerzen wie z. B. Kopf-, Zahn-, Regel-, Nervenschmerzen (Neuralgien), akuten Migräneanfällen, Entzündungen, Fieber, auch bei Erkältungskrankheiten. Nicht anwenden bei Magen- und Zwölffingerdarmgeschwüren, krankhaft erhöhter Blutungsneigung, bei Lebererkrankungen sowie Paracetamol-Überempfindlichkeit. Das Präparat sollte nur nach Befragen des Arztes angewendet werden bei Glucose-6-Phosphatdehydrogenase-Mangel, bei gleichzeitiger Anwendung gerinnungshemmender Arzneimittel, bei Asthma, Überempfindlichkeit gegen Salicylate, andere Entzündungshemmer/Antirheumatika oder andere allergene Stoffe, Magen- oder Zwölffingerdarmbeschwerden, vorgeschädigter Niere, in der Schwangerschaft – insbesondere in den letzten 3 Monaten.

Nebenwirkungen: Magenbeschwerden, Magen-Darm-Blutverluste; selten Überempfindlichkeitsreaktionen, sehr selten Störungen der Blutbildung. Thomapyrin soll längere Zeit oder in höheren Dosen nicht ohne Befragen des Arztes angewendet werden.

Thomae Dr. Karl Thomae GmbH, Biberach an der Riss.

ven Raum, den die Stadt für Empfänge nutzt. Besichtigung täglich 9–18 Uhr, Sonntag 10–16 Uhr (bei Veranstaltungen geschlossen); Tel. 212-48 14.

Das **Steinerne Haus** auf der nördlichen Seite des Römerbergs, 1464 im Stil einer oberitalienischen Stadtburg erbaut, ist heute Domizil des Frankfurter Kunstvereins.

Richtung Main wird der Platz von der **Alten Nikolaikirche** begrenzt. Hörenswert ist dreimal täglich ihr 40stimmiges Glockenspiel, sehenswert die Rokokokanzel von 1769/71. Schräg gegenüber steht der Renaissancebau **Haus Wertheim,** das einzige Fachwerkhaus am Römerberg, das im Krieg weitgehend verschont geblieben ist.

Verläßt man den Römerberg durch die schmale Gasse namens Markt, liegt rechter Hand, im Schatten der neuen „Kulturschirn", der **Historische Garten.** Ausgrabungen förderten hier den ältesten Siedlungsgrund der Stadt zutage: Überreste der römischen Siedlung und Fundamente der karolingischen Königspfalz.

Unmittelbar dahinter steht der Frankfurter **Dom** – der freilich keiner ist. Denn das auf der Anlage der karolingischen Salvatorkirche errichtete, mehrfach umgebaute und erweiterte Gotteshaus St. Bartholomäus ist nie Bischofssitz gewesen, sondern immer nur Pfarrkirche. „Kaiserdom" tauften ihn die Frankfurter, weil er Wahl- und später auch Krönungsstätte für die deutschen Kaiser war.

Das nach dem Krieg wiederaufgebaute einstige **Dominikanerkloster** aus dem 13. Jahrhundert, heute Sitz des Evangelischen Regionalverbandes, lag innerhalb der Stadtmauern. Heute schließt sich

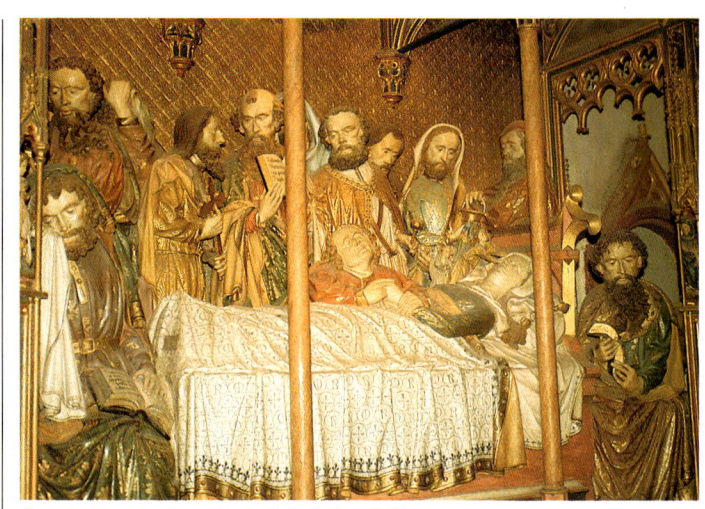

Gotische Kunst im Dom: Maria-Schlaf-Altar, 1434

Aus dem Ufer soll ein Kunstwerk werden

Keine Utopie mehr: schon bald abgasfreie Main-Promenaden

Frankfurts Streben nach neuer Identität, der Versuch, inmitten totaler Funktionalität Idyll zu plazieren, läßt auch den Main nicht außen vor. Da kaum ein öffentlicher Raum in der Stadt ohne Gemütlichkeitssymbolik auskommt, keine Oper ohne Opernball, so gilt nun auch für den Fluß: Die Bürger sollen sich an seinem Ufer planmäßig wohl fühlen.

Noch Ende dieses Jahres wird mit dem Bau einer neuen Fußgängerbrücke begonnen. Der „Holbeinsteg", in Konstruktion und Funktion ein Pendant zum ehrwürdigen „Eisernen Steg", wird ohne einen einzigen Stützpfeiler den Main überspannen und von 1989 an Fußgänger und Radfahrer geradewegs von der Stadt zum Sachsenhäuser Ufer führen.

Sollte die Hängebrücke wirklich dazu verleiten, das Auto nördlich des Mains stehenzulassen, so könnte sie die chronische Parkplatznot in Sachsenhausen beheben helfen und den Rundgang von Museum zu Museum, von Ufer zu Ufer, von Autoabgasen entlasten.

Nach Vorstellung der Frankfurt-Planer wird der „Holbeinsteg" jedoch nur eines von vielen Elementen eines Gesamtkunstwerks sein. Denn auf beiden Seiten des Flusses soll eine durchgehende Uferpromenade entstehen – als Verbindung zwischen den Endpunkten des Anlagenrings sowie als Zugang zu den wichtigsten Grünbereichen der Stadt. Das Zurück-zur-Natur-Ufer soll einhergehen mit der „sukzessiven Verdünnung des Verkehrs" auf beiden Main-Seiten – so wollten es zumindest die Stadt- und Grünflächenplaner in ihrer Ausschreibung.

Und da dies im autoüberlasteten Frankfurt kein leichtes Unternehmen ist, sprach das Preisgericht im Januar 1988 zwei sehr unterschiedlichen Entwürfen den ersten

Als Schwimmen im Main noch ungefährlich war: Dannhofs Familienbad am Eisernen Steg in den dreißiger Jahren

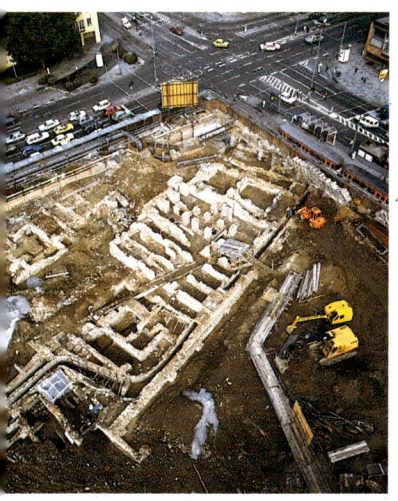

Reste des Judengettos: Börneplatz, 1987

Rang zu. Die Verwirklichung des einen Plans – er gilt als kurz- bis mittelfristig realisierbar – ließe den Verkehrsfluß einigermaßen unberührt. Die Uferpromenade wäre eher Standort als Naturerlebnis. Ihre Qualität bestünde in der optischen Verknüpfung von Stadt und Fluß: Blickbeziehungen über den Main und mit historischen Fassaden wären eröffnet.

Erst die Umsetzung des anderen Plans aber führte die Stadt zum Fluß, ließe zugleich eine großzügige Uferlandschaft mit Freizeit- und Erlebnisangeboten entstehen. Ein Kurztunnel zwischen Römer und Main befreite dann die Oberfläche vom Durchgangsverkehr, und am Südufer würden künstliche Inseln entstehen.

Auch die Olympischen Spiele könnten, kämen sie tatsächlich im Jahre 2004, einiges verändern am Main. Der Fluß sollte dann die landschaftliche Achse des Spektakels sein. Am Mainufer stellen sich die Planer des Büros Albert Speer & Partner das olympische Dorf vor, die Großsporthalle und den Ruderkanal. Und viele kleine Boote könnten die Besucher vom Stadion im Westen zum Schlafplatz in den Osten der Stadt bringen.

Nur die bis in die Zeit des Zweiten Weltkriegs gut frequentierten Main-Schwimmbäder werden wohl auch im Jahr 2004 nicht wieder auftauchen. Der Main fällt immer noch unter die Kategorie drei: stark verschmutzt. *Sabine Kusch*

daran, vom Altstadtkern aus leicht zu Fuß zu erreichen, der **Börneplatz** an, der historisch bedeutsame Ort jüdischen Lebens in Frankfurt. Nach Osten begrenzt ihn der **Alte Jüdische Friedhof.** Die Begräbnisstätte mit rund 5500 Grabsteinen – der älteste stammt aus dem Jahre 1272 – kann nur nach Voranmeldung besichtigt werden (Tel. 74 07 21-25). In der Nachbarschaft befand sich seit Mitte des 15. Jahrhunderts das **Getto,** gleich daneben stand eine 1882 errichtete und 1938 von den Nazis zerstörte Synagoge. Beim Bau eines neuen Verwaltungsgebäudes für die Stadtwerke wurden 1987 Fundamente der alten Judengasse und ein jüdisches Ritualbad, eine „Mikwe", entdeckt. Nach heftigen Auseinandersetzungen über die Gestaltung des Börneplatzes entschied sich die Stadt, Teile der Funde als Ausstellungsstätte in den Neubau zu integrieren. (Lesen Sie dazu auch den Bericht von Claudia Michels, „Junge Juden: Durch die Seele geht ein Riß", Seite 86.)

Vom Römerberg aus sind Sie in wenigen Minuten zum Großen Hirschgraben gelaufen. An dieser Straße steht, mit der Hausnummer 23, das **Goethe-Haus,** in dem der Dichterfürst das Licht der Welt erblickt hat. Goethe lebte hier – mit Unterbrechungen durch Studium und Reisen – 26 Jahre, bis er 1775 nach Weimar umzog. Die meisten der ausgestellten Einrichtungsgegenstände gehörten nicht der Familie Goethe, immerhin aber stammen sie aus deren Epoche. So präsentiert sich dem Besucher ein durchaus authentisches Frankfurter Großbürgerhaus aus dem Spätbarock. Im Nachbargebäude befindet sich das **Goethe-Museum.** Zahlreiche Exponate, darunter wertvolle Gemälde und Büsten, dokumentieren Leben und Werk des Dichters und vermitteln

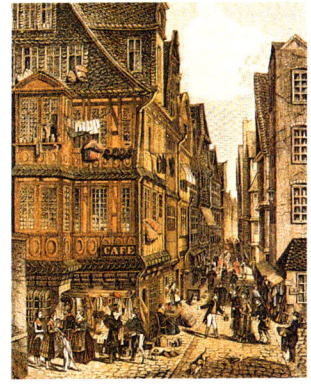

Die Judengasse: Stich von 1888

ein Bild der damaligen Zeit (siehe „Museen", Seite 202).

Wollen Sie die Tour weiter ausdehnen? Dann gehen Sie vom Goethe-Haus über den Roßmarkt, am Gutenberg-Denkmal vorbei zum Goetheplatz und weiter durch die Goethestraße. Nach knapp zehn Minuten stehen Sie vor Frankfurts prunkvollstem Gebäude, der **Alten Oper** am Opernplatz. Ex-Bürgermeister Rudi Arndt („Dynamit-Rudi") wollte die nach den Bombennächten des Krieges übriggebliebene Ruine des einst so imposanten Opernhauses kurzerhand in die Luft sprengen, um für Neues Platz zu schaffen. So wie möchten die Frankfurter Bürger allerdings nicht gehen, auch wenn sie jahrzehntelang um das Ob und, vor allem, das Wie des Wiederaufbaus stritten. Heute ist das 1880 erstmals und 1981 wiedereröffnete Konzert- und Kongreßzentrum ein allgemein akzeptiertes Schmuckstück der Stadt. Und im Innern ist die Symbiose von High-Tech-Funktionalität mit kunstvoll restaurierter Luxusarchitektur des 19. Jahrhunderts gelungen. Rund 600 Veranstaltungen finden jährlich in der Alten Oper statt. In der Rangliste ganz oben stehen der Frankfurter Opernball und die jeweils im Spätsommer abgehaltenen Frankfurt-Feste: mehrwöchige Veranstaltungszyklen mit wechselnden kulturellen Schwerpunkten. Auf dem Opernplatz trifft sich im Sommer die Jugend am **Lucae-Brunnen,** dem schönsten Brunnen Frankfurts. Gönnen auch Sie sich hier eine Rast, bevor Sie sich auf den Weg zurück in die Innenstadt machen, diesmal durch die „Freßgass'".

An der Börsenstraße biegen Sie links ab und erreichen nach wenigen Schritten die **Frankfurter Börse** (Börsenplatz 6; Tel. 21 97-383), die größte Wertpapierbörse in der Bundesrepublik und zugleich Leit-

Wenn die feine Gesellschaft schwofen geht: Tänzerin auf dem Opernball

börse für die vier anderen Devisenbörsen in der Bundesrepublik. Von der Besuchergalerie herab kann man der Jagd nach dem schnellen Geld zusehen. (Die Besichtigung ist wegen des Umbaus zur Zeit nur eingeschränkt möglich).

Über die Schillerstraße sind Sie gleich wieder bei der Hauptwache angelangt, dem Ausgangspunkt der Stadtwanderung. Im Altstadtbereich gibt es aber noch mehr Sightseeing-Attraktionen. Zum Beispiel das **Karmeliterkloster** (Münzgasse 9; Tel. 212-47 61). In seinen Räumen ist heute das Frankfurter Stadtarchiv untergebracht. Dessen älteste Schätze stammen aus dem 9. Jahrhundert; zu den Kostbarkeiten gehört eine Abschrift der 1366 für Frankfurt ausgefertigten Goldenen Bulle. Das Refektorium des Klosters gilt als der schönste Renaissance-Raum der Stadt. Besichtigung Dienstag bis Sonntag 10–17 Uhr, Mittwoch 10–20 Uhr. Unterdessen hat auch das Museum für Vor- und Frühgeschichte mit seinem Einzug begonnen, der im Frühjahr 1989 abgeschlossen sein soll (siehe „Museen", Seite 202).

Am Mainkai steht die katholische Kirche **St. Leonhard,** ursprünglich eine spätromanische Basilika, die im Lauf der Zeit jedoch immer wieder umgebaut, vergrößert und auch zweckfremd genutzt wurde, was ihr Äußeres mit seinem Stilgemisch erklärt. In den Chorfenstern sind fragmentarisch einige gotische Glasmalereien erhalten.

Über den **Eisernen Steg,** die bislang einzige reine Fußgängerbrücke im autoüberfüllten Frankfurt, gelangen Sie nach „Dribbdebach", auf die südliche Mainseite. Auch wenn Discos, Pubs und Bistros dem Gesicht des traditionellen Ebbelwei-Viertels **Alt-Sachsenhausen** zunehmend schrillere Akzente verleihen, bleibt ein Rundgang empfehlenswert: etwa vom **Kuh-**

hirtenturm aus, der Ende des 15. Jahrhunderts als Teil der Stadtbefestigung errichtet wurde, durch Ritter- und Klappergasse, vorbei an der Brunnenfigur der Frau Rauscher. Sachsenhausens Altstadt wurde im Zweiten Weltkrieg verschont. Darum läßt sich noch immer eine Vielzahl alter Fassaden bewundern, die märchenhaften Knusperhäuschen gleichen. Vorsicht bei der Frau Rauscher! Sie spuckt ahnungslose Schlenderer mit Wasser an.

Wer bei Kräften ist, erklimmt den 120 Meter hohen **Henningerturm** (Hainerweg 60–64; Tel. 60 63-601) über 731 Stufen. Schneller geht es mit dem Lift aufwärts durch den höchsten Getreidesilo der Republik. Vom Drehrestaurant (geöffnet täglich außer Montag 10–23 Uhr) aus hat man bei guter Wetterlage die

Vorbildlicher Siedlungsbau: Römerstadt

Grünflächensystem gehörten zu Mays Konzept für eine „Humanisierung des Wohnungsbaus".

Ein May-Projekt ist auch die **Hellerhofsiedlung** im Gallusviertel, nördlich der Frankenallee. Nach Plänen des Holländers Mart Stam zwischen 1929 und 1931 gebaut, wird die gesamte Anlage von den unverwechselbaren Stilelementen der Neuen Sachlichkeit geprägt. Erwähnenswert sind schließlich auch die Wohnkomplexe an der **Bruchfeldstraße** im Stadtteil Niederrad und die Siedlung **Bornheimer Hang**.

Ein auch bei Frankfurtern beliebtes Ausflugziel ist der **Lohrberg** nördlich des Stadtteils Seckbach. Von der Spitze dieser 180 Meter hohen Erhebung blicken Sie auf die Stadt hinunter und weiter hinüber bis zum Taunus, Spessart und Odenwald. Besondere Attraktion: Das Städtische Weingut in Hochheim betreibt am Lohrberg den letzten Weinberg im Frankfurter Stadtgebiet.

Einen Tagesausflug wert ist **Höchst**, das 1928 Frankfurt eingemeindet wurde. Wichtigste Station: die hübsch restaurierte **Altstadt**.

Auf dem Lohrberg liegt das einzige Weinanbaugebiet in der Stadt: Jährlich werden hier Trauben für 6000 bis 8000 Liter geerntet

ganze Stadt im Blick. In der Turmspitze befindet sich auch das Frankfurter Brauerei-Museum (geöffnet täglich außer Montag 10–21 Uhr, im Winter nur bis 19 Uhr).

Mit Auto oder Verkehrsverbund

Lohnend ist eine Fahrt zur **Römerstadt**, die 1927/28 am Flüßchen Nidda nahe dem nördlich gelegenen Stadtteil Heddernheim entstand – eine für damalige Verhältnisse vorbildliche Wohnanlage. Der geistige Vater dieser Großsiedlung war der Planer und Architekt Ernst May, von 1925 bis 1930 Frankfurter Stadtbaurat. Sein städtebauliches Ziel: mit funktionaler Architektur auch für wenig Betuchte Wohnraum schaffen. Die Einbindung der Häuserkomplexe in die Landschaft und ein ausgeklügeltes

Expressionistisches Entree: Verwaltungsgebäude der Hoechst AG

Auf einer Anhöhe am Main, nicht weit vom Schloßplatz, steht die älteste Kirche Frankfurts, die katholische **Justinuskirche**. Die Anfänge des Kirchenbaues an dieser Stelle vermutet man im 7. oder 8. Jahrhundert.

Ebenfalls direkt am Mainufer thront das kleine **Höchster Schloß** (Am Schloßplatz; Tel. 30 32 49), dessen Ursprünge ins 14. Jahrhundert zurückreichen. Seine heutige Gestalt erhielt es in der Renaissance. Der gesamte Schloßkomplex ist im Besitz der Hoechst AG und beherbergt neben dem Firmenmuseum des Weltkonzerns und einem Gästehaus das **Museum für Höchster Geschichte** (geöffnet täglich 10–16 Uhr).

Ein Höhepunkt Ihres Höchst-Bummels dürfte der Besuch in der **Höchster Porzellanmanufaktur** sein. Die 1965 wieder in Betrieb genommene, weltweit renommierte Produktionsstätte ist im historischen **Dalberghaus** (Bolongarostraße 186; Tel. 3 00 90-20) untergebracht, in Höhe der westlichen Stadtmauer. Besichtigen können Sie die Manufaktur jedoch ausschließlich im Rahmen einer Führung, die im voraus angemeldet werden muß. Der Tarif beträgt, unabhängig von der Teilnehmerzahl, 50 Mark.

Knapp einen Kilometer weiter östlich liegt der herrschaftliche **Bolongaropalast** (Bolongarostraße 109; Tel. 31 06-55 20), den sich die Brüder Bolongaro, italienische Schnupftabakfabrikanten, zwischen 1772 und 1774 hier bauen ließen. Heute ist er prosaischerweise Sitz der Stadtbezirksverwaltung.

Wenn man durch die blitzblank geputzten Gassen der Altstadt spaziert – vielleicht an einem der Markttage –, dann kann man fast vergessen, was oft bis nach Frankfurt stinkt. Denn ganz in der Nähe zeigt Höchst sein anderes Gesicht: das rund vier Quadratkilometer große Firmengelände des Chemiegiganten **Hoechst AG**. Die Eingangshalle des 1920/24 erbauten Verwaltungsgebäudes ist ein Hauptwerk expressionistischer Architektur; darum steht es unter Denkmalschutz. Das ganze Werk kann man nur nach mindestens zweimonatiger Voranmeldung besichtigen (Hoechst AG, Abteilung für Öffentlichkeitsarbeit, 6230 Frankfurt 80; Tel. 305-0).

Mit dem Schiff

Am Eisernen Steg legen die Ausflugsdampfer zu ausgedehnten Kreuzfahrten ab, beispielsweise

BECK'S LÖSCHT KENNER-DURST.

DIE UNVERWECHSELBARE ART, EIN SPITZEN-PILSENER ZU BRAUEN.

AUCH GEO-GRAFISCH ERSTE KLASSE.

Wer nach Frankfurt am Main kommt,
sollte eigentlich auch am Main logieren.
Denn da ist es nicht nur schön,
sondern geo-grafisch-strategisch exzellent.
Das Hotel Frankfurt Intercontinental am Main:
nur ein paar Schritte zum Banken- und Börsenviertel,
nur 5 Autominuten zur Messe, 15 Taximinuten
zum Flughafen, 12 Gehminuten ins Zentrum,
7 zum Konzert in die neue Alte Oper und nur
ein Sprung über den Main zum berühmten Museumsufer
und zur altfrankfurter Apfelwein-Gemütlichkeit.
Erste Klasse am Main! Jedesmal wieder.

HOTEL FRANKFURT INTERCONTINENTAL
JEDESMAL WIEDER

HAMBURG · HANNOVER · BERLIN · DÜSSELDORF
KÖLN · FRANKFURT · STUTTGART · MÜNCHEN
UND WEITERE 100 HOTELS WELTWEIT

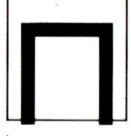

SCHIRN KUNSTHALLE FRANKFURT
Am Römerberg

27. August – 6. November 1988
Meisterwerke aus der Phillips Collection, Washington. Von El Greco bis Frank Stella

2. Dezember – 26. Februar 1989
Guido Reni und Europa. Ruhm und Nachruhm

Henri Matisse

Öffnungszeiten: Di.-Fr. 10-21 Uhr, Sa., So. und feiertags 10-19 Uhr
Nutzen Sie unsere langen Abendöffnungszeiten! Telefon 0 69-1 54 50

AMBASSADOR HOTEL
City / Hauptbahnhof

Moselstraße 12 · 6000 Frankfurt 1
Telefon (0 69) 25 10 77 · Telex 4 14 963 ambas

City / Ostbahnhof

HOTEL HENNINGER HOF

Hanauer Landstraße 127 · 6000 Frankfurt 1
Telefon (0 69) 43 91 15 · Telex 4 11 091 hothh d

---

zum Rheintal nach Bingen, Bacharach, Assmannshausen und zur Loreley. Oder mainaufwärts in Richtung Seligenstadt und Aschaffenburg. Buchung im Pavillon der **Köln-Düsseldorfer KD-Linie** am Eisernen Steg (Tel. 28 24 20) oder an gleicher Stelle bei der **Wikinger-Linie** (Tel. 29 39 60) und der **Primus-Linie** (Tel. 28 18 84).

Mit dem Dampfzug

An einem Wochenende im Monat (1988: 15./16. 10.; 13. 11.; 3./4. 12.) fährt ein historischer Dampfzug auf der Strecke der städtischen Hafenbahn am Mainufer entlang, vom Eisernen Steg entweder in Richtung Griesheim im Westen oder Mainkur im Osten. Abfahrtszeiten im Stundentakt von März bis Oktober und im Dezember: Samstag 13–17 Uhr, Sonntag 10–12 und 14–17 Uhr. Im November, Januar und Februar raucht der Schornstein nur sonntags zwischen 10 und 17 Uhr. Info: bei den städtischen Informationsbüros oder beim Verein „Historische Eisenbahn Frankfurt", Postfach 900345, 6000 Frankfurt/Main 90; Tel. 53 91 47.

Mit der Straßenbahn

Star im – arg geschrumpften – städtischen Schienenprogramm ist der **Ebbelwei-Expreß**. Samstags, sonn- und feiertags zwischen 13.30 und 17.30 Uhr rattert die historische Straßenbahn vom Ostbahnhof aus im Halbstundentakt durch die Stadt und zeigt bei Brezel und Apfelwein, was Frankfurt zu bieten hat. An den übrigen Tagen kann die buntbemalte Tram auch für Gruppenfahrten gemietet werden. Allerdings: Da ein weiterer Abbau des oberirdischen Schienennetzes geplant ist, droht dieser Attraktion das Aus. Info: Stadtwerke Frankfurt am Main, Rathenauplatz 3, Tel. 13 68-24 25; Frankfurter Verkehrs- und Tarifverbund (FVV), Mannheimer Straße 15–19, Tel. 26 94-0.

Mit dem Bus

Die **Stadtbusse** fahren ab Frankfurt-Hauptbahnhof Nordseite: von März bis Oktober täglich 10 und 14 Uhr; von November bis Februar Montag bis Freitag 13 Uhr, Samstag 14 Uhr und Sonntag 10 Uhr. Zwischen 1. Mai und 30. September gibt's sonntags um 14 Uhr anstelle der Stadt- eine Taunusrundfahrt, inklusive Alt-Höchst. Dauer jeweils zwei bis drei Stunden; Kosten: 26 Mark, für Kinder 13 Mark. Die Erläuterungen hören Sie in Deutsch und Englisch, auf Wunsch auch in Französisch oder in einer anderen Sprache.

Nur auf Anfrage und meist für Schulklassen veranstaltet der **Deutsche Gewerkschaftsbund** (DGB) alternative Stadtrundfahrten zu den Stätten der Frankfurter Arbeiterbewegung und des antifaschistischen Widerstandes. Info: beim DGB-Kreis Frankfurt, Wilhelm-Leuschner-Str. 69; Tel. 26 84-206/201.
Verschiedene Rund- und Ausflugsfahrten werden auch von privaten Veranstaltern angeboten: **LTS** (Wiesenhüttenplatz 39; Tel. 23 04 92-95) startet viermal täglich, jeweils um 10, 13, 16.30 und 20 Uhr, zu einer etwa zweieinhalbstündigen Rundfahrt. Der Preis von 50 Mark (für Kinder 40 Mark) schließt auch eine kleine Mahlzeit ein.
Die **Deutsche Touring** (Am Römerhof 17; Tel. 7 90 30) beginnt ihre Touren am Touringbus-Terminal (Tel. 23 07 35), Hauptbahnhof Südseite: vom 1. Februar bis 30. November vormittags um 10 Uhr, nachmittags um 15.30 Uhr. Kosten: 34 Mark, für Kinder 24 Mark.

Mit dem Taxi

Wer den eigenen Fahrkünsten in der fremden Stadt mißtraut, kann sich unbesorgt Frankfurts Taxifahrern anvertrauen: **Taxi Stadtrundfahrten** (Tel. 23 00 33) bietet Individualisten seit Dezember 1987 zweieinhalbstündige Sightseeing-Touren: Zum Preis von 95 Mark vermitteln die kundigen Chauffeure allerlei Wissenswertes und können auch – auf Fahrgastwunsch – ganz schnell die Route ändern; flexible Abfahrtszeiten haben sie sowieso.

Das Café Hauptwache, gegenüber der Katha

INFO

Cafés

Keine Lust mehr, sich im Innenstadtgewühl länger auf die Füße treten zu lassen? Dann machen Sie mal Pause. Dort, wo Gestreßte bei Kaffee und Kuchen wieder zu Kräften kommen.

Altes Café Schneider
Kaiserstraße 12; Tel. 28 14 47.
Wie eine Insel der Ruhe liegt das klassische Café im Geschäftsrummel. Viele Leckereien aus der Konditorei machen den Aufenthalt angenehm – und kalorienreich. Auch als Frühstücksadresse empfehlenswert.
Geöffnet Montag bis Samstag 7.30–19 Uhr; Sonntag 13–19 Uhr (Oktober bis Ende April).

Café Hauptwache
An der Hauptwache
Tel. 28 10 26.
Im Sommer sitzt man auf der Terrasse, vom Passantenstrom umtost. Der richtige Ort, um bei kleinen Snacks das Großstadtleben an sich vorüberziehen zu lassen.

Für Kaloriensünder: Café Schneider

Wo Adorno & Co. disputierten: Café Laumer

Geöffnet täglich 7.30–19 Uhr, Samstag 8.30–19 Uhr, Sonntag 11–19 Uhr.

Café Laumer
Bockenheimer Landstraße 67
Tel. 72 79 12.
Eines der traditionsreichsten Lokale der Stadt. Adorno, Horkheimer und viele ihrer Kollegen wählten diesen Ort zum wissenschaftlichen Disput bei Kaffee und Kirschlikör – und ließen sich auch nicht vertreiben, als Ende der sechziger Jahre ihre Studenten im revolutionären Laufschritt und mit erhobener Faust draußen vorbeiliefen. Das Café hat inzwischen ein neues Gesicht bekommen, ist aber immer noch ein beliebter Treffpunkt für ein bunt gemischtes Publikum.
Geöffnet täglich 7.30–19 Uhr, Sonntag 11–19 Uhr.

Café im Museumspark
Schaumainkai 15; Tel. 62 83 53.
Auf der Sachsenhäuser Mainseite, im Museum für Kunsthandwerk untergebracht. Auf der Terrasse zu sitzen, mit Blick auf die Stadt, umgeben von moderner Architektur und alten Bäumen, gehört zu den schönsten Kaffeehaus-Erlebnissen in Frankfurt. Wenn das Wetter nicht mitspielt, schaut man durch die großen Fenster in den Park.
Geöffnet täglich außer Montag 11–19 Uhr.

Café Schwille
Große Bockenheimer Straße 50
Tel. 28 41 83.
Traditionsreiches Café an der Freßgass'. Ältere Damen mit Handtasche und Hut und jung-dynamische Großstadtflaneure sitzen hier Tisch an Tisch, den Blick immer auf die „Gass'" gerichtet, um ja nicht zu verpassen, was da so läuft.
Geöffnet Montag bis Samstag 7–19.30 Uhr, bei schönem Wetter bis 23 Uhr; Sonntag 13–19 Uhr.

Café Will
Schweizer Straße 59
Tel. 61 43 07.
Die Inneneinrichtung des seit 1946 bestehenden Cafés hat den Wandel der Schweizer Straße vom eher

inenkirche, wurde 1968 wiederaufgebaut

Frankfurt, Hessens große Tochter...

Das Bundesland Hessen ist reich an „großen Töchtern" Wirtschafts und Wissenschaftszentren von internationaler Bedeutung und Ausstrahlung.

In Frankfurt am Main begegnen sich Tradition und Moderne, Kommerz und Kultur. Frankfurt hat den größten europäischen Bahnhof, den wichtigsten internationalen Flughafen, die bedeutendste deutsche Börse und ist eines der dynamischen Finanzzentren der Welt. Frankfurt veranstaltet die größten Handels-, Buch- und Industriemessen. Frankfurt ist Sitz der Deutschen Bundesbank, ist die Hauptstadt der deutschen Werbebranche.

Dieses Potential ist eine Basis dafür, daß Hessen auch als bevorzugter Standort für international tätige Unternehmen gilt.

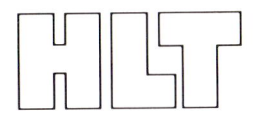

HLT
Wirtschaftsförderung Hessen

Wenn Sie weitere Informationen
über Hessens große Tochter oder
Hessen wünschen, wenden Sie
sich bitte an
HLT Landesentwicklungs- und
Treuhandgesellschaft mbH
Abraham-Lincoln-Straße 38–42
6200 Wiesbaden
Telefon (0 61 21) 774-0 · Telex 4 186 127
Telefax (0 61 21) 774-265

kargen Nachkriegsboulevard zur schicken Einkaufsstraße mit Wurstboutiquen und Modeläden unbeschadet überstanden. Vielleicht kommen deswegen gerade die älteren Sachsenhäuser Bürger so gerne hierher.
Geöffnet täglich außer Mittwoch 9.30–18.30 Uhr, Samstag bis 16 Uhr, Sonntag 13–18 Uhr (nur Verkauf außer Haus).

galerie A/Opus 111
**Palmengartenstr. 8
Tel. 74 57 84.**
Service und Speisen sind nicht immer ganz auf der Höhe, aber die Atmosphäre stimmt in der freundlichhellen, im Fünfziger-Jahre-Schick möblierten Café-Galerie.
Geöffnet täglich 9–1 Uhr, Samstag und Sonntag 10–1 Uhr.

eine hervorragende Weinkarte haben das postmodern gestaltete Sachsenhäuser Lokal der Gebrüder Mosbach weit über die Grenzen der Stadt Frankfurt hinaus bekannt gemacht.
Geöffnet täglich 12–14 und 19–1 Uhr, Samstag nur abends, Sonntag geschlossen.

Brückenkeller
Schützenstraße 6; Tel. 28 42 38.
In dem 360 Jahre alten Kellergewölbe, nahe dem Mainufer, wird international mit regionalem Einschlag gekocht. Gute Weine, gepflegte Atmosphäre. Und das Hausmusiker-Trio ist im Preis eingeschlossen – ob Sie wollen oder nicht.
Geöffnet täglich 18–1 Uhr, Sonn- und Feiertage geschlossen.

360 Jahre wölben sich über den Gästen: »Brückenkeller«

Die »Grie Soß« deckt vieles zu

Trotz Würstchen, Rippchen oder Kranz – Frankfurts Kochkunst bietet nur im Handkäs Musik

Der Frankfurter steckt voller Widersprüche: kosmopolitisch von der Anlage, aber spießerhaft in seiner Neigung. Oder auch umgekehrt. Jedenfalls zeichnet sich der echte Frankfurter, ob von Geburt geadelt oder zugezogen, durch seine Flexibilität aus. Und wenn es stimmt, daß die Küche den Charakter eines Volkes offenlegt, dann haben die Frankfurter von allem ein bißchen – und dabei eine gewisse Originalität.
Die Frankfurter „Kochkunst" hat weiß Gott weniger zu bieten als die Münchner oder die Hamburger, und dennoch eilt ihr der Ruf voraus, „typisch" zu sein. Vielleicht, weil jeder Deutschland-Tourist mittlerweile weiß, daß die Frankfurter vorzugsweise ein Getränk zu sich nehmen, das es nirgendwo sonst auf der Welt gibt: den Apfelwein.
Apfelweinkultur hin, „Handkäs mit Musik" her. Sie wissen schon: dieser gelbliche kleine Käse-Runzling, der, in Öl mit reichlich Zwiebeln schwimmend, üblicherweise zum Frankfurter Nationalgetränk gegessen wird. – Ein Frankfurter Chronist des 19. Jahrhunderts brachte das Dilemma Frankfurter Gastronomie auf den Punkt: Die hiesige Küche genieße besonderes Ansehen deshalb, weil die Köche sich anstrengten, die Nationalgerichte ihrer Gäste möglichst untadelig zu imitieren. Renommierte Gasthäuser hießen damals: „Russischer Hof", „Holländischer Hof", „Englischer Hof". In letzterem pflegte übrigens Schopenhauer zu speisen, wie es heißt, 27 Jahre lang.
Der andere Olympier der Stadt hielt es dagegen mit dem Bodenständigen: Goethe liebte „Schwartenmagen", eine Wurstart, und den „Schmalzkrautsalat", den nur noch ganz wenige Lokale servieren. Daß Goethes Hochachtung vor dem „vegetabilischen Vermögen" der heimischen Küche sich auch auf die berühmte „Grie Soß", die echte Grüne Soße mit den sieben Kräutern, bezog, gehört womöglich in das Reich der Fabel, auch wenn sie hartnäckig als Goethes Leibgericht bezeichnet wird.
Weniger typisch, dafür um so bekannter, sind die „Frankfurter Würstchen". 1987 wurde ihr 500. Geburtstag gefeiert. Und seit fast 60 Jahren sind die feinen Schweinswürste gesetzlich geschützt: Demnach dürfen sich Würstchen nur „Frankfurter" nennen, wenn sie aus dem Wirtschaftsgebiet Frankfurt stammen. Im Grunde eine Lex Neu-Isenburg, denn dort, südlich der Mainmetropole, werden die meisten Würstchen hergestellt. In der Stadt ihrer Herkunftsbezeichnung dagegen

Restaurants

Frankfurts Gastronomie-Kultur hat mehr zu bieten als Apfelwein, Handkäs und Frankfurter Würstchen. Hier ein kleiner Wegweiser zu empfehlenswerten Kochtöpfen, wobei diese Auswahl keinen Anspruch auf Vollständigkeit, wohl aber auf internationale Vielfalt erhebt.

Gourmet-Tempel

Bistro 77
**Ziegelhüttenweg 1-3
Tel. 61 40 40.**
Exquisite französische Küche, sympathisch legerer Service und

Erno's Bistro
Liebigstraße 15; Tel. 72 19 97.
Französische Küche von erhabenem Rang. Gleichwohl beinahe familiäre Atmosphäre, woran der zuvorkommende, lockere Service erheblichen Anteil hat.
Geöffnet täglich 12–15 und 19–24 Uhr, Samstag und Sonntag geschlossen.

Gargantua
Friesengasse 3; Tel. 77 64 42.
Kreative Kochkunst, erlesene Weine und edle Hochprozenter, dazu eine hervorragend sortierte Käseauswahl werden von den Gästen im hellen, weiß-blau gekachelten Restaurant ebensosehr geschätzt wie die Publikumsmischung: Manager hocken Tisch an Tisch mit den Auf-

steigern aus der Frankfurter Szene.
Geöffnet täglich 19–1 Uhr, Sonntag und Montag geschlossen.

Humperdinck
Grüneburgweg 95; Tel. 72 21 22.
Namensgeber ist der Schöpfer der Märchenoper „Hänsel und Gretel", der Komponist Engelbert Humperdinck, der eine Zeitlang in der alten Westend-Villa zu Hause war – so wie der Schöpfer des „Struwwelpeter", Heinrich Hoffmann. Im luxuriös ausgestatteten Etablissement von Edmund Teusch und Küchenchef Willi Tetz wird die klassische französische Küche modern variiert.
Geöffnet täglich 12–14 und 19–22.30 Uhr, Samstag nur abends, Sonntag geschlossen.

Das Küchenteam vom »Humperdinck«

Hotelrestaurants

Gourmet Restaurant
**Hotel Gravenbruch Kempinski,
Neu Isenburg 2
Tel. 06102/50 50.**
Das intime und exklusiv eingerichtete Feinschmeckerlokal liegt zwar etwas außerhalb, die Anfahrt dürfte aber noch kein Gast bereut haben,

wird die berühmte Spezialität nicht häufiger verzehrt als sonstwo in der Bundesrepublik – im Gegenteil: Der „aale Frankforder" pfeift auf den Heimvorteil und schwört auf die Rindswurst, vorzugsweise aus der Traditionsmetzgerei „Gref-Völsing" an der Hanauer Landstraße 132. Und der jüngere Frankfurter ißt sowieso Hamburger oder – wenn es denn Wurst sein muß – Nürnberger oder Thüringer.

Eines läßt sich der Frankfurter allerdings nicht nehmen, und das ist sein „Frankfurter Kranz", ein Rührteigkuchen mit einer Füllung aus Buttercreme – das Pendant sozusagen zur allgegenwärtigen Schwarzwaldtorte.
In Frankfurt, und nirgendwo sonst auf der Welt, werden außerdem die „Bethmännchen" gebacken, eine Süßigkeit aus Marzipan. Über den Ursprung des Namens streiten sich die Lokalforscher. Schlicht und einfach von „betende Männer" abgeleitet, wären die Bethmännchen als ebenso frommes wie schmackhaftes Totem zu deuten. Oder aber sie wurden – dies ist die gängige Lesart – von einem Mitglied der Banker-Dynastie Bethmann respektive dessen französischem Koch eingeführt. Tatsache ist, daß die Bethmännchen seit einigen Jahren in und um Frankfurt eine Hausse ihrer Beliebtheit erfahren, wohingegen der letzte Banker-Nachfahr der Bethmänner, der wegen seiner pessimistischen Wirtschaftsprognosen in Finanzkreisen den Ruf einer „Kassandra vom Main" genießt, den Dresdner Stollen bevorzugt.
Sollte der neugierige Fremde nun einen Frankfurter nach dem typischen Frankfurter Gericht fragen, erhielte er in 90 von 100 Fällen zur Antwort: „Rippche mit Kraut". Und das weist, bei allem Wohlwollen, wieder auf ein Frankfurter Dilemma hin: Denn das Gericht ist weder besonders originell noch typisch frankfurterisch – es handelt sich schlichtweg um Kasseler.
Zur Ehrenrettung der Frankfurter sei gesagt, daß es immer mehr Genießer gibt, die sich, wenn auch etwas snobistisch im Ansinnen, dieser Speisenfolge widmen: gekochtes Ochsenfleisch, vorzugsweise aus den zartesten Teilen der Brust, mit Grüner Soße; dann, als Dessert gewissermaßen und stilecht nur mit dem Messer zu verzehren, der Handkäs. Wenn Sie das genossen haben, werden Sie mit Anstand sagen können: Ich habe gut „frankforderisch gegesse".
Deshalb an dieser Stelle wenigstens ein Rezept für die „Grie Soß" – zur Nachahmung und, natürlich, zur Abwandlung empfohlen. Man nehme etwa ein halbes Pfund frische Kräuter (mindestens sieben verschiedene an der Zahl): Petersilie, Schnittlauch, Sauerampfer, Kerbel, Liebstöckel, Borretsch, Pimpinelle, Dill. Die feingewiegten Kräuter werden mit drei bis vier kleingehackten, hartgekochten Eiern und feinem Öl verrührt. Dazu wird etwas Knoblauch gegeben und, wenn es beliebt, ein wenig Dijon-Senf. Noch zwei Becher Joghurt und drei Eßlöffel Crème fraîche, und fertig ist die Grüne Soße, eine Delikatesse, die in dieser Variante noch dazu dem strengen diätischen Zeitgeist von heute genügt. *Joachim Klein*

Ein typisch Frankfurter Gedeck: Die Grüne Soße paßt zu vielen Gerichten, und das Glas Apfelwein gibt allem einen Geschmack von Volkstümlichkeit

La Truffe
Parkhotel, Wiesenhüttenplatz 28–38; Tel. 26 97-88 30.
Französische Küche, leicht und kreativ, sowie 300 im Klimaschrank vorschriftsmäßig temperierte Weine. Savoir-vivre zwischen Gobelins, Brokat und Spätbarock.
Geöffnet täglich 11.30–14.30 und 18.30–24 Uhr, Samstag nur abends, Sonntag geschlossen.

Lorenzo Albertella, Chef de Cave: Im Angebot ein Mouton Rothschild

Leicht & locker

Leiter
Kaiserhofstraße 11
Tel. 29 21 21.
Der Schickeria-Top-Treff im zeitgemäßen Bistro-Stil bietet leichte Kost und eine Auswahl an guten Weinen. Im Sommer sitzt man draußen mit Blick auf die Freßgass' und beobachtet die Shopper.
Geöffnet täglich 12–1 Uhr, Sonn- und Feiertage geschlossen.

Orfeo
Hamburger Allee 45
Tel. 70 91 18.
Auch ein In-Lokal und ein sehr kommunikatives dazu. Empfehlenswert sind die einfallsreichen Suppenkreationen und Salate, Bestnoten verdienen aber auch die leichten und dekorativ servierten Menüs. Lobenswert ist das Programm am Sonntagmorgen, das etwa mit „Jules und Jim", dem Frühstück für flotte Dreier, auch zeitgemäßen Beziehungskisten Rechnung trägt.
Geöffnet täglich 12–1 Uhr, Samstag und Sonntag 10–1 Uhr.

denn: Die Küche trägt zu Recht einen der begehrten Michelin-Sterne.
Geöffnet Montag bis Freitag 19–1 Uhr.

Hessischer Hof
Friedrich-Ebert-Anlage 40
Tel. 75 40-9 38.
Auf den Tellern wird internationale Küche serviert, und in den Vitrinen steht ein Sèvres-Porzellangeschirr, das zu Napoleons Zeiten in Frankreich hergestellt wurde. Noble Ausstattung, konservatives Publikum.
Geöffnet täglich 12–15 und 18.30–23 Uhr.

Restaurant Français
Hotel Frankfurter Hof, Am Kaiserplatz; Tel. 2 02 51.
In dem eleganten und luxuriös eingerichteten Restaurant verwöhnt Küchenchef Bernhard Stumpf seine Gäste mit einem abendlich wechselnden Sieben-Gänge-Menü. Einen Michelin-Stern hat er sich inzwischen schon erkocht, durch Kreationen wie Hummernavarin mit Pfifferlingen in Estragonsauce.
Geöffnet täglich 12–14 und 19–23 Uhr, Sonn- und Feiertage geschlossen.

Rôtisserie
Hotel Intercontinental, Wilhelm-Leuschner-Str. 43; Tel. 23 05 61.
„Cuisine créative" nennt Küchenchef Franz Wirth seine Kunststücke: deutsche Küche mit den Raffinessen der „Nouvelle cuisine".
Geöffnet täglich 12–15 und 19–1 Uhr, Sonntag mittags geschlossen.

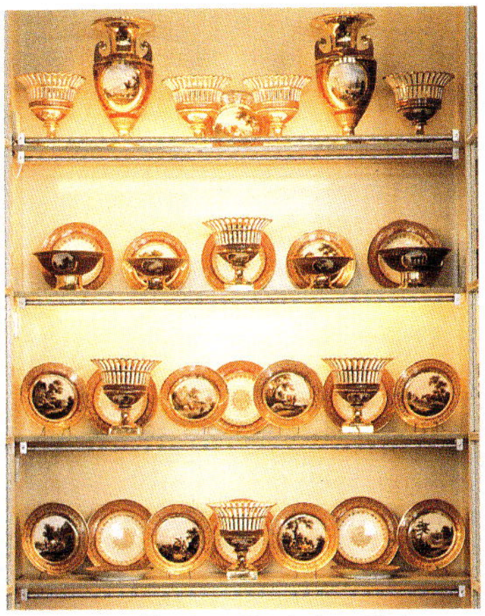

Sèvres-Porzellan im »Hessischen Hof«

Frühstücks-Treff: »Orfeo«

INFO

Gut & bürgerlich

Mit diesem Etikett sind hier nun nicht Zigeunerschnitzel mit Pommes frites gemeint. Solche Tellergerichte gibt es natürlich auch in Frankfurt an jeder Ecke, mal besser, mal schlechter. Wer jedoch sichergehen will, geht in eines der folgenden Gasthäuser:

Dippegucker
**Am Hauptbahnhof 4
Tel. 23 49 47.
Eschenheimer Anlage 40
Tel. 55 19 65.**
Wer das Solide liebt, ist im „Topfgucker" richtig. Die Küche kennt einige Frankfurter Originalrezepte; Service und Komfort sind allerdings eher Nebensache.
Das Lokal am Hauptbahnhof hat täglich von 11–23 Uhr geöffnet, das am Eschenheimer Turm täglich von 11.30–15 und 17–24 Uhr.

Malepartus
**Bornheimer Landwehr 59
Tel. 44 79 10.**
Sollte die Reisekasse leer, der Hunger aber riesengroß sein, dann gibt's nur einen Weg: den in diese rustikale, jedoch durchaus ordentliche Freßkneipe in Bornheim.

Blickfang vor der Tür: »Malepartus«

Geöffnet täglich 11.30–14 und 17–23 Uhr, Samstag, Sonn- und Feiertage durchgehend, Dienstag geschlossen.

Schlund
**Eschersheimer Landstraße 347
Tel. 5 60 18 95.**
Bürgerlich im besten Sinne: Die Rezepte stammen in der Regel aus dem süddeutschen, vorzugsweise schwäbischen Raum. Und selbst wem der Sinn nicht nach Ochsenmaulsalat mit Kutteln als Vorspeise steht, findet jede Menge Alternativen.
Geöffnet Dienstag bis Samstag 18–22 Uhr, Mittwoch, Donnerstag auch 12–14 Uhr, Sonntag nur 12–14 Uhr, Montag geschlossen.

Wieland-Stubb'
Wielandstraße 1; Tel. 55 85 51.
Aus der Eckkneipe kommt keiner hungrig raus: denn dort gibt es deftige Kost in Riesenportionen zu günstigen Preisen. Und nehmen Sie es nicht persönlich: Willi, der Wirt, lugt chronisch grantig hinter seinem Tresen hervor.
Geöffnet täglich 11–1 Uhr, Samstag und Sonntag geschlossen.

Kräftige Küche, kräftige Portionen: Wirt Luigi im »Nummer 16«

Italienisch

La Galleria
**BfG-Hochhaus, Kaiserstraße
Tel. 23 56 80.**
Südländisches strahlt das Ambiente nicht aus. Doch spätestens wenn die Appetizer vom üppigen Büffet gereicht werden, gibt es keinen Zweifel: die richtige Adresse, zu Füßen des Bankhochhauses, für Liebhaber der neuen italienischen Küche.
Geöffnet täglich 12–14.30 und 18.30–23 Uhr, Sonntag geschlossen.

Gallo Nero
Kaiserhofstraße 7; Tel. 28 48 40.
Gut aber teuer ißt man italienische Spezialitäten im „Schwarzen Hahn" an Frankfurts Feinkostmeile, der Freßgass'. Und auch bei der Gestaltung der Weinliste hatten die Preisdesigner wohl ausschließlich zahlungskräftige Spesenritter im Visier.
Geöffnet täglich 12–15 und 18–23 Uhr.

Golfo di Napoli
**Leipziger Straße 16
Tel. 77 65 66.**
Auch nicht gerade billig ist das kleine Ristorante unweit der Bockenheimer Warte. Aber die Gerichte sind frisch und pfiffig, das Ambiente ist gemütlich-leger. Lassen Sie sich beraten bei der Wahl aus dem reichen Grappa-Sortiment.
Geöffnet täglich 12–15 und 18.30–1 Uhr, Sonntag geschlossen.

Nummer 16
**Rohrbachstraße 16
Tel. 46 45 91.**
Einer der beliebtesten „Italiener" der Stadt mit kräftiger sardischer Küche. Wirt Luigi schenkt die Gläser immer randvoll ein, seine Frau Luana kocht spitzenmäßige Nudel- und Fleischgerichte – und wenn man sich einmal daran gewöhnt hat, daß ein gutes Lokal auch dann teuer sein darf, wenn es nicht danach aussieht, wird man immer wiederkommen. Vorsicht bei der Bestellung: Die Portionen sind wirklich sehr groß.
Geöffnet täglich 18–1 Uhr.

Griechisch

Unter den vielen griechischen Lokalen gibt es nur wenige, deren Niveau über dem Souvlaki-mit-Weißkohl-Standard liegt. Hier eine kleine Auswahl:

Atmo
Gaußstraße 39; Tel. 43 15 90.
Originelle, enge, gemütliche Kneipe mit kleiner, aber feiner Karte.
Geöffnet täglich 18–1 Uhr, Freitag und Samstag bis 2 Uhr.

Bei Nico
**Martin-Luther-Straße 17
Tel. 49 36 26.**
Sehr beliebt, mit gutem Essen und kleinem Garten.
Geöffnet täglich außer Montag 18–1 Uhr.

Nibelungenschänke
**Nibelungenallee 55
Tel. 55 42 44.**
Das Essen stimmt, allerdings gibt es nur eine bescheidene Auswahl.

Großes Plus: der schöne Garten im Hinterhof.
Geöffnet täglich 17–1 Uhr.

Parthenon
Kennedyallee 34, Ecke Gartenstraße; Tel. 63 54 19.
Die Karte zeigt ein vielfältiges Angebot, die Gerichte kommen in ordentlicher Qualität und vorwiegend frisch zubereitet auf den Tisch.
Geöffnet täglich 12–15 und 17.30–24 Uhr.

Spanisch

Taberna Sevilla
**Mainzer Landstraße 243
Tel. 73 59 52.**
Kleine, dunkle Bodega mit gelungener Küche: pikante Fisch- und Fleischspezialitäten zu kräftigen Pop- oder Flamenco-Rhythmen. Das immer gutbesuchte Lokal ist

Immer Stimmung: »Taberna Sevilla«

auch für hungrige Nachtschwärmer jenseits der Polizeistunde ein attraktives Ziel.
Geöffnet täglich 19–3.30 Uhr.

Tres Pablos
**Bachmannstraße 2
Tel. 7 89 11 84.**
Geräumiges Lokal im Kulturzentrum „Brotfabrik" mit ansprechender Küche und recht gemütlicher Atmosphäre.
Geöffnet täglich 18.30–0.30 Uhr, Montag geschlossen.

Steyrisch

Erzherzog Johann
**Alt Heddernheim 41
Tel. 57 38 00.**
Das Wirtshaus in Heddernheim fällt trotz seines ganz und gar unspektakulären Interieurs aus dem Rahmen: Hier sitzt man auf langen Holzbänken, bei schönem Wetter im Freien, trinkt „Heurigen" und ißt dazu, zum Beispiel ein deftiges Szegediner Gulasch. Und für diesen leisen Anflug von Exklusivität zahlt man nicht mehr als üblich.
Geöffnet täglich 19–23 Uhr, Sonntag geschlossen.

PHILIP MORRIS
LIGHT AMERICAN

GESCHMACK EINER NEUEN GENERATION

Der Bundesgesundheitsminister: Rauchen gefährdet Ihre Gesundheit. Der Rauch einer Zigarette dieser Marke enthält 0,3 mg Nikotin und 4 mg Kondensat (Teer). (Durchschnittswerte nach DIN)

Polnisch

Club Scarlett Pimpernell
Krögerstraße 7; Tel. 29 21 38.
Ohne Voranmeldung läuft gar nichts in dem kleinen, verwinkelten Kellergewölbe in der Innenstadt. Dann aber, wenn „Mammutschka" mit bisweilen überschäumendem Temperament schwere polnische Kost serviert, ist ordentlich was los. Herrliche Braten, deftige Soßen, Träume aus Blaukraut und als Lebensretter ein guter Wodka oder zwei – das sind die Eckwerte für ein ausgedehntes Gelage in dieser einzigartigen Institution.
Öffnungszeiten unregelmäßig, am besten vorher anrufen.

Chinesisch

Regent
Kaiserstraße 66; Tel. 23 54 83.
Das moderne Interieur – wenig Rot, viel Schwarz – hebt das „Regent" wohltuend aus der Masse der protzig ausstaffierten Chinatempel heraus. Manche Zutaten und Gewürze werden eigens aus China eingeflogen. Trotzdem liegen die Preise auf mittlerem Niveau: Ein Mittagsmenü bekommt man schon ab zehn Mark.
Geöffnet täglich 11.30–23.30 Uhr.

Tse Yang
Kaiserstraße 67; Tel. 23 25 41.
Edel-Chinese im Bahnhofsviertel. Die Palette reicht von kleinen Köstlichkeiten bis zu großen Menüs und vermittelt einen positiven Eindruck vom Variantenreichtum der chinesischen Küche. Die Wartezeit auf den nächsten freien Tisch – Reservierung ist ratsam – überbrückt man mit einem Aperitif im salonartigen Vorraum. Das alles hat natürlich seinen – angemessenen – Preis.
Geöffnet täglich 12–23.30 Uhr.

Indisch

Bombay Palace
Taunusstraße 17; Tel. 23 39 83.
Eine ausgezeichnete kulinarische Abwechslung mit variantenreicher Speisekarte. Informieren Sie sich vorher über den Schärfegrad der einzelnen Gerichte – damit es nachher keine Tränen gibt.
Geöffnet täglich 12–15 Uhr und 18–24 Uhr.

Gaylord
Elbestraße 24; Tel. 25 26 12.
Auch für dieses geräumige Lokal, kaum fünf Fußminuten vom „Bombay Palace" entfernt, gilt: Es wird gut gewürztes, bisweilen für abendländische Gaumen ziemlich scharfes Essen offeriert. Welches von beiden das bessere Restaurant ist, darüber streiten sich die Geschmäcker. Probieren Sie's aus, vielleicht bei einem „Tandoori Menü" (aus dem indischen Grillofen) oder den vegetarischen Leckereien.
Geöffnet täglich 11–15 und 18 bis 23.30 Uhr.

Japanisch

Kikkoman
Friedberger Anlage 1
Tel. 499 00 21.
Das Interieur der Lokalität im Ostend verströmt luxuriöse Eleganz, die Speisen werden in den verschiedenen Räumen aufwendig angerichtet und liefern beeindruckende Einblicke in die japanische Kochkunst.
Geöffnet täglich 12–14 und 18–21.30 Uhr, Samstag nur abends.

Auf die schnelle

Schnelles Essen muß nicht gleichbedeutend mit schlechtem Essen sein. Auch wenn die sogenannten Restaurants diverser Fast-food-Ketten in der Stadt schon fest Fuß gefaßt haben – es gibt auch kulinarische Alternativen. In der Innenstadt, beispielsweise, sind es diverse Metzgereien, die ordentliche Happen für zwischendurch anbieten. Oder warum nicht mal ein Döner-Sandwich in einem der vielen türkischen Imbißläden des Bahnhofsviertels probieren?

Gargantua Deli-Shop
Liebigstraße 27; Tel. 72 54 72.
Imbiß für den gehobenen Geschmack in der lukrativen Umgebung des Westends. Ausgesuchte Feinkost soll den Beschäftigten der nahen Agenturen, Büros und Kanzleien kulinarische Frühstücks- und Mittagserlebnisse bieten. Französischer Käse, Pasteten, italienischer Schinken, ausgesuchte Salami, frische Salate und kleine Gerichte werden auch zum Mitnehmen angeboten. Und braucht man schnell noch einen Wein dazu – die Firma „Vini di Vini", im gleichen Raum, hält eine umfangreiche Auswahl guter Tropfen bereit.
Geöffnet täglich 10–18.30 Uhr, Samstag und Sonntag geschlossen.

Lakritz
Jordanstraße 11; Tel. 707 38 41.
Hell und klar das Design, gesund und nahrhaft die Kost. Ganz in der

Modernes Design im »Regent«, japanische Küche zum Miterleben im »Kikkoman«

Polnische Kost nach Hausfrauenart, bergeweise: »Club Scarlett Pimpernell«

Bio-Pfannkuchen im »Lakritz«

Nähe der Uni, im Hinterhof der Karl-Marx-Buchhandlung, betreiben vier junge Frauen einen „Vollwertimbiß". Die zu leckeren Snacks verarbeiteten Lebensmittel stammen vorwiegend aus biologischem Anbau. Motto des Ladens: Schnell essen, lang leben.
Geöffnet täglich 9–19 Uhr, Samstag bis 14 Uhr, Sonntag geschlossen.

Apfelweinlokale

Nicht nur „dribbdebach", in Alt-Sachsenhausen, wird das „Stöffche" ausgeschenkt. Fast überall in Frankfurt, und besonders an seiner Peripherie, gibt es Lokale, in denen man einen guten „Schoppe petzen" kann. Einige der besten Zapfstationen, nach Stadtteilen sortiert:

Sachsenhausen

Atschel
Wallstraße 7; Tel 61 92 01.
Im ehemaligen Innungslokal der Frankfurter Fischer treffen heute die Leute aus den Dienstleistungs- und Wirtschaftsetagen der Stadt auf ortskundige Apfelwein-Reisende und andere Schlucker mit Stil und Geschmack. Hier gibt es nicht nur Handkäs und Brezeln, sondern auch leckere elsässische Gerichte.
Geöffnet täglich außer Sonntag 18–1 Uhr.

Dauth-Schneider
Neuer Wall 7; Tel. 61 35 33.
Diese bekannte Kneipe hat internationales Publikum. Wen die bisweilen arg apfelweinselige Touristen-Atmosphäre nicht stört, genießt neben dem Traditionsgetränk auch die solide Frankfurter Hausmannskost.
Geöffnet Dienstag bis Freitag 16–24 Uhr, Samstag und Sonntag 12–24 Uhr, Montag geschlossen.

Eichkatzerl
Dreieichstraße 29; Tel. 61 74 80.
Hier dominieren die Alteingesessenen. Der Schoppen ist reell, und der warme Krautsalat wird zu Recht immer wieder gelobt.
Geöffnet täglich 15–24 Uhr, Mittwoch und jeden ersten Donnerstag im Monat geschlossen.

Sehr verehrte Geo-Leser, als Oberbürgermeister der Stadt Frankfurt am Main heiße ich Sie an dieser Stelle – und hoffentlich auch bald in unserer Stadt – herzlich willkommen. Wir Frankfurter sind stolz auf unsere Stadt, in der in den letzten Jahren so viel geleistet wurde. Denn was früher Dichtung war, ist Wahrheit geworden: Frankfurt am Main hat sich zu einer Metropole gemausert, die in diesem Lande ihresgleichen sucht. Zu einer pulsierenden, weltoffenen Großstadt, in der Kultur und Kommerz, Tradition und Moderne, Geschäftssinn und mitmenschliche Solidarität, Gemütlichkeit und neuzeitlicher Chic nicht als Gegensätze wirken, sondern als zueinandergehörige Lebenselemente einer liberalen, bürgerlichen Stadtkultur. Zu diesem bürgerlichen Stil gehörte seit jeher neben der wirtschaftlichen auch die kulturelle Freiheit. Schließlich war es dieser Boden, auf dem sich auch der Weltbürger Goethe entfalten konnte. Kennzeichnend für die einzelnen Epochen der Entwicklung Frankfurts – damals wie heute – ist die rege geistige und materielle Anteilnahme der Frankfurter Bürger. Ohne sie wäre Frankfurt nicht so erfolgreich und nur halb so geistreich. Noch heute trägt Frankfurt den Beinamen „Stadt der Dichter und Denker" zu Recht. Mit freundlichen Willkommensgrüßen im Namen aller Frankfurter

Wolfram Brück

Unser Frankfurt, eine Stadt fürs Leben. **CDU**

INFO

Als Landsitz von Goethe geschätzt, heute Ausflugslokal: »Gerbermühle«

Wagner
Schweizer Straße 71
Tel. 61 25 65.
Einer der unumstrittenen In-Treffs der wohlsituierten „Stöffche"-Szene: von Leuten, die auch auf der Pferderennbahn in Frankfurt-Niederrad aufkreuzen – Werbe-Leute, FAZler, GTI-Fahrer.
Geöffnet täglich 11–24 Uhr.

Zu den drei Steubern
Dreieichstraße 28/Ecke Klappergasse; Tel. 62 22 29.
Das Lokal gilt unter Einheimischen als Topadresse für ungetrübten „Ebbelwei"-Genuß. Anders als in den vielen Touristenkneipen rundherum bestimmt hier das Stammpublikum mit entsprechendem Schlappmaul die Szene.
Geöffnet täglich außer Samstag 15.30–24 Uhr.

Zum Gemalten Haus
Schweizer Straße 67
Tel. 61 45 59.
Zahlreiche Gemälde aus dem Leben waschechter Trinkgesellen verleihen dem traditionsreichen Lokal sein Kolorit. Wenn die Farben trübe werden, ist es Zeit heimzugehen. Dank einer Fußbodenheizung kann man auch in kühlen Nächten draußen sitzen.
Geöffnet Mittwoch bis Sonntag 10–24 Uhr.

Zur Germania
Textorstraße 16; Tel. 61 33 36.
Daß die seit 1806 bestehende Wirtschaft den Charme eines „Notbehelfs aus der Zeit um die Währungsreform" verströmt, wie ein Restaurant- und Kneipenführer befand, beeinträchtigt nicht die Qualität des ausgeschenkten Schoppens.
Geöffnet täglich außer Montag 16–24 Uhr.

Oberrad

Gerbermühle
Deutschherrnufer 105
Tel. 65 50 91.
Das traditionsreiche Ausflugslokal liegt direkt am Main, auf dem Weg nach Offenbach. Der Andrang unter den Kastanienbäumen im großen Garten führt zeitweilig zur Überlastung des Personals; wer aber gut essen und trinken will, der bringt halt Geduld mit – und einen Chauffeur.
Geöffnet im Sommer täglich 14.30–24 Uhr, im Winter täglich 17–24 Uhr, Sonn- und Feiertage 11–24 Uhr.

Bornheim

Solzer
Berger Straße 260; Tel. 45 21 71.
Alt-Bornheim ist nach Sachsenhausen die zweite Apfelwein-Hochburg. Wer sich dort zum Trinken niedersetzen will, darf die Traditionsschänke „Solzer" nicht auslassen. Der ländlich-schöne Garten ist im Sommer fast immer überfüllt – also Geduld!
Geöffnet täglich 16–23 Uhr, Freitag geschlossen.

Zur Eulenburg
Eulengasse 46; Tel. 45 12 03.
Eine Gaststätte, die wesentlich ursprünglicher und verwachsener mit ihrem Stadtviertel ist, als es die meisten anderen Apfelweinlokale sind.
Geöffnet Mittwoch bis Sonntag 16–24 Uhr.

Zur Sonne
Berger Straße 312; Tel. 45 14 20.
Auch in der dritten Wirtschaft der Bornheimer Apfelwein-Dreifaltigkeit sitzt man im Garten unter Bäumen, die Gäste wohnen oft gleich um die Ecke.
Geöffnet täglich 16–22.30 Uhr, im Winter Sonntag und Montag geschlossen.

Eschersheim

Gaststätte Scherer
Lindenau 9; Tel. 52 60 62.
Der rustikale Apfelweintempel ist unzweifelhaft ein Original unter vielen Imitaten. Deftiges Essen und herzhafte Bedienung.
Geöffnet täglich außer Sonntag 10–14.30 und 16.30–24 Uhr, erster Sonntag im Monat 10–1 Uhr.

Seckbach

Zum Rad
Leonhardsgasse 2; Tel. 47 91 28.
Das Lokal zu Füßen des Lohrbergs bietet alles, was zu einer echten Apfelweinwirtschaft gehört: süffiges Stöffche, Handkäs und kräftiges Essen. Im Sommer sitzt man unter alten Kastanien im Garten auf Bänken, im Winter wird's in der holzgetäfelten Stube gemütlich.
Geöffnet täglich 16–24 Uhr, an Sonn- und Feiertagen 15–24 Uhr.

Zu Weihnachten das neue »Stöffche«

Wie aus dem »Süßen« und dem »Rauscher« der Apfelwein wird

Man nennt ihn Ebbelwei, Eppelwein, Äbbelwei oder Äppelwoi, Stöffche oder auch Schoppe. So verschieden die Bezeichnungen auch sind, das Frankfurter Lokalgetränk ist wegen seines eindeutigen Geschmacks unverwechselbar: Fein und fruchtig, spritzig und aromatisch, so soll es sein, „un net annersd".
Jedes Jahr im Herbst werden die Kelteräpfel – nur die mit festem Fruchtfleisch und einer bestimmten Mischung von Zucker, Säure und Aroma – in die Pressen gefüllt. Was dort herausrinnt, wird „Süßer" genannt, ein trübes, dunkelgelbes Getränk. Der Saft, der Mitte Oktober in den Fässern gärt, trägt die Bezeichnung „Rauscher". Neben rauschhaften Zuständen tritt bei allzu heftigem Genuß als unangenehme Begleiterscheinung vor allem eine atemraubende Verdauungsgeschwindigkeit auf.
Um Weihnachten ist der neue Apfelwein ausgegoren. Getrunken wird er dann als „Neuer Heller" und später als „Alter", standesgemäß aus dem typischen „Rippeglas" und eingeschenkt natürlich aus einem „Bembel", einem graublauen Steinzeugkrug. Nur dann hat man einen richtigen „Schoppe gepetzt".

Hartwin Möhrle

Halden für die Pressen: Im Herbst werden die Kelteräpfel angeliefert

Frau Rauscher
SPEIERLING

...der kernige kräftige Schoppen vom Äppelwoi-Possmann

Kelterei Possmann KG · Eschborner Landstr. 156 · 6000 Frankfurt am Main

»Omelette surprise aus Klatsch und kühner Analyse«

Frankfurter Allgemeine

Hans-Heinrich Pardey, 39, Redakteur der »FAZ« über den »PflasterStrand«

Herr Oberbürgermeister, meine Damen und Herren Stadträte, insbesondere Frau Kulturdezernentin, lieber verehrter Herr Marc Daniel Cohn-Bendit. Wenn wir heute im Kaisersaal des Frankfurter Römer zusammenkommen zur feierlichen Überreichung des (hier einzusetzen einer von einem halben Dutzend denkbarer Namen)-Preises an den Herausgeber eines der bemerkenswertesten publizistischen Erzeugnisse der Rhein-Main-Metropole, wenn die Stadt damit besondere Verdienste um die Mehrung ihres Ansehens würdigt – wird sich jeder von uns erinnern, welch weiten Weg der „PflasterStrand" zurückgelegt hat. (Pause für wohlwollenden Applaus.)

Bei der Gründung, Ende 1976, ein Modell heroischer Kollektivität, ein Blättchen, wie der Zeitgeist viele still beerdigt hat, linksradikal, chaotisch umbrochen, die Redaktion ein Labor für schreibende Betroffenheit, Selbstausbeutung und neue Verkehrsform, alles in allem: Der „PflasterStrand" war als Kontrapunkt zu bürgerlichen bis linkslabberigen Printmedien dieser Stadt gemeint. Unter größten wirtschaftlichen Schwierigkeiten hat der „PS" alles überlebt: Die Depressionen nach plötzlich unwichtig gewordenen Kämpfen. Den Abzug größerer Zahlen der Stammleserschaft in den Vogelsberg, die Toskana oder nach Poona. Den großen Sprung der alternativen Professionalisierung, das Abwandern der eigenen Redaktion zu den Fleischtrögen der Etabliertheit. Den Erfolg des von der CDU gestylten Frankfurt, die gähnende Langeweile, die neuen Männer und die alten Fehler der Grünen. Was ist das Geheimnis dieses Überlebens? Ich sage nur Nischen-Publizistik, und ich sehe, Herr Cohn-Bendit, Sie nicken verständnisinnig. Ihr Erfolg ist der Marsch um die Ecken publizistischen Kästchendenkens. Als sich andere noch nicht trauten, haben Sie – moderat – mit Gewalt oder – ganz heftig – mit dem Parlamentarismus geflirtet, hat Ihr Blatt schon das alternative Sektfrühstück oder das Kondom gefeiert, jedes zu seiner Zeit. Früher als andere haben Sie Frankfurt zur Metropole ausgerufen, und was macht es, daß sich Walter Wallmann dann diesen Begriff hat schützen lassen?

In Zeiten, in denen die Debatte daniederlag, hat es der „PflasterStrand" verstanden, den Eindruck zu erwecken, wenigstens in Frankfurt sei das Palaver noch lange nicht aus. Die aus Klatsch, guten Namen, kühner Analyse und preiswerter Prognose gequirlte Omelette surprise. Es wäre Frankfurt teuer zu stehen gekommen, wenn es mit einem aus dem Kulturetat kaum noch zu finanzierenden Programm versucht hätte, sich derart trendy darzustellen. Hier ist über die Grenzen kleinlicher Parteilichkeit hinaus der „PflasterStrand" als Weichzeichner eingesprungen, zum Nutzen unserer Stadt.

Zum Schluß: Vergessen wir nicht, daß der „PflasterStrand" auch ein Stück Heimat ist! Wir merken es immer wieder, wenn Sie, lieber Herr Cohn-Bendit, eine neue Geldquelle angebohrt haben – dann wird die Frage nach der Moral aufgeworfen. Hier trägt der „PflasterStrand" ein hohes Maß von Verantwortung, als Symbol auch für viele, die fern unserer Stadt als Vordenker und Vorformulierer ihr Brot sauer verdienen. Ihnen zeigt das Magazin im stets modischen Gewand, daß es möglich ist, in Ehren arm zu bleiben und doch gerühmt zu werden, sich zu wandeln, ohne sich zu verkaufen – und das tut gut, wenn man sich wieder einmal über einen lukrativen Vertrag in sein Dimple-Glas hinein schämt.

Ich darf Sie, verehrter Herr Cohn-Bendit, nun zu mir bitten, um die Urkunde und den Scheck . . .

(Sperrfrist: Frühjahr 1991. Dann ist D. C.-B. zwei Jahre Mitglied des Stadtparlaments. Es gilt das gesprochene Wort!)

Der Konkurrenz den Marsch geblasen

GEO bat vier Frankfurter Journalisten, sich kreuzweise aufs Korn und kein Blatt vor den Mund zu nehmen

»Der kluge Kopf hat einen pfiffigen Arsch«

PflasterStrand

Daniel Cohn-Bendit, 43, Redakteur des »PflasterStrand« über die »FAZ«

Während Herr H., Vorstandsmitglied der Deutschen Bank, zur „FAZ" greift, um sich sagen zu lassen, wo rechts vor links steht, und wie die Wirtschaft in seinem Sinne den Alltag bewältigen muß, greift Paco S., Öko-Banker, zur gleichen Zeitung, um sich seinen täglichen Schuß Masochismus zu spritzen, seine Wirtschafts-Pflichtlektüre zu absolvieren und letztendlich einem gewissen intellektuellen Kitzel zu frönen. Denn die „FAZ" steht rechts, das wissen wir, lobt die Regierung, wenn's die richtige ist, den Kapitalismus und seine Ideologien – mit der gleichen Inbrunst und Borniertheit, wie die „taz" diese verachtet. Weiterhin informiert der Wirtschaftsteil der „FAZ" diejenigen, die von der Wirtschaft leben, so daß sie tagsüber, wenn sie aufeinandertreffen, über den gleichen Background verfügen können. Ein Familienblatt also für eine süffisante und selbstherrlich herrschende Kaste ist die „FAZ".

Da, wo die meisten Leistungsträger unserer schönen Welt längst aufgehört haben zu lesen, fängt der Dissident an zu schmökern. Etwa im Feuilleton. Das kennt weder rechts noch links, sondern sucht verzweifelt nach den intellektuellen Standards mit Ausblick auf eine Republik des Geistes, die eigentlich die Herren mit den Nadelstreifenanzügen nur gelegentlich interessiert. Aber ein herrschender Kopf muß Kultur suggerieren, um sich vom Plebs zu unterscheiden. Während die Ideologen des Vorderteils Berufsverbote und andere Sonderheiten zum Schutz des eigenen Systems wohlfeil legitimieren, darf das Hinterteil dem sogar widersprechen, denn der kluge Kopf braucht einen pfiffigen Arsch.

Auf den Seiten der „FAZ", die von Bankern, Managern, Dissidenten und Parteisekretären wohl überblättert werden, fange ich an zu genießen. Die Bundesligaberichte zum Beispiel. Die arrogante Schreibe einiger Sportredakteure gegen die Dumpfheit deutscher Profikicker spricht mir oft aus der Seele. Hier delektiert sich der Kosmopolit am Main an einem Internationalismus, der mit dem der Studentenbewegung tatsächlich konkurrieren könnte.

Aber last but not least sollte ich die Todesanzeigen nicht vergessen. Ich sage Ihnen, sollten Sie diese auslassen, dann verpassen Sie einen kulturellen Leckerbissen unserer Republik. Die Damen und Herren, die einen Namen besitzen, geben sich auf diesen Seiten ein Stelldichein ohnegleichen. Namen der deutschen Geschichte schmücken das kostspielige Papier, wobei sie alle eines gemeinsam haben: Sie leiden an einer Lebensamputation. Zwischen 1933 und 1945 haben die Herren und Damen A bis Z, deren Tod da stolz verkündet wird, offenbar keinen Beruf ausgeübt. Deshalb überspringen ihre Biographien diese schmerzlichen Zeiten. Dank der „FAZ" und der Redlichkeit ihrer Todesanzeigen wissen wir aber auch, wie sensibel die Fangemeinde dieser großen Frankfurter Institution wirklich ist. Wie sie gelebt hat, stirbt sie: in voller Bescheidenheit. Denn schließlich sind, waren sie wieder wer. Den langen Winter des deutschen Wahns haben sie eingebunkert. Deswegen gehen den Nachgeborenen die privaten Schicksale der Betroffenen nichts an. Recht habt ihr, denn nur der Pöbel interessiert sich für kleine makabre Geschichten. Kluge Köpfe blicken nach vorne und sterben einsam.

»Grau, welk und ohne einen Funken Humor«

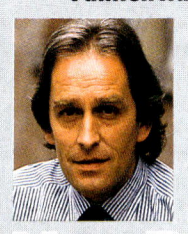

Claudio Isani, 46, Feuilletonchef der »Neuen Presse« über die »Frankfurter Rundschau«

Grün ist die Hoffnung. Der Zwanzigmarkschein. Und das Stirnband der „Frankfurter Rundschau". Es hält den Kopf einer grau und welk werdenden Madame sans gêne zusammen. Und es mufft nach dem Schweiß der Aufrechten. Läßt zuwenig frische Luft an sich heran: So riecht die Rundschau-Madame unter ihren Achseln angestrengt nach Ökologie und sozialidealistisch an ihren Schläfen. Ihre linkslastigen Brüste knautscht man in den bürgerlichen Salons und in den bodenständigen Wirtshäusern. Obgleich sie in die Jahre gekommen ist und fast nie ihre Wäsche wechselt, hält sich die Legende ihrer Frische.

Knackig war sie Ende der sechziger Jahre. Mit aufgeschürztem Rock und einem rasch erlernten Konversationston aus schnellen akademischen Liebschaften betörte sie die Alten, verführte sie die Jungen. Man ging mit der „Rundschau" ins Flugzeug, zum Flirt, man ging mit ihr ins Bett und träumte mit ihr: Die Hirne und Herzen der postromantischen Dutschke-Generation erkoren sie zu ihrer publizistischen Loreley. Zeitung und Leser besangen sich gegenseitig: Erlösung von Herrschaft, Kapital und repressiver Kultur – doch Heines europäische Musik gelang ihnen nicht.

Das war eine kurze Zeit, mit einem langen Abschied. Die „Rundschau" ist eine Frankfurter Zeitung geblieben. Die bis heute so tut, als sei sie von Welt. Aber wo andere Blätter kosmopolitisch sind, ist sie bloß geographisch. Die Jahre haben ihre ideologischen Prinzipien schon überholt. Jetzt wirken sie nur noch prinzipisch. Ihr moralischer Darwinismus hat aus der einst liberalen Madame nunmehr eine kernseifige Alte gemacht. Wir kennen sie: die auf die Pension zudriftenden Freiheitssegler und Sozial-Utopisten – mittlerweile träumen sie von Mallorca und der fälligen Lebensversicherung.

Und doch: Man kauft sie weiter, die „Rundschau", hält sie unter dem Arm, blättert in ihr, als fände man dort irgendwann den Schlüssel zu einer besseren Zukunft. Ein Pressegespinst auch dies, ein Märchen, ein von der Redaktion hartnäckig unterstütztes Gerücht. Wer dies erkennt und die „Rundschau" nicht braucht, um mit ihr seine „Progressivität" zu zeigen, ritzt durch diese Glasur und hält plötzlich eine sehr durchschnittliche Zeitung in der Hand. Die immer grundsätzlich ist, nicht immer aktuell, und nie einen Funken Humor hat.

Sie ist zwar immer noch unter den Tageszeitungen die Klassenbeste in Gesellschaftstheorie, sie ist manchmal das „Neue Deutschland" für Demokraten, dann wieder, mit ihrer Nachmittagsausgabe, eine Mottenpost, die mit Mord und Totschlag Radau macht, sie ist und ist wieder nicht, als sei sie in den Wechseljahren und habe dazu noch die Haftschalen verloren. So wankt die „Rundschau" ein wenig, bis sie in ihrem eigenen Feuilleton Halt findet. An das lehnt sie sich wie an eine gipserne Säule und holt Luft. Und lauscht dem Kreppsohlenknirschen ihrer Feuilleton-Peripatetiker, deren Spaziergänge durch die erhabene Luft immer sehr langatmige Unternehmungen sind. Finden sie einmal, für kurze Zeit Rast suchend, zusammen, schütteln sie den Staub ihrer Wanderungen ab, und der rieselt als saurer Schnee aufs Zeitungspapier. Darunter werden nach und nach die Gesichter der Herren deutlicher. Einer will immer ausschauen wie Arno Schmidt, ein anderer pocht auf seine Ähnlichkeit mit Adorno, und so weiter. Der Theaterkritiker bevorzugt die fliegende Maskerade. Mal spielt er den Fiesco, mal den Schattenminister für Kulturelles, mal den Rebell. Immer wieder will er weg von der Madame, doch keiner will ihn so recht. Böswillige handeln ihn bereits als künftigen Dezernenten der Stadt Frankfurt. Und schon ist er bereit, sich aus dem Fenster zu beugen, westwärts zu schauen und mit lokalpatriotischer Stimme zu rufen: „Jetzt entdecke ich für euch die Iphigenie auf Taunus!" Die „Rundschau" knuddelt ihn dafür und schenkt ihm eine Dienstreise nach Kronberg. Dann trinkt sie einen Liter Apfelwein und erscheint am nächsten Tag im hessischen Dialekt.

»Für alle, die es nicht so genau wissen wollen«

Helmut Schmitz, 47, Redakteur der »Frankfurter Rundschau« über die »Neue Presse«

Redaktion und Verlag hatten die Schulaufgabe des Jahrhunderts gelöst und teilten dies Ende Juni 1988 auf der ersten Seite freudig erregt den „Lieben Lesern" mit: In der „Frankfurter Neuen Presse" waren gleich zwei „Neuerungen gründlich erwogen und erst nach monatelangen, detaillierten Vorarbeiten endgültig beschlossen" worden. Welche? Statt sechs jetzt sieben Spalten pro Seite und eine neue Schrift, die Century Schoolbook.

Damit hat die „FNP" bis zum Jahr 2000 ihren Lesern aber genügend mit aufregenden Novitäten zugesetzt. Die kindergestreßte Hausfrau in Sachsenhausen, der ruhe ständische Oberschaffner in Bokkenheim, das verdienstvolle Kirchengemeindemitglied am Taunushang: Sie alle sind auf Veränderungen oder gar Experimente nicht eben erpicht. Die Leser der „FNP" haben zwar kaum etwas zu sagen, sehr im Unterschied zu denen der „FAZ", sie wollen sich aber auch nichts sagen lassen, schon gar nicht von diesen Linken in der „FR". Der „FNP"-Leser ist das Provinzkind in der Mitte. Steckt schon kein kluger Kopf dahinter, dann hält der wenigstens ein Kopfblatt in der Hand, beispielsweise die „Taunus-Zeitung". Denn die „FNP" tritt im Frankfurter Umland erfolgreich als Heimat-Hydra auf. Mindestens in der Stadt aber liest jemand, der auf sich hält, entweder „Rundschau" oder „FAZ"; Nonkonformisten tragen demonstrativ die „Süddeutsche" unterm Arm. Die „FNP" dagegen bedient im Stil des guten alten Generalanzeigers diejenigen, die's so genau nicht wissen und vor allem nicht aufgeschreckt werden wollen.

Das könnten die „FNP"-Macher auch überhaupt nicht. Gerieten sie einmal in Rage, wäre das Zeilenlimit schon überschritten. Die Umfänge der Beiträge jeglicher Art sind nämlich kontinuierlich verringert worden. Die FNP läßt sich wie ein Briefmarkenalbum lesen: lauter kleine bebilderte Einheiten. Damit soll das Gefühl vermittelt werden, man habe das Weltgeschehen im Griff. Ein einziger Blick des Lesers genüge, nachlesen lohne eigentlich nicht.

Auf sieben Spalten jetzt also noch mehr Überschriften und Kästchen, Aufmachung und Verpackung; und alles hübsch konservativ. Das Blatt will seine Leser schützen: vor der neuen Unübersichtlichkeit der Gesellschaft. Dabei stellt es nun die eigene Unübersichtlichkeit her. Als kunterbuntes Allerlei von behäbiger Beliebigkeit, auf schlanke Jugendlichkeit gestylt. Die Enkel der aussterbenden Altabonnenten müssen schließlich gewonnen und deshalb extra mit Pop-Körnern gefüttert werden, speziellen Häppchen vom Lebensmenü.

Das kommt sonst vorwiegend aus heimischen Landen. Als Blatt-Spinat. Nix Kaviar, sondern Hausmannskost: Handkäs mit Musik. Von der Quetschharmonika.

info

Aus dem alten Töpfermarkt ist ein Rummelplatz geworden: »Dippemess«

Frankfurt feiert

Übers Jahr verteilt und oft spontan versüßen sich die Frankfurter das Leben mit einer Vielzahl von Volks-, Stadtteil- und Straßenfesten, die durch Plakataushänge und einschlägige Zeitschriften bekanntgemacht werden. GEO skizziert die festen Termine im Feten-Kalender:

Fastnacht

Das von der „Heddernheimer Käwerngesellschaft" getragene Narrenfest ist weit über die Stadtgrenzen hinaus bekannt. Höhepunkt des närrischen Treibens, nach dem Rummel auf dem Römerberg und dem großen Fastnachtsumzug durch die Innenstadt: der Zug am Fastnachtsdienstag durch die Gassen von „Klaa Paris". Dieser Name für den nördlichen Stadtteil Heddernheim wurde schon vor 100 Jahren geprägt.

Volksfest im Grünen: »Wäldchestag«

Dippemess

Vermutlich eine ebenso lange Tradition wie die Frankfurter Messe hat dieses Fest, das Ende März/Anfang April und noch einmal im September auf dem Platz vor der Eissporthalle am Ratsweg (gegenüber dem Ostpark) gefeiert wird. Ursprünglich nur ein Markt, auf dem „Dippe" (Töpfe) und anderes Geschirr, beispielsweise „Bembeln" für den Apfelwein, verkauft wurden; heute sind Karussells, Riesenrad, Buden – alles, was zu einem ausgewachsenen Jahrmarkt gehört – die Hauptattraktionen.

Wäldchestag

Pfingsten hat hier einen dritten Feiertag: Am Dienstag danach strömen die Frankfurter massenweise ins „Wäldche", den Stadtwald, zum Oberforsthaus, wo dieser Tag seit dem frühen 19. Jahrhundert gefeiert wird. Sogar Sonderzüge des FVV werden eingesetzt, um die Ausflügler auf den Rummelplatz zu schaffen, wo sie auf langen Bänken unter Bäumen und zwischen Buden in Apfelweinseligkeit versinken.

Höchster Schloßfest

In den fünfziger Jahren feierte ein Zusammenschluß mehrerer Höchster Vereine zum erstenmal auf dem Schloßgelände. Heute beziehen die Festlichkeiten zwischen Ende Juni und Mitte Juli längst auch andere Straßen und Plätze in Höchst ein – und sind mit Theateraufführungen, Konzerten, Sport- und Folkloreveranstaltungen, Jahrmarkt, Straßenfest und Feuerwerk eins der größten und bekanntesten Stadtteilfeste im Rhein-Main-Gebiet geworden.

Mainfest

Das „Fischerstechen", bei dem die historisch gewandeten Kontrahenten versuchen, sich gegenseitig mit langen Stangen von ihren Booten zu stoßen, erinnert daran, daß einst nur die Mainfischer feierten. Heute findet der sommerliche Rummel um den ersten Sonntag im August für alle statt, auf dem Römerberg und am Mainufer zwischen dem Eisernen Steg und der Untermainbrücke. Spektakulärer Schlußpunkt ist ein Feuerwerk über dem Main.

Bernemer Kerb

Den Beinamen „lustiges Dorf" hat sich Bornheim („Bernem") im Frankfurter Nordosten schon vor Jahrhunderten erworben – mit Etablissements, wie man sie heute im Bahnhofsviertel findet. Fröhlich zu feiern verstehen die Bernemer noch immer, Beweis: das fünf Tage dauernde Kirchweihfest um den zweiten Augustsonntag.

Brunnenfest

Ende August feiern die Sachsenhäuser ihr Kirchweihfest: Im Mittelpunkt steht, wie vor 500 Jahren, die Prozession mit der Brunnenkönigin zu den Brunnen des Viertels – ein Ritual, mit dem ursprünglich um reine Gewässer und neue Brunnen gebeten wurde. Heute fließen „nach getaner Arbeit" vor allem Ströme von Ebbelwei und Bier.

Berger Markt

Richtig ländlich geht es Anfang September noch in Bergen-Enkheim zu, wenn der letzte Viehmarkt auf Frankfurter Boden mit einem quirligen Volksfest abgehalten wird. Traditionsgemäß dauert der Markt fünf Tage. Er beginnt seit 1974 mit der Übergabe des Stadtschreiberamtes.

Frankfurter Weihnachtsmarkt

Eine jahrhundertealte Institution in den Adventswochen: der von bun-

HOTEL ARCADE Frankfurt

Moderne Abenteurer brauchen im Großstadt-Dschungel nicht auf Komfort zu verzichten.

200 Zimmer ★ Restaurant ★ Bar ★ Tagungen ★ Garage

Zentral – Praktisch – Preiswert

In Frankfurt, Speicherstraße 3-5, Telefon: 069/27 30 30
(Nähe Museumsufer) Telex: 17-699 75 10

Aktiv

35 Jahre
erfolgreiche
Immobilienvermittlung

Spezialisiert auf Frankfurt
und attraktive Lagen

BLUMENAUER
IMMOBILIEN

Adickesallee 63 · 6000 Frankfurt 1 · Telefon (0 69) 15 20 20 · Telex 4 170 177 blfm · Fax (0 69) 15 20 21 22

ten Buden und Karussells festlich beleuchtete Römerberg. Nach Spielzeug und allerlei Kunsthandwerk Ausschau zu halten und vom Glühwein und den „Bethmännchen" zu naschen ist nach Einbruch der Dunkelheit am stimmungsvollsten.

Weihnachtsmarkt auf dem Römerberg

Museen

„Kultur für alle" lautete das Ziel, mit dem Kulturdezernent Hilmar Hoffmann einst antrat. Zumindest über den größten Kulturetat aller bundesdeutschen Städte und ein außergewöhnliches Museumsangebot verfügt Frankfurt mittlerweile. Und der Eintritt in die städtischen Museen ist kostenlos.

Chaplin-Archiv
Klarastr. 5; Tel. 52 48 90. Geöffnet Freitag 17–19 Uhr.
In diesem kleinen Privatmuseum, das dem berühmtesten Filmkomiker aller Zeiten gewidmet ist, werden allerlei Krimskams und Nippes, aber auch Bücher, Plakate und Schallplatten – rund 5000 Exponate – liebevoll ausgestellt.

Frankfurter Goethe-Museum und Goethe-Haus
Großer Hirschgraben 23–25; Tel. 28 28 24. Geöffnet Montag bis Samstag 9–18 Uhr, von Oktober bis März 9–16 Uhr, Sonn- und Feiertage 10–13 Uhr.
Im Haus Nummer 23 am heutigen Großen Hirschgraben wurde Johann Wolfgang Goethe 1749 geboren. Das Museum nebenan präsentiert Grafik- und Gemäldesammlungen aus der Goethe-Zeit und dokumentiert mit zahlreichen Exponaten Leben und Werk des Dichterfürsten. Die **Goethe-Bibliothek** besitzt eine etwa 130 000 Bände umfassende Sammlung zur deutschen Dichtung zwischen 1750 und 1850.

Historisches Museum
Saalgasse 19; Tel. 212-55 99. Geöffnet Dienstag bis Sonntag 10–17 Uhr, Mittwoch 10–20 Uhr.
Eines der größten stadtgeschichtlichen Museen in der Bundesrepublik. Ständige Ausstellungen zur Geschichte Frankfurts, seiner Kultur und Lebenswelt. Mit den reichen Beständen aus Gemälde- und Grafiksammlung, Fotoarchiv und Münzkabinett werden zudem wechselnde Ausstellungen bestritten. Hier ist auch Deutschlands erstes **Kindermuseum** (Tel. 212-51 54) untergebracht. Wie die Menschen in vergangenen Jahrhunderten lebten, lernten, spielten und wohnten – das wird den Kleinen von heute mit wechselnden Programmen spielerisch nahegebracht.

Jüdisches Museum
Rothschild-Palais, Untermainkai 14–15; Tel. 212-50 00. Geöffnet Dienstag bis Sonntag 10–17 Uhr, Mittwoch 10–20 Uhr.
Ab November 1988 wird das Museum in dem klassizistischen Palais Mayer Carl von Rothschilds (1820–1886) und dessen Nachbargebäude residieren. Dokumentiert wird die deutsch-jüdische Geschichte vom Mittelalter bis in die Gegenwart. Dauerausstellungen informieren über jüdisches Alltagsleben und Brauchtum.

Museum für Moderne Kunst
Im Dreieck von Berliner-, Braubach- und Domstraße. Geplante Eröffnung: Mitte 1990.
Das architektonisch eigenwillige Gebäude von Hans Hollein, seit Juni 1987 im Bau, wird nach der Fertigstellung eine schon jetzt etwa 150 Werke umfassende Sammlung von Bildern, Plastiken, Environments und Rauminstallationen der fünfziger bis achtziger Jahre dieses Jahrhunderts beherbergen. Hauptwerke der amerikanischen Pop-art sollen dabei im Mittelpunkt stehen. (Lesen Sie dazu auch den Beitrag von Manfred E. Schuchmann, „Immer kühn nach vorn kaufen", S. 120.)

Museum für Vor- und Frühgeschichte
Karmelitergasse 1
Tel. 212-58 96. Geöffnet Dienstag bis Sonntag 10–17 Uhr, Mittwoch 10–20 Uhr.
Im Frühjahr 1989 soll die Renovierung des neuen Ausstellungsgebäudes abgeschlossen sein.

Naturmuseum Senckenberg
Senckenberganlage 25
Tel. 7 54 21. Geöffnet Montag, Dienstag, Donnerstag, Freitag 9–17 Uhr, Mittwoch 9–20 Uhr, Samstag und Sonntag 9–18 Uhr.
In Deutschlands größtem und modernstem naturhistorischen Museum sind Kinder wie Erwachsene fasziniert von den Riesensaurier-Skeletten, der Schlange, die ein Schwein verschlingt, oder den vielfältigen fossilen Tier-Exponaten aus der ganzen Welt.

Schirn-Kunsthalle
Am Römerberg 6a; Tel. 15 45-172 und 29 40 90. Geöffnet Dienstag bis Freitag 10–21 Uhr, Samstag und Sonntag 10–19 Uhr; öffentliche Führungen Dienstag und Donnerstag 20 Uhr.
Zwischen Römerberg und mittelalterlichem Dom, neben römischen Ausgrabungen und im Zuckerbäkkerstil restaurierten Fachwerkhäusern hat die Postmoderne zugeschlagen: Walter Wallmann nannte die Schirn ein „Schaufenster der Frankfurter Kunstszene". Die aber kritisierte vehement die schlauchartig schmale Ausstellungshalle, in der Bilder selten optimal zu präsentieren sind. Davon unberührt erfreuen sich die wechselnden Ausstellungen zur modernen Kunst großer Beliebtheit.

Stoltze-Museum
Töngesgasse 34–36
Tel. 217 02 66. Geöffnet Montag bis Freitag 10–17 Uhr, Mittwoch 10–20 Uhr.
In einem Renaissance-Turm wird Friedrich Stoltzes (1816–1891) gedacht, des populärsten Frankfurter Mundartdichters, Chronisten und Herausgebers des satirischen Blattes „Frankfurter Latern".

Struwwelpeter-Museum
Hochstr. 45–47; Tel. 28 13 13. Geöffnet Dienstag bis Sonntag 11–17 Uhr, Mittwoch 11–20 Uhr.
Briefe, Skizzen und Manuskripte aus dem Nachlaß des Struwwelpeter-Autors Dr. Heinrich Hoffmann werden hier aufbewahrt. Zu sehen sind außerdem seltene Struwwelpeter-Ausgaben und Dokumente, die Hoffmanns Arbeit als Arzt und Psychiatrie-Reformer würdigen. Heinrich-Hoffmann- und Struwwelpeter-Memorabilia sind außerdem im Heinrich-Hoffmann-Museum (Schubertstr. 20, Tel. 74 79 69) ausgestellt.

Museumsufer

Museum für Kunsthandwerk
Schaumainkai 15–17; Tel. 212-85 30. Geöffnet Dienstag bis Sonntag 10–17 Uhr, Mittwoch 10–20 Uhr.

Ein Mekka für Kunst- und Architekturfans:

King Kong läßt grüßen: Filmmuseum

Der Entwurf für das neue Museum entfachte heftige Diskussionen: Die Anbindung der alten Villa Metzler – sie diente dem Museum als provisorisches Domizil – an ein modernes Gebäude geriet zur Kontroverse. Doch als die lichte weiße Architektur des New Yorkers Richard Meier 1985 stand, wurde sie von allen Seiten gelobt, kamen nicht nur an Kunsthandwerk Interessierte, sondern auch Architekten, um den Bau und seine Schätze zu besichtigen. Seit der Eröffnung bewunderten über eine Million Besucher die 30 000 Exponate in der Europäi-

INFO

Monument der Postmoderne: Schirn

Elefantengruppe im Senckenberg-Museum

Haus im Haus: Architekturmuseum

Museum für Kunsthandwerk

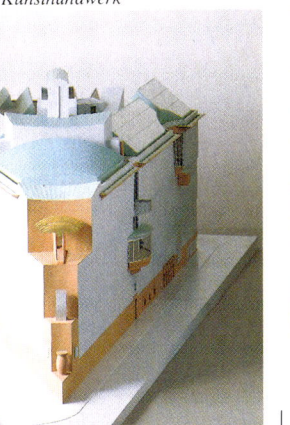

Modell des Museums für Moderne Kunst

Im Heinrich-Hoffmann-Museum an der Schubertstraße 20 können Erwachsene Leben und Werk des Struwwelpeter-Autors studieren – und Kinder Geburtstag feiern

schen, Ostasiatischen und Islamischen Abteilung sowie in der Abteilung für Buchkunst und Grafik.

Museum für Völkerkunde
Schaumainkai 29; Tel. 212-57 55. Geöffnet Dienstag bis Sonntag 10–17 Uhr, Mittwoch 10–20 Uhr.
In der neobarocken Villa können immer nur rund 300 Exponate aus einem Schatz von insgesamt 60 000 gezeigt werden. Deshalb soll das Museum in den nächsten Jahren durch zusätzliche Gebäude erweitert werden.

Deutsches Filmmuseum
Schaumainkai 41; Tel. 212-88 30. Geöffnet Dienstag bis Sonntag 10–17 Uhr, Mittwoch 10–20 Uhr.
Zahlreiche bewegliche Modelle veranschaulichen auf verblüffend einfache Weise die Entwicklungsgeschichte des Films. Jung und alt verlustieren sich gleichermaßen an seltenen Stereo-Dias, die Raumtiefe vorgaukeln, haben Spaß an der Laterna magica oder an technischen Filmtricks. Und überall gibt es etwas zum Anfassen, Drehen oder Drücken. Dieses Filmzentrum ist auch ein Mekka für die Fachleute: Ihnen stehen die Sammlungen des Deutschen Instituts für Filmkunde zur Verfügung und – in der Stadt- und Universitätsbibliothek – die umfassendste Filmbibliothek des Landes. Im Keller neben dem Café hat das Kommunale Kino – das erste seiner Art in Deutschland – einen Platz gefunden.

Deutsches Architekturmuseum
Schaumainkai 43; Tel. 212-88 44. Geöffnet Dienstag bis Sonntag 10–17 Uhr, Mittwoch 10–20 Uhr.
Das einzige Architekturmuseum in der Republik hat es, buchstäblich, in sich. Der Architekt Oswald Mathias Ungers ließ die gründerzeitliche Doppelvilla entkernen und baute ein ganz in Weiß gehaltenes Haus-im-Haus hinein, umgeben von einer Glasgalerie. Von der großen, glasüberkuppelten Ausstellungshalle im Erdgeschoß blickt man nach draußen in Nischen, wo unter freiem Himmel architektonische Ideen zum Umgang mit der Natur ausgestellt sind. Rund 10 000 Pläne und Zeichnungen sowie 700 Modelle, 8000 Bücher, eine Dia-, Foto- und Videothek sind der reichhaltige Fundus, aus dem wechselnde Ausstellungen bestritten werden.

Bundespostmuseum
Schaumainkai 53; Tel. 60 60-1.
Der Bau soll 1990 zum 500jährigen Jubiläum der Post zur Einweihung fertig sein. Dann sind wieder alte Posthausschilder und Briefkästen, Uniformen, Postkutschen und andere Fahrzeuge der Post sowie Telegrafen- und Rundfunkgeräte nebst Postschaltern aus der Zeit der Jahrhundertwende zu sehen. Bis dahin ist ein Teil des Bestandes in die Innenstadt ausgelagert und dort für die Öffentlichkeit zugänglich: Stephanstr. 3; Tel. 60 60-301. Geöffnet täglich außer Montag 10–16 Uhr.

Städelsches Kunstinstitut und Städtische Galerie
Schaumainkai 63; Tel. 61 70 92. Geöffnet Dienstag bis Sonntag 10–17 Uhr, Mittwoch 10–20 Uhr.
Aus der großzügigen Stiftung des Bankiers Johann Friedrich Städel (1728–1816) und seiner umfangreichen Privatsammlung entstand diese Gemäldegalerie, die Werke vom 14. Jahrhundert bis zur Neuzeit zeigt. Auch Tischbeins vielzitierter, oft kopierter „Goethe in der Campagna" hängt hier.
Die moderne Abteilung mit Bildern von Beckmann, Marc, Kokoschka, Munch, Picasso, Klee und anderen, 1937 von den Nazis als „entartete Kunst" beschlagnahmt und zum großen Teil verlorengegangen, wurde nach dem Krieg neu aufgebaut.
Die **Graphische Sammlung** hat vom Museum abweichende Öffnungszeiten: Dienstag, Donnerstag und Samstag 10–13 Uhr; kostenlose Führungen zu wechselnden Themen jeden Mittwoch 18.30 Uhr. Beratungsstunden zur kunsthistorischen Begutachtung von Gemäl-

GEO 203

den: am ersten Dienstag im Monat 10–13 Uhr in der Verwaltung, Dürerstr. 2; zur Begutachtung von Grafiken: am ersten Samstag im Monat 10–13 Uhr in der Graphischen Sammlung (Juli und August keine Beratung).

Liebieghaus

Schaumainkai 71; Tel. 212-86 17. Geöffnet Dienstag bis Sonntag 10–17 Uhr, Mittwoch 10–20 Uhr. Das Museum für alte Plastik versteckt sich in einem Park mit wunderschönen alten Bäumen. In seinen verwinkelten Erkern, Sälen und im Treppenhaus birgt es wahre Wunderwerke der Bildhauerei. Wegen Erweiterungsarbeiten ist bis 1989 nur ein Teil der umfangreichen Sammlung zu sehen, deren Schwerpunkt in der Kunst der Antike und des Mittelalters liegt, die aber auch hervorragende Arbeiten aus der Zeit der Renaissance, des Barock und des Klassizismus umfaßt.

Galerien

Noch liegt die Zahl der Frankfurter Galerien und Kunsthandlungen weit hinter der in Köln oder etwa Düsseldorf zurück. Aber der Trend weist steil nach oben. (Lesen Sie dazu den Beitrag von Manfred E. Schuchmann, „Immer kühn nach vorn kaufen", S.120 f.) Hier eine Auswahl etablierter, aber auch aufstrebender Häuser; die recht unterschiedlichen Öffnungszeiten am besten telefonisch erfragen.

Eine Udo-Koch-Ausstellung wird vorbereitet: Galerie AK

»forum« Stadtsparkasse

Töngesgasse 40
Tel. 21 70-22 34.
Seit 1970 ein Barometer für die Frankfurter Künstlerszene. Die Aussteller rekrutieren sich aus den Teilnehmern und Preisträgern des Reinhold-Kurth-Kunstpreises.

Fotografie Forum Frankfurt

Weckmarkt 17; Tel. 29 17 26.
Im ersten Stock des nach historischem Vorbild wiederaufgebauten Leinwandhauses werden vor allem Arbeiten von Rainer Grieser und Jan Saudek gezeigt. Etwa 15 Ausstellungen pro Jahr sind verschiedenen Schwerpunktthemen der Fotografie gewidmet.

Frankfurter Kunstkabinett Hanna Bekker vom Rath GmbH

Börsenplatz 13–15; Tel. 28 10 85.
Die drei Inhaber präsentieren neben deutschem Expressionismus (Pechstein, Kollwitz, Schmidt-Rottluff) und klassischer Moderne (Otto Greis, Sigrid Kopfermann) auch handwerklich qualitätvolle Werke junger Nachwuchskünstler wie Thomas Meier-Castel, bisweilen auch in Einzelausstellungen.

Frankfurter Kunstverein

Steinernes Haus, Markt 44
Tel. 28 53 39.
Von seinem Domizil am Römerberg aus bereichert Direktor Peter Weiermair die Frankfurter Kunstszene bereits durch mehrere wichtige Ausstellungen, vor allem österreichischer und italienischer Kunst. Der Kunstverein hat auch durch interessante Fotoausstellungen, zum Beispiel mit Arbeiten Wilhelm von Gloedens, auf sich aufmerksam gemacht.

Frankfurter Westend Galerie

Arndtstraße 12; Tel. 74 67 52.
Im Haus der Deutsch-Italienischen Vereinigung wird italienische Kunst nach 1945 gezeigt, vorzugsweise abstrakte und klassische Moderne.

Galerie AK – Aktuelle Kunst

Gartenstraße 47; Tel. 62 21 04.
Nicht weit vom Museumsufer entfernt liegt der Loft, in dem neben Künstlern wie Jürgen Klauke, Arnulf Rainer und Jochen Gerz auch die Frankfurter Udo Koch und Manfred Stumpf ausstellen.

Galerie Appel & Fertsch

Corneliusstraße 30
Tel. 74 93 77.
Seit 1959 werden hier vornehmlich Avantgarde und konkrete Kunst ausgestellt, zum Beispiel Werke der Bildhauer Joannis Avramidis, Anthony Caro, James Reineking und der Frankfurter Christa von Schnitzler, Michael Croissant und Hans Steinbrenner.

Galerie Gering-Kulenkampff

Textorstraße 91; Tel. 62 51 16.
Eine der wenigen Galerien für realistische Malerei in der Bundesrepublik. Werke von Jan Peter Tripp, Constantin Jaxy, Roland Helmus und Dietmar Ullrich.

Galerie Timm Gierig

Weckmarkt 17
Tel. 28 71 11 und 28 01 00.
Auf 400 Quadratmetern im historischen Leinwandhaus stellt Timm Gierig aus, der pro Jahr zwei Ausstellungen der plastischen Kunst widmet und vier bis fünf figürlich-expressiver Malerei, etwa mit Arbeiten von Klaus Fußmann, Karl Marx und DDR-Künstlern.

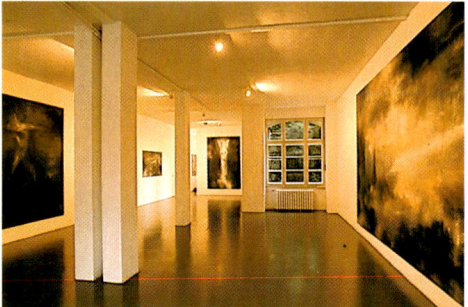

Einblicke: In der Galerie Timm Gierig betrachtet das Vernissagepublikum die Skulptur »Gewölbe« des Schweizers Jürgen Brodwolf; und in der Galerie Grässlin-Ehrhardt sind Gemälde von Christa Näher ausgestellt

Galerie Grässlin-Ehrhardt

Bleichstraße 48; Tel. 28 09 61.
Seit Anfang 1986 werden Künstler der neueren konzeptuellen Richtung ausgestellt, wie Albert und Markus Oehlen, Hubert Kiecol, Heiner Blum oder Christa Näher.

Galerie Hilger

Beethovenstraße 71
Tel. 74 82 74.
Das Hauptaugenmerk gilt österreichischen und Schweizer Künstlern der expressiv-figurativen Richtung. Im Programm sind gleichermaßen junge wie etablierte Protagonisten vertreten.

Galerie Lüpke

Braubachstraße 37
Tel. 29 11 34.
In einem denkmalgeschützten Haus hat die Galerie seit 1976 ihr Domizil. Vornehmlich gegenstandslose Maler (Gottfried Honegger, Monika Huber), Zeichner (Arcangelo, Werner Haypeter) und Bildhauer (Vincenzo Baviera, Gloria Friedman) begründen neben Künstlern wie Alan Green, Bernhard Luginbühl und Günther Uecker das Renommee dieser Adresse.

Galerie Herbert Meyer-Ellinger

Brönnerstraße 22; Tel. 29 29 94.
Werke der zeitgenössischen Moderne werden hier vorgestellt: von Eduardo Chillida und Antoni Tàpies über David Hockney und Richard Hamilton bis Georg Baselitz, A. R. Penck und Markus Lüpertz.

Galerie Neuendorf

Beethovenstraße 71
Tel. 74 80 66.
Im selben Haus wie Sotheby's Frankfurter Dependance bietet der Hamburger Neuzugang seit 1987 Werke der klassischen Moderne (etwa Lucio Fontana und Francis Picabia), aber auch Zeitgenossen an.

Galerie Hans Ostertag

Siesmayerstraße 9; Tel. 74 88 08.
In der Nähe des Palmengartens stellt die alte Frankfurter Galerie in ihren großzügigen Räumlichkeiten hauptsächlich Künstler der Gruppe Quadriga aus.

Galerie F. A. C. Prestel

Braubachstraße 30–32
Tel. 28 47 44.
Bereits 1774 entstand diese älteste Kunsthandlung Deutschlands. Seit 1910 im Besitz der Familie Voigt-

Oft bringt Sie ein Hüpfer über die Schweiz schneller an Ihr Ziel.

Eins, zwei, drei sind Sie in einer von über 100 Städten in Europa, Asien, Afrika oder Amerika, wenn Sie für Ihre Flugreise die zentral gelegene Schweiz als Sprungbrett benützen. Ein kurzer Absetzer in den perfekt organisierten Flughäfen Zürich oder Genf, und schon fliegen Sie Ihrem Reiseziel entgegen, freundlich umsorgt und bewirtet von unserem viel gerühmten Personal. Sie landen dort zuverlässig und pünktlich, reisen also oft besser, als wenn Sie auf den Hüpfer über die Schweiz und die Annehmlichkeiten eines Swissair-Fluges verzichtet hätten.

swissair

laender-Tetzner, zeigt die Galerie Künstler der letzten 100 Jahre, unter anderem Vertreter der Quadriga-Gruppe wie Heinz Kreutz und Otto Greis.

Galerie und Edition K. G. Schäfer
Kirchnerstraße 1–3; Tel. 28 44 43.
Der Hauptsitz ist Gießen, die Frankfurter Filiale zeigt seit Ende 1986 zeitgenössische und klassische Moderne, vor allem in Form von Radierungen und Drucken: Horst Janssen, Horst Antes, Paul Wunderlich, Marc Chagall, Joan Miró und Pablo Picasso, aber auch der junge Schweizer Fifo Stricker bilden den Grundstock.

Stellt sich selber aus: Heinrich Göbel

Galerie Klaus Werth
Stoltzestraße 13–15
Tel. 28 43 28.
Experimentelle Installationen und Malerei von Achim Wollscheidt, Urs Breitenstein, Hide Nasu oder Joanna Jones. Auch auf dem Gebiet der Neuen Medien ist Klaus Werth aktiv.

Grxxgs
Bornheimer Landstraße 18
kein Telefon.
Heinrich Göbel stellt seit acht Jahren ausschließlich eigene Arbeiten unterschiedlichster Art aus: zum Beispiel läßt er Installationen von außen durch die Scheibe betrachten und das Licht von 20 bis 1 oder 2 Uhr eingeschaltet. Wenn in der 20 Quadratmeter kleinen Galerie Performances stattfinden oder Bilder zu sehen sind, ist von 20 bis 22 Uhr geöffnet.

Hartje Gallery
Martin-May-Straße 7
Tel. 62 90 90.
Die Amerikanerin Katrina Hartje, deren Augenmerk auf abstrakter Plastik liegt, stellt Künstler wie Aaron Fink, Peter Telljohann, Joachim Raab und Ulrich Diekmann aus.

waschSalon Galerie
Fuchshohl 75; Tel. 52 24 28.
Unkonventionell in der ehemaligen Waschküche der Galeristin Karin Jedermann-Harth untergebracht, widmet sich die Ginnheimer Galerie der avantgardistischen Risikokunst. Präsentiert werden Künstler aus Frankfurt, Berlin, Düsseldorf, München und New York, darunter immer wieder überraschende Ausstellungen der Gruppen end art aus Berlin und King Kong aus München.

Theater

Außer in den drei städtischen Theatern – Oper, Schauspiel und Kammerspiel – heißt es bei 23 weiteren Bühnen rund hundertmal in der Woche: „Vorhang auf!" Ein Blick auf Frankfurts Adressen für Kulissenzauber:

Arena
Theater an der Krebsmühle, Oberursel 5; Tel. (06171) 7 30 19.
Das Zelt des Arena-Theaters liegt zwar jenseits der Stadtgrenze, ist jedoch aus der Frankfurter Bühnenszene nicht mehr wegzudenken. Die Idee dazu hatte die Arbeitslosenselbsthilfe „Krebsmühle". Gezeigt werden Sprechtheater, Artistik, Musik, Varieté und Kabarett.

Café-Theater
Hamburger Allee 45
Tel. 77 74 66.
Das erste englischsprachige Theater in Frankfurt wurde 1979 von Judith Rosenbauer gegründet. Auf dem Programm stehen, natürlich, Stücke britischer und amerikanischer Autoren, mal kurzweilig, mal anspruchsvoll, von Arthur Miller bis George Bernard Shaw.

Gallus-Theater
Krifteler Straße 55
Tel. 738 00 37.
Die Stadtteilbühne im Gallusviertel, dem sogenannten „Kamerun", ist Teil eines Zentrums für ausländische Jugendliche und darüber hinaus ein geschätzter Tummelplatz der alternativen Kulturszene. Aus der Theaterarbeit von vornehmlich jungen Italienern und Deutschen ist ein respektables Projekt entstanden, das auch Pantomime, Artistik und Musikveranstaltungen im Repertoire hat.

Goethe-Theater
Leipziger Straße 36
Tel. 29 29 23.
Junge Regisseure und Schauspieler erhalten die Chance, klassische und moderne Stücke zu erarbeiten. Sechs bis acht Produktionen, die sich mit der gesetzteren Konkurrenz durchaus messen können, bringt der Nachwuchs im Jahr auf die Bretter. Von der Spielzeit 1988/89 an werden auch Stücke in französischer Sprache aufgeführt.

Die Katakombe
c/o Marcel Schilb, Pfingstweidstraße 2; Tel. 28 47 50 und 49 17 25.
Ein Ensemble wendet sich an Erwachsene, mit Stoffen von Büchner, Brecht oder Böll. Das andere spielt kritisch-unterhaltsame Stücke für Kinder, etwa das Rock-Musical „Rotkäppchen" von Floh de Cologne.

Kellertheater Junge Bühne Frankfurt
c/o Doris Enders, Mainstraße 2
Tel. 28 80 23.
Theater machen die ehrgeizigen Amateure jeweils freitags und samstags. Aufgeführt werden Stücke, die man in den großen Häusern selten oder nie zu sehen bekommt, etwa „Der Untergang der Titanic" von H. M. Enzensberger oder „Tote ohne Begräbnis" von J. P. Sartre, aber auch Eigenproduktionen. Etwa vier Premieren gibt es pro Jahr.

Kinder- und Jugendtheater Grüne Soße
Zeißelstraße 11a; Tel. 59 05 72.
Die freie Theatergruppe debütierte 1981 mit dem Anti-Drogen-Stück „Mensch, ich lieb dich doch" des Berliner Kinder- und Jugendtheaters „Rote Grütze" und spielt seither zumeist vor Schulklassen.

Die Komödie
Theaterplatz/Ecke Neue Mainzer Straße 18; Tel. 28 45 80.
In unmittelbarer Nachbarschaft zu Oper und Schauspiel residiert die hohe Kunst der Unterhaltung, das niveauvolle Lustspiel. So jedenfalls will der Leiter der Komödie, Claus Helmer, sein Programm verstanden wissen.

Die Maininger
Neue Rothofstraße 26a
Tel. 28 02 27.
„Die Maininger" – das war lange ein Name für Spott mit politischem Instinkt, aber auch für Lyrik, Free Jazz und die Lust am doppelbödigen Spiel mit Worten. 1968 agierten die Maininger als erstes Frankfurter Straßentheater. Inzwischen allerdings hinken sie dem Zeitgeist recht mühsam hinterher.

Neues Theater
Emmerich-Josef-Straße 46a
Tel. 30 30 90 und 30 30 16.
Das Neue Theater in Höchst versteht sich als „offenes Haus, das vielen Kunstarten eine Bühne gibt,

Das »Dschungelbuch« nach Rudyard Kipling – ein Musical für Kinder. In der »Katakombe« spielt ein Ensemble speziell für den Nachwuchs, ein anderes macht Theater für Erwachsene

vielen Interessen entspricht": Theater, Kabarett, Kleinkunst, regelmäßige Musikveranstaltungen aus den Sparten Jazz, Blues, Folk und Klassik sind ebenso im Spielplan wie Kindervorstellungen, Kinovorführungen – und als Bonbon jeden Sonntag um 16 und 20 Uhr ein Varieté-Programm.

Die Messe Frankfurt hat mittlerweile erreicht, was gar nicht beabsichtigt war. Sie hat ein Stück Architekturgeschichte geschrieben. Durch das neue Torhaus und die neue Galleria beispielsweise. Das freut uns natürlich. Denn es zeigt ja auch, daß die Messe Frankfurt für ihre zwei Millionen und mehr Besucher jährlich ein anspruchsvoll ausgestatteter Arbeitsplatz ist. Und ein Ort der Entspannung und Ruhe. Hier soll sich jeder wohlfühlen können. Die zehn Tagungsteilnehmer genau so wie die 10.000 Festteilnehmer. Für jeden bieten wir Räumlich keiten, die das Arbeiten oder Feiern erfreulicher machen. Insofern entspricht unser neues Raumkonzept unseren neuen Ideen von einem zeitge mäßen Messeplatz. Womit unsere neuen Gebäude wirklich das Kleid unserer Gedanken sind.

Messe Frankfurt

INFO

OFF-TAT
Kunsthalle Schirn, Am Römerberg 6a; Tel. 15 45-172.
Das 1985 gegründete OFF-TAT ist, neben der Schirn und dem TAT (Theater am Turm), das dritte Unternehmen der Kulturgesellschaft Frankfurt mbH. Der ganzjährig geöffnete Betrieb soll freien Gruppen aus der alternativen Kulturszene als Werkstatt dienen. Der konzeptionelle Rahmen reicht von der Mitgestaltung des seit 1975 veranstalteten Festivals „Summertime" auf den Plätzen und in den Parks der Stadt bis hin zu Avantgarde-Projekten, etwa in einer ausrangierten Eisenbahnhalle.

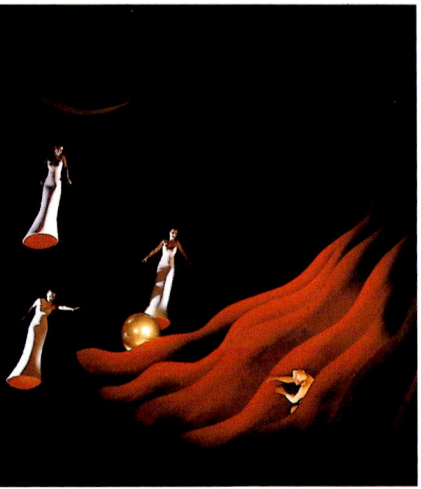

Alberich und die Rheintöchter: Ruth Berghaus' »Rheingold«-*Inszenierung, 1985*

Oper
Theaterplatz 1–3; Tel. 23 60 61, Abendkasse Tel. 25 62-334.
Seit im November 1987 das Bühnenhaus der Frankfurter Oper niederbrannte, ist das Ensemble über Nacht obdachlos. Als Bühne für moderne und modernste Inszenierungen genießt die Oper internationale Anerkennung. Ihr Renommee verdankt sie so herausragenden Persönlichkeiten wie dem ehemaligen Musikdirektor Michael Gielen und der DDR-Regisseurin Ruth Berghaus.
Gielens Nachfolger Gary Bertini hat es nach dem Brand und seinen ersten, von Publikum und Kritik verrissenen Aufführungen doppelt schwer. Mit Neuinszenierungen von Verdis „Othello" und Mozarts „La clemenza di Tito" versucht er, einem geschrumpften Spielplan und der Verlagerung der Aufführungen in das Schauspiel-Gebäude nebenan zum Trotz, die Frankfurter Oper als exzellentes Musiktheater zu erhalten.

Denkhilfe zum Stundentarif

Frankfurter Philosophen gehörten zu den ersten, die Kundschaft im Volk suchten

Es gab Zeiten, da war die „Frankfurter Schule" wohl – fast – so berühmt wie das Frankfurter Würstchen. Damals, 1968, war an den Namen Frankfurt eine Philosophie geknüpft, das Unterfutter für die gesellschaftspolitischen Visionen einer Generation: die „Kritische Theorie" der Professoren Theodor W. Adorno, Max Horkheimer und Herbert Marcuse und ihres „Instituts für Sozialforschung".

Vorbei. Die Zeiten ändern sich. Der zeitgemäß denkende Mensch, der Frankfurter, begibt sich nunmehr gleich in die philosophische Praxis, nicht mehr in die Utopie, wenn ihm danach ist, Begriffen wie Freiheit, Gerechtigkeit und Verantwortung nachzuspüren. Auch derjenige, der die Quellen seines Leidens an der Welt bisher im Labyrinth der eigenen Psyche zu ergründen hoffte, glaubt neuerdings immer häufiger, im Gespräch mit einem Fachmann für das Grundsätzliche die richtige Lösung zu finden.

Einer dieser Fachleute ist Dr. Jochen Link. Und wenn in letzter Zeit in den Großstädten ein philosophischer Dienstleistungsbetrieb nach dem anderen seine Pforten öffnet, so kann sich Frankfurt doch rühmen, wieder einmal die Nase mit vorn gehabt zu haben. Denn der Philosoph Jochen Link hat hier bereits 1985, mit sicherem Gespür für ein neues Bedürfnis, eine „Philosophische Praxis" gegründet; damals noch im Westend.

Inzwischen ist er nach Lich-Bettenhausen umgesiedelt, eine halbe Autostunde von Frankfurt entfernt, doch ohne den Bezug zur Stadt verloren zu haben. Die Frankfurter Mischung aus Kühle, Distanz und Wut, aus Hochhäusern und Cafés, aus Szene und Flughafen ermögliche einen fruchtbaren Zusammenprall verschiedener Gedankengänge, sagt der 43jährige Philosoph, der seiner Kundschaft für ein einstündiges Gesprächs- und Denkabenteuer 120 Mark abverlangt.

Gesprochen und nachgedacht werden kann dabei über alles: über den Sinn des Lebens und der Arbeit, über den Weltuntergang oder die einsame Insel, auf die man sich wünscht. Links altes Bauernhaus, mit dem prasselnden Feuer im Kamin und den schönen alten Möbeln, ist ein ideales Ambiente für solch befriedigende Konversation – die beide Seiten weiterbringen kann; denn auf die Feststellung, daß auch er bei jedem Einzel- oder Gruppengespräch ein Lernender sei, legt Link besonderen Wert.

Für eine ganz andere Art von Gedankenaustausch sind jene Seminare gedacht, mit denen sich Link in erster Linie an Manager und sonstige Nachdenkliche in Leitungspositionen richtet. Referenten sprechen dabei über Themen wie: „Ist die Moderne ein Mythos?" oder: „Was heißt technische Zivilisation?" Die Gespräche sollen den sorgengeplagten Entscheidungsträgern helfen, mit dem Widerspruch zwischen den wachsenden moralischen Ansprüchen der Gesellschaft und den wirtschaftlichen Notwendigkeiten besser fertig zu werden.

In diesem Angebotsbereich hat Link seit einiger Zeit Konkurrenz bekommen: vom „Forum für Philosophie" im frankfurtnahen Bad Homburg. Der Ansatz der drei am Taunusrand denkenden Philosophen, die sich kurz und kokett auch „Philosophen GmbH" nennen, ist allerdings von Links „Philosophischer Praxis" grundsätzlich verschieden. Von einer angewandten Philosophie als Lebenshilfe wollen Dr. Siegfried Blasche, Dr. Wolfgang R. Köhler und Dr. Wolfgang Kuhlmann nichts wissen. Das im wesentlichen von privaten Mäzenen ebenfalls 1985 gegründete Institut, das in einem Fachwerkhaus nahe des Spielcasinos untergebracht ist, will die Philosophie als Wissenschaft aus ihrem universitären Getto befreien und sie dorthin vermitteln, wohin sie – frei nach Jürgen Habermas – gehört: unter das Volk.

Zum Programm der „Philosophen GmbH" gehören Vorträge, professionelle Tagungen und anspruchsvolle, aber für den gebildeten Laien gut verständliche Kurse. Für das erste Halbjahr 1988 etwa waren die Lektüre und die Diskussion einiger Schriften von Aristoteles, Carnap, Spinoza und Gehlen vorgesehen. Die Stimme der Philosophen gewinne immer mehr Gewicht im öffentlichen Leben, sagt Siegfried Blasche, und das beschränke sich keineswegs auf die Zirkel humanistischer Intelligenz. In der Tat: Sekretärinnen und Chemiker, Werbefachleute und Programmierer raffen sich jeden Donnerstag auf, schon müde von der täglichen Arbeit, um solch esoterische Themen wie den Gottesbegriff des Aristoteles mit den Homburger Doktoren zu besprechen.

Nach der wissenschaftlichen Anstrengung geht es freilich lockerer zu. Die Philosophen servieren einen vorzüglichen Wein, und die etwa 30 Kursteilnehmer tun sich dann – mit Vorliebe in der winzigen Küche – zu kleinen Kreisen zusammen: Es sind die legeren Gespräche über Gott und die Welt, die bei aller Liebe zur normativen Philosophie auch hier zum Programm gehören. *Krisztina Koenen*

Kamin-Gespräche in der »Philosophischen Praxis«: Dr. Jochen Link, Partner

EIN NEUES STÜCK FRANKFURT

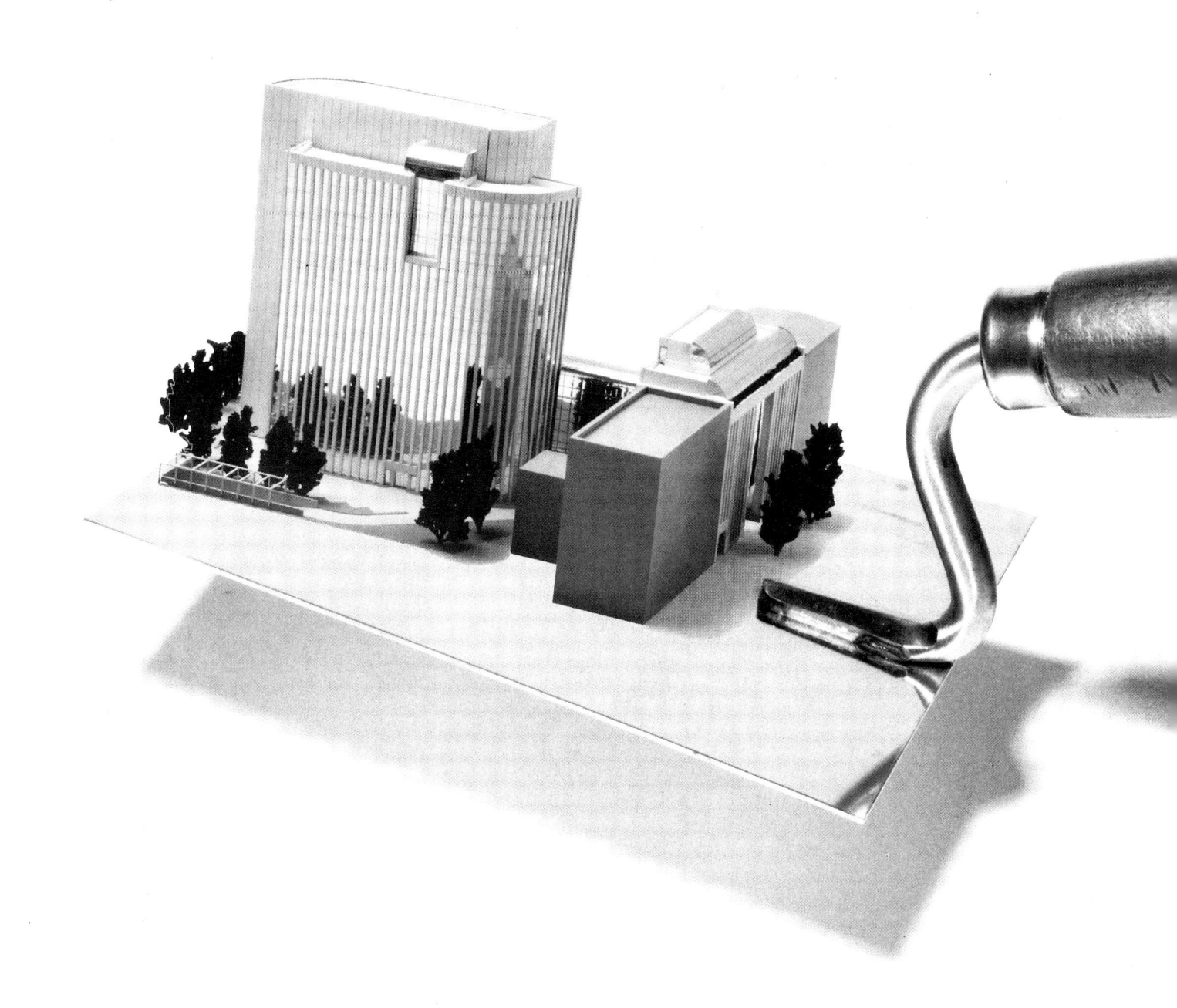

IM BAU:

Ein Verlagshaus an der Mainzer Landstraße. In unmittelbarer Nähe der Galluswarte. Entworfen von Nägele, Hofmann, Tiedemann entsteht hier ein neues Stück Frankfurter Architektur.

DER BAUHERR:

Die Verlagsgruppe Deutscher Fachverlag. Mit über 500 Mitarbeitern einer der größten Fachzeitschriftenverlage Deutschlands und Europas. Am Standort Frankfurt.

DER VERLAG:

Mehr als 40 Fachzeitschriften für ausgesuchte Zielgruppen aus Wirtschaft, Wissenschaft und Technik. Im deutschsprachigen Raum und weltweit.

dfv Verlagsgruppe Deutscher Fachverlag
Schumannstraße 27
6000 Frankfurt am Main 1

Das Ballettensemble der Frankfurter Oper

Theaterplatz 1–3; Tel. 23 60 61.
Mit dem Amerikaner William Forsythe hat das Ballettensemble der Frankfurter Oper wieder einen experimentierfreudigen Direktor. Er hat der Truppe mit gewagten Inszenierungen und modernsten choreographischen Elementen ein weit über die Stadtgrenzen hinaus reichendes Ansehen zurückgewonnen.

Der Opernbrand hat das Engagement von Ballett-Direktor William Forsythe nicht gebremst. Bühnenraum indes ist rar geworden. Das Schauspiel soll im Bockenheimer Straßenbahndepot eine provisorische Spielstätte finden

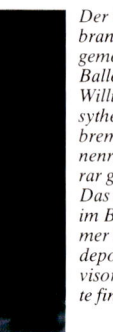

Schauspiel
Theaterplatz 1–3; Tel. 23 60 61, Abendkasse Tel. 25 62-434.

Kammerspiele
Hofstraße 2; Tel. 23 60 61, Abendkasse Tel. 25 62-395.
Der Opernbrand hat auch dem Schauspiel das Leben schwergemacht. Unruhig ging es dort schon immer zu: Experimente auf und hinter der Bühne in den siebziger Jahren, umstrittene Inszenierungen, zahlreiche Wechsel in der künstlerischen Leitung und zuletzt die vom derzeitigen Intendanten Günther Rühle provozierte Auseinandersetzung um die Aufführung des Faßbinder-Stückes „Der Müll, die Stadt und der Tod" waren für das künstlerische Fortkommen nicht gerade förderlich. Jetzt sucht das Schauspiel nicht nur nach Stars vom Kaliber einer Elisabeth Trissenar oder eines Hans Neuenfels, die früher dort arbeiteten, sondern auch nach einem festen Spielort. Vielleicht wird es im alten Bockenheimer Straßenbahndepot, der provisorischen Spielstätte, wieder zu einer neuen künstlerischen Hochform auflaufen. Mit großem Interesse jedenfalls vernahmen Frankfurts Theatergänger die Verpflichtung des ehemaligen Schauspiel-Intendanten Peter Palitzsch für die erste „Depot"-Inszenierung der Spielzeit 1988/89: Brechts „Leben Eduards des Zweiten von England".

Die Schmiere
Karmeliterkloster (Seckbächer Gasse); Tel. 28 10 66.
„Das schlechteste Theater der Welt" – so die Eigenwerbung – ist eine Frankfurter Sumpfblüte ganz besonderer Art. Gesellschaftliche und menschliche Konflikte sind der Stoff, mit dem Gründer, Autor und Oberkomödiant Rudolf Rolfs seit 1950 sein satirisches Kampfkabarett bestreitet.

Theater am Turm – TAT
Eschersheimer Landstraße 2 Tel. 15 45-110.
Die provokante und experimentelle Theaterarbeit des Hauses erlebte nach der „Befriedung" durch den CDU-Magistrat eine Durststrecke als Projekt- und Gastspieltheater. Es dauerte zwei bis drei Spielzeiten, bis das TAT, nur zögerlich von neuen Besucherkreisen angenommen, sich mit spannenden und ausgefallenen Aufführungen erneut eine Rolle im kulturellen Leben der Stadt erspielen konnte. Seit seiner Eingliederung in die Kulturgesellschaft Frankfurt mbH soll sich das TAT wieder mehr dem klassischen Sprechtheater zuwenden.

Theaterhaus Frankfurt
Schützenstraße 12; Tel. 29 32 92.
Hier finden freie Gruppen, in erster Linie Kinder- und Jugendtheater, eine Produktions- und Spielstätte mit kompletter bühnentechnischer Anlage. Dieser Kreativ-Pool für die freien Theatermacher Frankfurts befindet sich noch in der Aufbauphase.

Volkstheater Frankfurt e.V.
Großer Hirschgraben 21 Tel. 28 85 98.
Gegründet wurde es von der Volksschauspielerin Liesel Christ, die über Frankfurts Grenzen hinaus zur „Mama Hesselbach" wurde. Nicht nur volkstümliche Inszenierungen sind im Repertoire, auch Goethes „Urfaust", Brechts „Mutter Courage" oder Werke von Shakespeare, Kleist, Hauptmann und Zuckmayer – allesamt natürlich mundartlich gespielt.

Musik

In Frankfurt könne man zwar alles hören, was diese Welt an Musik zu bieten habe, produziert werde sie jedoch woanders – so lautet ein verbreitetes (Vor)Urteil. Doch es gibt Ausnahmen von dieser Regel – zum Glück für die Stadt und die deutsche Musiklandschaft. Etwa das **Radio-Sinfonie-Orchester Frankfurt** des Hessischen Rundfunks, das unter der Leitung von Eliahu Inbal in den letzten Jahren Aufmerksamkeit erregt hat, unter anderem wegen der vielfach preisgekrönten Einspielung der Mahler-Sinfonien, der Urfassung einiger

Angebot mit 3 Vorteilen

- Gratis zur Begrüßung eine aktuelle GEO-Ausgabe
- Gratis 4 außergewöhnliche GEO-Farbdrucke
- Ca. 20% Preis-Vorteil = DM 2,– pro Heft gespart gegenüber Einzelpreis

Detail-Garantie auf der Rückseite

Zur Nr. 1 von GEO-Lesern gewählt

Antwort-Postkarte

GEO
Leser-Service
Postfach 11 16 29

2000 Hamburg 11

Bücher von GEO – so farbig und fesselnd wie unsere Welt

In den Büchern von GEO wird unsere vielgesichtige Welt auf neue Weise erlebbar; sie widmen sich faszinierenden Themen, vermitteln Information und Wissen aus erster Hand. Inhalt, Ausstattung und Umfang entsprechen der hohen GEO-Qualität: Bücher von GEO haben 350 Seiten und mehr, im Format 20,5 x 28 cm, Leineneinband und farbigen Schutzumschlag sowie 250 bis 480 fast immer farbige Abbildungen.

Von GEO sind bisher 15 Bücher erschienen.
Bestellmöglichkeit auf der Rückseite.

Weitere Informationen auf Seite 219

Antwort-Postkarte

GEO
Presse-Versand-Service
Postfach 600

7107 Neckarsulm

GEO-Sonderreihen für Leser, die noch mehr wissen wollen

GEO-SPECIAL:
Die Sonderreihe GEO-SPECIAL behandelt immer ein Thema umfassend und ausführlich in fesselnden Reportagen und mit einzigartigen Fotos. Dazu Hintergrund-Informationen und Insider-Tips zum Einkaufen, für Ausflüge, Theater, Restaurants, Hotels usw. Jedes SPECIAL hat mind. 160 Seiten. GEO-Heft-Format. Noch lieferbar sind die Ausgaben »Brasilien«, »Himalaya«, »San Francisco«, »Israel« und »Frankfurt«.

Bestellmöglichkeit Poster »San Francisco«

Bitte lesen Sie auf der Rückseite weiter.

Antwort-Postkarte

GEO-SPECIAL
Leser-Service
Postfach 11 16 29

2000 Hamburg 11

Abruf-Karte für ein GEO-Abonnement

JA, ich nehme Ihre Einladung an.

Schicken Sie mir bitte kostenlos die GEO-Begrüßungs-Edition, dazu 4 GEO-Farbdrucke und die GEO-Dokumentation. Ich darf diese Geschenke auch dann behalten, wenn ich mich nicht für GEO entscheide. Nach Erhalt habe ich 14 Tage Zeit, GEO kennenzulernen. Nur wenn mich GEO überzeugt und ich nicht widerrufe, möchte ich GEO jeden Monat per Post frei Haus beziehen: Für nur DM 8,50 statt DM 10,50, also z. Zt. mit ca. 20% Preis-Vorteil. Ich kann keine Kündigungsfrist versäumen, denn ich darf jederzeit kündigen.

Name/Vorname

Straße/Nr.

Postleitzahl   Wohnort

Telefon-Nummer für evtl. Rückfragen

Datum   Unterschrift

Widerrufsgarantie: Diese Vereinbarung kann ich binnen einer Frist von 14 Tagen <u>nach Erhalt des Probeheftes</u> schriftlich widerrufen. Zur Wahrung der Frist genügt die rechtzeitige Absendung des Widerrufs an GEO-Leserservice, Postfach 11 16 29, 2000 Hamburg 11.

Datum   Unterschrift

Wenn ich bei GEO bleibe, bezahle ich bequem und bargeldlos durch ¼jährliche Bankabbuchung DM 25,50

Bankleitzahl (bitte vom Scheck abschreiben):

Meine Kontonummer:

Geldinstitut:

Ich möchte statt ¼jährlicher Bankabbuchung lieber eine Jahresrechnung (12 Hefte DM 102,–).

Bitte ankreuzen, falls gewünscht: ○

Auslandspreise: Schweiz Fr. 8.50 statt Fr. 10.50 Einzelpreis.
Österreich: S 65,– statt S 80,– Einzelpreis.
Sonstiges Ausland: DM 8,50 zuzüglich Porto.   83686 A/O

Detail-Garantie

- Gratis zur Begrüßung eine aktuelle GEO-Ausgabe und dazu 4 außergewöhnliche GEO-Farbdrucke, 21 x 15 cm groß: die 900jährige Bavaria-Buche. (Abbildung auf der Vorderseite.) Beide Geschenke gehören in jedem Fall Ihnen.
- Dazu: eine umfangreiche Dokumentation über GEO, die Ihnen zeigt, welche Themenbreite GEO bietet.
- Ca. 20% Preis-Vorteil, wenn Sie sich für GEO entscheiden. Sie sparen DM 2,– pro Ausgabe gegenüber Einzelpreis.
- Sie können keine Kündigungsfrist versäumen, denn Sie dürfen jederzeit absagen.

Bestell-Karte für die Bücher von GEO

JA, bitte liefern Sie mir gegen Rechnung und mit 10 Tagen Rückgaberecht folgende Bücher von GEO: (Anzahl der gewünschten Exemplare bitte eintragen):

- »Die New York-Story« (X 2056) DM 98,–
- »Die amerikanische Reise« (X 7029) DM 98,–
- »Amerika« (X 7996) DM 98,–
- »Die Wüste« (X 1665) DM 98,–
- »Die Sonne« (X 1720) DM 98,–
- »Tibet« (X 1721) DM 98,–
- »Bedrohte Paradiese« (X 4955) DM 98,–
- »Geburt eines Ozeans« (X 7030) DM 98,–
- »Der Planet der Meere« (X 2058) DM 98,–
- »Regenwald« (X 4572) DM 98,–

- »Verlorene Menschen« (X 4742) DM 98,–
- »Die Alpen« (X 2380) DM 98,–
- »Der Mensch« (X 1639) DM 98,–
- »Inseln in der Zeit« (X 6212) DM 98,–
- »Islam« (X 6210) DM 98,–

Alle Preise zuzüglich DM 2,– Versandkosten-Anteil pro Lieferung. **Ausland:** Lieferung nur gegen Vorkasse per Scheck zuzüglich DM 3,–.

Name/Vorname

Straße/Nummer

Postleitzahl   Wohnort

Datum   Unterschrift   83687

Ihre Garantie, wenn Sie Bücher von GEO jetzt bestellen:

- Sie können jedes Buch 10 Tage lang kostenlos zu Hause prüfen und sich so Ihr eigenes Urteil bilden.
- Sie gehen mit dem Abruf des Buches keinerlei Verpflichtungen ein.
- Sie haben das Recht, jedes Buch innerhalb von 10 Tagen nach Erhalt ohne Begründung zurückzuschicken. Damit ist alles für Sie erledigt.

Bestell-Karte für GEO-Sonderreihen

JA, ich möchte die Möglichkeit nutzen und Ausgaben der GEO-Sonderreihen bestellen. Bitte liefern Sie die von mir gewünschten Exemplare gegen Rechnung frei Haus. Senden Sie mir bitte den (die) folgenden Titel (Anzahl der gewünschten Exemplare bitte eintragen):

GEO-SPECIAL: 83688

- »Brasilien« (F 8801) DM 13,50
- »Himalaya« (F 8802) DM 13,50
- »San Francisco« (F 8803) DM 13,50
- Poster »San Francisco« (G 0610) DM 15,– (98 x 68 cm; Lieferung in der Rolle)
- »Israel« (F 8804) DM 13,50
- »Frankfurt« (F 8805) DM 13,50

GEO-WISSEN: 83690

- GEO-WISSEN Ausgabe 2/87 (K 8702) DM 13,50
- GEO-WISSEN Ausgabe 1/88 (K 8801) DM 13,50
- GEO-WISSEN Ausgabe 2/88 (K 8802) DM 13,50 (erscheint am 7. November)

Alle Preise zuzüglich DM 2,– Versandkosten-Anteil pro Lieferung.
Ausland: Lieferung nur gegen Vorkasse per Scheck zuzüglich DM 3,–.

Name/Vorname

Straße/Nummer

Postleitzahl   Wohnort

Datum   Unterschrift

GEO-WISSEN:
Das Magazin mit Reportagen aus der Wissenschaft.

GEO-WISSEN 2/87:
Im GEO-WISSEN »Klima« erfahren Sie alles über Wetter und Wetterprognosen, Treibhaus- und Reizklima, Atmosphäre, Klimatechnik u.v.m.

GEO-WISSEN 1/88:
Diese Ausgabe befaßt sich mit unserem Immunsystem: Wie können körpereigene Abwehrsysteme gezielt beeinflußt werden? GEO-WISSEN-Reporter berichten über die neuesten Erkenntnisse führender Forschungszentren.

GEO-WISSEN 2/88:
Das neueste GEO-WISSEN berichtet über die wichtigste Flüssigkeit der Welt: Wie wir mit Wasser leben, wie wir es nutzen, verschmutzen und welche Rolle es für die Zukunft der Menschheit spielt.

Bestellmöglichkeit Poster »San Francisco«

INFO

Bruckner-Sinfonien und der Konzert-Werke von Berlioz. Während der Konzertsaison ist das Orchester jeweils donnerstags und freitags mit zwei Konzertzyklen in der Alten Oper zu hören.

Das **Frankfurter Opernhaus- und Museumsorchester** wird vom jeweiligen Chef der Oper geleitet, seit 1987 von Gary Bertini. Bekannt wurde das Ensemble unter der Leitung des Bertini-Vorgängers Michael Gielen. Ähnlich dem Radio-Sinfonie-Orchester spielt es zwei Konzertzyklen, jeweils sonntags um 11 Uhr und montags um 20 Uhr in der Alten Oper. Eine Kammermusik-Reihe mit acht Veranstaltungen pro Saison wird im Mozart-Saal dargeboten. Wie für die Konzerte des Radio-Sinfonie-Orchesters sind auch hier Kartenreservierungen empfehlenswert: Vorverkaufskasse Alte Oper, Tel. 13 40-400.

Einen klangvollen Namen, der verpflichtet, hat die **Junge Deutsche Philharmonie.** In eigener Regie organisieren Musikstudenten die Ensemblearbeit. Nach intensiven Studien unter so bedeutenden Dirigenten wie Charles Dutoit, Gary Bertini und Antal Dorati stellen die jungen Talente die erarbeiteten Werke bei kleinen Tourneen im In- und Ausland vor. Die Konzerte der Jungen Deutschen Philharmonie gehören mittlerweile zu den außergewöhnlichen Klassik-Erlebnissen. Aus dem Zusammenschluß sind weitere Ensembles von Format entstanden, etwa die **Deutsche Kammerphilharmonie** und das **Ensemble Modern.**

Hallen & Säle

Frankfurt gehört zu den begehrtesten Gastspielorten der Republik. Von Klassik über Jazz bis hin zu Underground gibt es hier das ganze Jahr über etwas zu hören. Grund dafür ist nicht zuletzt die beachtliche Auswahl an attraktiven Spielstätten für Musik aller Art:

Alte Oper
Opernplatz; Tel. 13 40-0.
Ob im Großen Saal, im kleinen Mozart- oder im noch kleineren Hindemith-Saal, ob Klassik, Musical, Jazz oder Show – der grandiose Bau ist seit der Wiedereröffnung 1981 zum vornehmsten Frankfurter Veranstaltungsort geworden.

Festhalle Messegelände
Ludwig-Erhard-Anlage 1
Tel. 75 75-0.
Problematisch ist die Akustik in Frankfurts größter Halle, auch nach deren Modernisierung 1986. Der 12 000 Personen fassende Kuppelbau von 1907/08 wird außer für Sportveranstaltungen, etwa Sechstagerennen oder eine Eisrevue, für die ganz großen „acts" der Rockmusik genutzt. In der kleineren **Kongreßhalle** nebenan findet unter anderem alle zwei Jahre parallel zur Musikmesse im Frühjahr das Deutsche Jazz-Festival statt. Es gilt als das älteste seiner Art. Im Wechsel dazu wird, ebenfalls im Zweijahresrhythmus geplant, seit 1987 ein großes Art-Rock-Festival veranstaltet.

Jahrhunderthalle Hoechst
Pfaffenwiese 301, 6230 Frankfurt 80; Tel. 36 01-240/132.
Die Alte Oper hat ihr den Rang abgelaufen, doch nach wie vor ist jede

Platz für 3500 Menschen: Jahrhunderthalle Hoechst

Musikveranstaltung unter der weithin sichtbaren weißen Kuppel im Stadtteil Höchst zumindest von der Atmosphäre her ein Genuß.

Volksbildungsheim
Eschenheimer Anlage 40
Tel. 55 51 14.
Wand an Wand mit dem TAT gastieren im „Vobi" am Eschenheimer Turm meist Gruppen, die in den Clubs der Stadt zu wenig Platz haben, für die andere Hallen aber – noch – zu groß sind.

Von Pop bis Jazz

Batschkapp
Maybachstraße 24; Tel. 53 10 37.
Die sprichwörtliche „Mutter der Frankfurter Konzerthallen" hat sich vom alternativ-schmuddeligen Kulturschuppen zum einflußreichsten Frankfurter Musikladen entwickelt. Britische, amerikanische und deutsche Newcomer wechseln sich ab mit renommierten Underground-, Pop- und Heavy Metal Gruppen. Berühmt sind auch die Disco-Tanzabende, jeweils freitags und samstags, mit dem schönen Namen „Idiot Ballroom". Vorher trinken die Batschkapp-Kids ihr Bier im angeschlossenen Lokal „Der Elfer".

Der Frankfurter Jazzkeller
Kleine Bockenheimer Straße 18a; Tel. 28 85 37.
Deutschlands ältestes und traditionsreichstes Jazzlokal (lesen Sie dazu auch den Beitrag von Uwe Schmitt, „Domizil der ‚Jatzer', S. 136), für die Jazz-Szene der Club schlechthin. Auch wenn Posaunist Albert Mangelsdorff, die Vaterfigur

Albert Mangelsdorff im »Keller«

des Frankfurter Jazz, nur noch selten am Tresen steht – der „Keller" ist immer noch eine Bühne für gute Konzerte, spontane Sessions und hitzige Fachgespräche bei Bebop, Modern, Hot und Free Jazz.

Hausener Brotfabrik
Bachmannstraße 2–4
Tel. 789 43 40.
Die ehemalige Großbäckerei im Stadtteil Hausen ist mehr als nur eine Konzerthalle. Eingebettet in ein

---

Tagen und Wohnen auf der Drehscheibe Europas

Westeuropas größtes Luxushotel setzt neue Maßstäbe

mit 1050 Zimmereinheiten,
4 Restaurants, einem Pub, einem Tagescafe, einer Cocktail-Bar, Schwimmbad, Sauna, Solarium, Fitnessraum,
23 Konferenzräumen unterschiedlicher Größe, und dem neuen KONGRESS-ZENTRUM / BALLSAAL auf 1200 qm Fläche. Übertragungs- und Anschlußvorrichtungen für alle Veranstaltungsarten (Radio, Fernsehen, Video etc.) Dolmetscherkabine, höhenverstellbare Bühne, Künstlergarderobe, Ballsaal-Foyer von 600 qm.
Die Gesamtanlage des Hotels ist direkt mit dem Flughafengebäude,
dem Frankfurt Airport Center und dem FAG-Parkhochhaus verbunden.

Business made in Europe

Sheraton
Hotels, Inns & Resorts Worldwide
The hospitality people of ITT

Frankfurt Sheraton Hotel, Flughafen Terminal Mitte
D-6000 Frankfurt am Main
Telefon 069 / 69 77-0
Telex 4 189294 • Telefax 069 / 69 77 22 09

INFO

alternatives Kultur- und Ladenzentrum – vom Obststand bis zur Holzwerkstatt –, bietet sie ein Podium für Jazzbands, Folklore-Formationen aus allen Kontinenten, Theatergruppen, Pantomimen und Bauchtänzerinnen. Im Sommer trinkt man Wein im angenehm kühlen Hof unter Bäumen. Heiße Attraktion im Winter sind die wöchentlichen Salsa-Disco-Nächte für Deutsche, Lateinamerikaner und alle, die sonst noch tanzen können.

Jazz im Museum
Historisches Museum, Saalgasse 19 (Römer); Tel. 15 45-175.
Auch im Hof des Historischen Museums tönt im Sommer Musik: jeden Sonntagmorgen ab 11 Uhr. Wer schon so früh aus den Federn findet, wird häufig mit ganz hervorragenden Darbietungen belohnt.

Jazz im Palmengarten
**Siesmayerstraße 61
Tel. 212-44 80.**
Seit 1959 treten alljährlich von Anfang Mai bis in den September hinein internationale Spitzenbands im Palmengarten auf: jeden zweiten oder dritten Donnerstag ab 19.30 Uhr im Musikpavillon oder im Palmengartensaal, je nach Wetterlage.

Jazzkneipe
**Berliner Straße 70
Tel. 28 71 73.**
Kleine schummrige Pinte für Freunde des Swing. Den gibt's täglich live.

Klimperkiste
Affentorplatz 1; Tel. 61 70 32.
Deftiger Rock- und Blues-Schuppen fürs Wochenende.

Schlachthof
**Deutschherrnufer 36
Tel. 62 32 01.**
Schon Sonntag morgens ab 11 Uhr fließen bei heißem Dixieland Bier und Ebbelwei in Strömen.

Sinkkasten
Brönnerstraße 9; Tel. 28 03 85.
Club in der City mit vielseitigem Programm: Theater, Jazz, Rock, Folklore. Nachwuchsbands aus Rhein-Main, Pop-Orchester aus Afrika und Jazz-Koryphäen aus aller Welt geben sich die Klinke in die Hand. Ebenfalls eine stark frequentierte Disco-Adresse.

Einkaufen

Auf der etwa einen Kilometer langen „Zeil" verbucht Deutschlands Einzelhandel seinen größten Umsatz: jährlich rund eine Milliarde Mark. Die interessanteren Adressen sind woanders. Ausgangspunkt für einen Bummel könnte die benachbarte Große Bockenheimer Straße samt ihrer Verlängerung, der Kalbächer Gasse, sein – besser bekannt als **Freßgass'**. Schon seit dem Ende des Ersten Weltkriegs nennen die Frankfurter sie so, denn die Fußgängerzone zwischen Rathenau- und Opernplatz versammelt alles, was das leibliche Wohlbefinden steigern könnte: Restaurants, Kneipen, Cafés, Delikatessen- und Gemüsegeschäfte. Wiederum nur einen Sprung von der Freßgass' entfernt, in der parallel verlaufenden, neu herausgeputzten **Goethestraße**, liegen die noblen Modehäuser. Für die Haute Couture fährt kein Frankfurter mehr nach München oder Düsseldorf. Was gut und teuer ist, gibt es jetzt auch in der Mainstadt.

Exklusive Mode

Boutique Gianni Versace
Goethestraße 23; Tel. 28 88 35.
Der italienische Modedesigner ist längst zum Inbegriff für aufregende Damen- und Herrenmode geworden – und die Frankfurter Filiale zu einer der schicksten Adressen.

Schick und teuer: »Gianni Versace«

Möller und Schaar
**Goethestraße 26–28
Tel. 28 21 44.**
Damen- und Herrenausstattung für gehobene Ansprüche. Vom Smoking bis zur Sportbluse finden die in Sachen Mode eher konservativen Frankfurter hier ein breites Angebot: leichte Anzüge von Zegna und Kiton, teure Kaschmirpullover von Aida Barni und exklusives amerikanisches Schuhwerk von Alden.

Umsatzspitze unter Deutschlands Shopping-Meilen: die »Zeil«

Ihr Getränke-Spezialist

Bier Müller-Brunnenhaase

Industriestraße 6 A, 6094 Bischofsheim, Telefon 0 61 44 / 49 90

Der Partner für Getränkeabsatzmittler wie Großverbraucher, Gastronomen und Einzelhändler.
Planung und Gestaltung von Gaststätten-Einrichtungen. Bitte rufen Sie uns an.

Dahinter kann man sich nicht verstecken

Auftritt
RHEIN MAIN ILLUSTRIERTE

Bei uns hat die Stadt ihren AUFTRITT. Über 30 Seiten Rhein-Main-Veranstaltungskalender. Stories, Interviews, Rezensionen, Reportagen und Klatsch über Frankfurt, über Video, über Musik, über Literatur, über Theater, über Kunst. In jeder Ausgabe alle wichtigen Adressen aus Frankfurt und dem Rhein-Main-Gebiet, Hunderte von Kleinanzeigen. Jeden Monat neu. An jedem Kiosk für DM 3,30. Probeheft gratis von AUFTRITT, Ludwigstr. 37, 6000 Frankfurt 1.

v. Freyberg
Börsenplatz 1; Tel. 28 22 05.
Im Januar 1988 übernahm der ehemalige „Boss"-Produktmanager Gernot Freiherr von Freyberg das traditionsreiche, 1872 gegründete Haus Lang, einst Hoflieferant des bayerischen Königs und des österreichischen Kaisers. Freyberg bietet Blusen und Hemden nach eigenen Entwürfen aus feinster ägyptischer Baumwolle an.

Avantgardistisch

Hysterie
Stiftstraße 34; Tel. 28 51 29.
Inhaberin Christine Staatz, die rotgefärbten Haare hochgetürmt, trägt das Outfit, das sie auch an die Frau und den Mann bringen will: extravagante Modelle von Gaultier, Yamamoto, Galliano, Kelian – passend zum durchgestylten Raum.

Winterberg
Stiftstraße 32; Tel. 28 29 19.
In der kleinen Boutique findet man Kleider, Röcke und Jacken von Verhey und Pink Flamingo – also Mode zwischen Klassik und Avantgarde.

Hollywood
Stiftstraße 32; Tel. 28 88 93.
Schwarz dominiert in dem kitschig ausstaffierten Modeladen. Flippige Fetzen, „coole" Jacken, ausladende Beinkleider, Leder und Plastik.

Infam
Steinweg 10; Tel. 28 58 62.
In dem alten, mit viel Glas aufgemotzten Haus kleiden sich vor allem modebewußte Leute ein, denen Markenqualität egal ist – mit leger bis gewagt Geschneidertem zu bezahlbaren Preisen.

Kunst und Mode

C 24
Gartenstraße 24; Tel. 62 73 14.
Schon der Blick durchs Schaufenster offenbart ein künstlerisch gestaltetes Ambiente: Die moderne, lehmfarbene Freskenmalerei stammt von Künstlern der Städelschule, wie auch ein Teil der extravaganten Kleidungsstücke. Die Inhaberin Cornelia Blaha, früher Bibliotheksangestellte, bietet in ihrer Boutique neben streng und modern gezeichneten Modellen auch Kleider, wie sie zur Zeit der französischen Revolution getragen wurden. Ausgefallener Schmuck komplettiert das Angebot.

Schmuckstücke

La Galleria
Berliner Straße 66; Tel. 28 14 61.
Modernes aus Glas und Keramik, von internationalen Künstlern gestaltet und im Alltag kaum zu gebrauchen. Gewagte Formen herrschen auch bei den feingliedrig geschwungenen Schmuckstücken vor, die Marianne Henkel in ihrer stilvollen Galerie ausstellt.

Michele M.
Goethestraße 4; Tel. 28 77 46.
Der Auslage des kleinen Schmuckladens sieht man es noch nicht an, drinnen aber wird klar: Hier geht es weniger um Karat als um Design. Geboten werden eigenwilliger Schmuck aus allerlei hochwertigen Materialien und ungewöhnliche Stücke aus Gold und Silber.

Luise Scholze
Kaiserstraße 6; Tel. 29 14 64.
Wunderschöne, geschwungene Gläser, künstlerisch gestalteter Unikat-Schmuck aus Gold und Silber und kleine Plastiken. Die Goldschmiedin Luise Scholze präsentiert unter anderem Arbeiten der Künstler Karl Schmid, Isgard Moje-Wohlgemuth und Piet van den Boom; auf Wunsch fertigt sie auch nach Ihren Entwürfen.

Für Wohnhafte

Domizil
Neue Kräme 29; Tel. 28 14 27..
Ein junger, quirliger Design-Laden in der Sandhofpassage. Hier gibt es so ziemlich alles, was gerade angesagt ist: Mickey Rourke hinter Glas, unbequeme Schuhe mit Stahlkappen, Neonstrahler und schwarzlackierte Gartenmöbel oder einen gläsernen Schreibtisch nebst passendem Büroschrank von Bisley.

Leptien 3
Gutleutstraße 11; Tel. 23 31 24.
Wo findet man so etwas schon: ein Sofa, das aussieht wie die Skyline einer Großstadt vor untergehender Sonne? Antwort: ziemlich versteckt in der Nähe des Schauspiels, in einer innenarchitektonischen Oase unter Frankfurts Einrichtungshäusern. Wer unter den gewagt gestylten Stühlen, Lampen und Schreibtischen nichts Passendes findet, gibt Sonderanfertigungen in Auftrag.

Melodrom
Hanauer Landstraße 167
Tel. 49 00 14.
In großräumigen, hellen Fabriketagen im Frankfurter Osten stehen nicht alltägliche Einrichtungsgegenstände: Tische aus rohem Stahl und dunkelblauem Glas, futuristische Zwei- und Dreisitzer, Büromöbel – viel Stein, Stoff, Leder und Metall. Wolfgang Meyer-Rässler verkauft Produkte von europäischen, vorwiegend italienischen Designern, entwirft eigene Modelle und läßt auch nach Kundenwünschen basteln. Seine „Lebensraumgestaltung" ist durchaus erschwinglich, dank Eigenimport, billigen Verkaufsräumen in mehreren deutschen Großstädten und wegen des Verzichts auf jede Form der Werbung.

Take Off
Vogelsbergstraße 25
Tel. 49 69 95.
Produkte aus industrieller Fertigung seit 1900, deren Design bis heute fortschrittlich und innovativ wirkt. Den Uhren, Lampen, Kleinmöbeln und technischen Geräten ist ihr Alter kaum anzusehen, wohl aber, wer ihre Formen beeinflußt hat: unter anderen Le Corbusier und die Bauhaus-Schule.

Antikes

Cachet
Schweizer Straße 16
Tel. 62 29 95.
Ob englisches Porzellan oder Artdeco-Möbel – im geschmackvoll eingerichteten Lädchen findet man Gegenstände von 1750 bis 1950.

Ritter Antik
Fahrgasse 26/Ecke Berliner Straße; Tel. 29 39 76.
Heinrich Leichter ist Sachverständiger für antike Möbel. Die wertvollen Stücke aus verschiedenen Epochen zeugen denn auch von profunder Kennerschaft. Den Schwerpunkt setzt er bei Einrichtungsgegenständen aus dem Biedermeier.

Studio Art Deco
Am Römerberg 8–10
Tel. 29 28 18.
Auf kleinem Raum präsentiert Art-deco-Spezialistin Monika Hermann-Simsch avantgardistische Möbel, Gläser, Skulpturen und andere Kunstgegenstände aus den zwanziger und dreißiger Jahren.

Auf cool gestylt: Christine Staatz in ihrer »Hysterie«-Boutique

Avantgardistisches Design: »Studio Art Deco«

Zeitloses von gestern: »Take Off«

Kunst zum Anziehen: »C 24« verkauft auch Modellkleider von Städelschul-Absolventen

Sofa-Skyline: »Leptien 3«

Bibliophil: Ernst Hoffmann

Bücher

Ernst Hoffmann, Buchhandlung und Antiquariat

Weißadlergasse 3; Tel. 28 37 81.
Bis zur Decke reichen die Regale, Bücherrücken ersetzen die Tapete – eine literarische Einsiedelei in der hektischen City. Ernst Hoffmanns Spezialgebiete sind deutsche Literatur in Erst- und Gesamtausgaben, Reformation und Humanismus. Seine teuersten Stücke kosten bis zu 60 000 Mark. Außerdem gibt es Kupferstiche und Ansichten von Frankfurt und Umgebung.

Porzellan

Meißen Mitsukoshi Haus

Kaiserstraße 13; Tel. 29 06 76.
Das war schon ein Knüller, als im März 1988 der größte japanische Kaufhauskonzern in der Bundesrepublik ein Fachgeschäft für Meißener Porzellan aus der DDR eröffnete. Jetzt findet man hier die europaweit größte Auswahl der Kostbarkeiten, zu Stückpreisen von 36 Mark bis über 40 000 Mark.

Dies und Das

Francofurtensien

Bethmannstraße 11
Tel. 29 23 24.
Bei Heinrich und Marga Sauer erhält man, im Original oder als Reproduktion, alles zum Thema Frankfurt: Zeichnungen, Kupferstiche, Gemälde, alte und neue Bücher, Landkarten und noch mehr.

Fundgrube

Wallstraße 9; Tel. 61 65 06.
Karl-Heinz Petris Laden sieht so aus, wie er heißt: In altertümlichen Auslagen ist betagtes Spielzeug aufgetürmt – Blechautos, Plüschtiere, Flugzeugmodelle, Eisenbahnen und vieles mehr, was Sammlerherzen höher schlagen läßt.

Mitsukoshi

Kaiserstraße 13; Tel. 29 30 86.
Ein kurioses Geschäft, direkt neben dem Porzellanladen „Meißen Mitsukoshi Haus". 90 Prozent der Kundschaft sind japanische Touristen, die hier einkaufen, was ihrer Meinung nach typisch ist für Deutschland und Europa: Bierkrüge, Geschirr, Bestecke, Nippes, dazu Lederwaren aus Italien, Mode aus Frankreich et cetera. Bei Mitsukoshi bekommen Sie alles unter einem Dach.

Märkte

Ob frisches Gemüse, Obst oder duftende Gewürze, Hammelfleisch oder Bio-Wurst, Nudeln aus eigener Herstellung oder raffinierte Käsespezialitäten – das Angebot in der **Kleinmarkthalle**, Frankfurts beliebtester Einkaufsadresse für Lebensmittel in der Hasengasse zwischen Hauptwache und Dom, läßt kaum einen Wunsch unerfüllt. Geöffnet Montag bis Freitag 8–18 Uhr, Samstag 8–14 Uhr; an langen Samstagen 8–17 Uhr.
Wochenmärkte gibt es in mehreren Frankfurter Stadtteilen: den **Bornheimer Markt** auf der Bergerstraße in Höhe des Uhrtürmchens (Mittwoch 8–18 Uhr und Samstag 8–14 Uhr); den **Sachsenhäuser Markt** am Südbahnhof (Freitag 8–18 Uhr); den **Höchster Markt** in der Höchster Altstadt auf dem Parkplatz an der Antoniterstraße (Dienstag, Freitag und Samstag 8–13 Uhr); den **Niedereschbacher Markt** in der Einkaufspassage am Ben-Gurion-Ring (Freitag 8–18 Uhr); und den **Bockenheimer Markt** an der Bockenheimer Warte (Donnerstag 8–18 Uhr).
Jeden Samstag ist **Flohmarkt** auf dem Gelände des Sachsenhäuser Schlachthofs am Wasserweg (8–14 Uhr).

Wenn alles zu hat

Nicht näher definierte Ladenschlußregelungen für den Bereich des **Hauptbahnhofs** und der angrenzenden **B-Ebene** ermöglichen den Einkauf – in rund 70 Geschäften – auch zu ungewöhnlichen Tageszeiten. So bekommt man hier Lebensmittel werktags von 6 bis 21 Uhr, sonn- und feiertags ab 7 Uhr. Blumenläden haben täglich zwischen 6.30 und 21.30 Uhr (sonn- und feiertags 8–21 Uhr) geöffnet; auch die Buchhandlungen schließen erst um 21 Uhr. Und der Friseur in der B-Ebene ist täglich außer sonn- und feiertags zwischen 6.30 und 20.30 Uhr dienstbereit. Für Notfälle: Die Bahnhofsapotheke hat täglich geöffnet, von 6.30 (samstags, sonn- und feiertags 8) bis 21 Uhr.
Die Öffnungszeiten am **Rhein-Main-Flughafen**: Vor 8 und nach 21 Uhr verbietet das Gesetz Verkauf jeglicher Speisen und Güter. 13 Stunden am Tag aber bietet der Airport alles, was man im Leben so braucht: von der Taucherbrille bis zur Hi-Fi-Anlage.

Kneipen
Vorgestellt von Edith Kohn

Samstagnachts um eins beginnt für Türsteher Mahmoud die Stressphase. Dann fallen die Nachtschwärmer in Heerscharen ins **Cooky's** (Am Salzhaus 4) ein, und der schwarzhaarige Amateurringer aus dem Libanon hat Mühe, seine orientalische Gelassenheit zu bewahren. Ein Verzehrbon zu sechs Mark (freitags und samstags zwölf Mark) dient als Eintrittskarte für die unbestrittene Nummer eins unter Frankfurts Top-Läden. Hier trifft sich wochentags und sonntags bis vier, freitags und samstags bis sechs Uhr alles, was sich zur Szene zählt: von jungen Kreativen aus der Werbung über schwarz umflorte Kids bis hin zu angegrauten Alt-Linken. Wesentlicher Grund: Im Cooky's hört man „the best sound in town". Zwei weitere Besonderheiten: Das Restaurant im Séparée bietet für Nachtlokale erstaunlich billige und trotzdem gute Gerichte; serviert wird samstags bis sechs Uhr früh. Und montags ab ein Uhr gehen im Cooky's regelmäßig „live acts" über die Bühne: Underground, Gitarrenpop, Rockabilly und Hipp Hopp.

Auch das **Plastik** (Seilerstraße 34) hat an Wochenenden mit der Invasion aus den Vororten zu kämpfen; obwohl die Parkfläche vor dem klassizistischen Schmuckbau selbst während der Woche von Porsche- und aufgemotzten Golf-Karossen blockiert wird. Besucher sollten mindestens im Armani-Look auftauchen, um vor der kritischen Blicken bestehen zu können. Wer die Diskothek betritt, dem drängt sich stets der gleiche Gedanke auf: Alles sieht so aus, als seien die alten Herrschaften gerade verreist und die Kids feierten eine Riesen-Party. Getränke werden, wie es der Name verheißt, stilecht in Plastikbechern serviert; gehobene Fastfood-Küche bietet das Bistro im ersten Stock. Jeweils mittwochs trifft man sich zum „Nachtcafé": Tänzer, Musiker und andere Künstler unterhalten das Publikum bis zum Morgengrauen – wenn die Stimmung stimmt.

Noblesse oblige – auch für die Besucher des **Le Jardin** (Kaiserhofstraße 6): Hier tummelt sich überwiegend schickes Publikum, das die Zeche mit Kreditkarte statt mit Bargeld begleicht.

Wen es dort langweilt, der swingt hinüber auf die andere Straßenseite ins **Chamäleon** (Kaiserhofstraße 13). Den „beautiful people" aus allen Altersgruppen, die sich trotz qualvoller Enge formvollendet aneinander vorbeischieben, wird auf Wunsch bis Viertel vor eins auch ein Menü aus der **Leiter** im Stockwerk darüber serviert.

New Yorker Disco-Flair umgibt den Gast im **Construction five** (Alte Gasse 5) – allerdings nur für Angehörige des männlichen Geschlechts. Ausgleich schafft das **Blue Moon** (Eckenheimer Landstraße 86) – hier treffen sich auf engem Raum die Damen.

Ruhig und im klassischen Sinn gepflegt geht es nach eins in den Bars der Innenstadt zu, etwa im **St. John's Inn** (Großer Hirschgraben 20). Besonders für Messebesucher hat sich dieses Lokal zu einer Institution entwickelt. Whisky-Kenner kommen hier voll auf den Geschmack: Ausgefallene Sorten läßt der Inhaber eigens importieren. 300 bis 400 angebrochene Flaschen, für Stammgäste in Reserve gehalten, reihen sich auf den Regalen hinter der Theke, jede mit Namensschild. Garantiert ein Jahr lang werden sie für den Gast aufgehoben. Bis halb vier Uhr besteht überdies die Möglichkeit, in der gediegenen, betont britischen Atmosphäre zu speisen.

Wie in fast jeder Frankfurter Nachtbar, muß auch an der Pforte zum **John's Place** (Steinweg 7) um Ein-

Hier singt der Chef: »John's Place«

laß geklingelt werden. Zwar ist der Krawattenzwang längst abgeschafft, Jeans sind nicht mehr verpönt, doch wenigstens ein Jackett sollten die Herren schon tragen. Auch für weibliche Nachtschwärmer ist das ein guter Platz: Inhaber John Paris sorgt dafür, daß Damen ohne Begleitung nicht ungebeten behelligt werden. Der frühere Hörfunkmoderator und Profi-Chansonnier gönnt seinen Gästen neben allabendlichen Gesangseinlagen auch diverse kulinarische Spezialitäten. Besonders empfehlenswert: Steaks oder Garnelen, die der Gast selbst am Tisch auf heißen Steinen grillt – bis vier Uhr.

Außen Klassik, innen Plastik: das »Plastik« ist ein In-Treff wie die »Bar Oppenheimer«, wo Yuppies auf kleinem Raum große Welt spielen

Ein Klassiker unter den „Fühl-dich-wie-zu-Hause-Clubs" ist **Jimmy's Bar** im Hotel Hessischer Hof gegenüber dem Messegelände (Friedrich-Ebert-Anlage 40). Unter der Blattgolddecke ist es selten voll, dafür sind die Gäste international, und die fast 200 Cocktailvarianten werden von Könnerhand gemixt. Wer irgendwann dem beliebten Buddha aus Meißner Porzellan in der Vitrine nicken sieht, ist nicht unbedingt der Wirkung seiner Drinks erlegen: Der Barkeeper macht sich ab und zu einen Spaß daraus, beschwipste Gäste per Knopfdruck zu irritieren.

Jene, die nach einem kräftigen Kontrast suchen, können bis vier Uhr früh im **Capt'n Cook** vor Anker gehen, einem holzgetäfelten Tanzlokal. Das Nachtbar-Schiff ankert seit Jahren an der Friedensbrücke auf der Sachsenhäuser Mainseite und bietet internationale, vorwiegend italienische Küche. Wer bei Ladenschluß immer noch nicht genug hat, wechselt ins Sündenviertel – **Henry's Pinte** (Moselstraße 47) macht's bis sechs Uhr möglich.

Szene-Treffs

„Die Szene" hat sich in den letzten Jahren stark gewandelt. Was einst scharf in „etabliert" und „alternativ" getrennt war, findet heute in friedvollem Nebeneinander am Tresen Platz.

Bar Oppenheimer
Oppenheimer Straße 41
Tel. 62 66 74.
In dem langgestreckten, kaum drei Meter breiten Raum können die Gäste nur stehen. Das Lokal gilt als die eleganteste Trinkhalle Frankfurts. Geöffnet täglich 20–1 Uhr, Freitag und Samstag bis 2 Uhr; während der internationalen Messen täglich bis 4 Uhr.

Café-Bar
Schweizer Straße 14
Tel. 62 23 93.
Das kühl und in Schwarz gehaltene Etablissement in einem denkmalgeschützten Raum dient tagsüber den Kreativen aus den umliegenden PR-, Werbe- und sonstigen Agenturen als Ort kurzer Entspannung. Abends tummeln sich hier Schrille und auch einige Schöne. Geöffnet täglich 12–1 Uhr, Samstag und Sonntag 14–1 Uhr.

Eckstein
An der Staufermauer 7
Tel. 28 75 20.
Cool gestyltes Bistro mit mehrheitlich in Schwarz gehülltem jungen Publikum. Hier trifft sich die Neo-

Expedition ohne Beispiel

Sie gehörten zu den letzten weißen Flecken der Erde: die Tafelberge an der Nordgrenze des Amazonasbeckens. Mit waghalsigen Hubschrauberflügen erreichte die GEO-Expedition diese völlig eigenständigen Inselwelten der Natur, in denen die Ur-Zeit stehengeblieben zu sein scheint. Das Buch beschreibt die Abenteuer der Expedition und präsentiert deren Entdeckungen: unbekannte Tier- und Pflanzenarten, lebende Fossilien und nie gesehene Landschaften.

Uwe George
Inseln in der Zeit
Venezuela. Expeditionen zu den letzten weißen Flecken der Erde. 384 Seiten mit rund 400 farbigen Abbildungen, Format 20,5 x 28 cm, Leinen, DM 98,-.

Abrufkarte auf Seite 211

Bedroht uns der Islam?

Kaum eine andere Religion hat heute soviel Einfluß auf das Weltgeschehen wie der Islam.
Seit rund 1400 Jahren übt er eine ungebrochene Faszination auf die Menschen aus, und ebenso lange hält der Siegeszug der Muslime an. Was sind die Gründe, und warum stößt der Islam in der christlichen Welt oft auf Unverständnis und Vorurteile?
Karl Günter Simon bereiste zahlreiche islamische Länder, um Antworten darauf zu finden, und schrieb ein fesselndes Buch, das opulent bebildert und mit vielen historischen Rückblicken und Vergleichen zum Christentum einen tiefen Einblick in die arabische Seele gewährt. Es ist ein Schlüssel nicht zuletzt auch zum Verständnis aktueller Vorgänge im Nahen Osten.

Karl Günter Simon
Islam
Und alles in Allahs Namen. 364 Seiten mit 315 farbigen Abbildungen, Format 20,5 x 28 cm, Leinen, DM 98,-.

Szene aus Kunst, Musik und ambitioniertem Lifestyle. Von Zeit zu Zeit gibt's im Keller Veranstaltungen und Ausstellungen. Tagsüber und vor 21 Uhr eine herrlich ruhige Adresse, danach meist brechend voll.
Geöffnet Montag bis Donnerstag 11–1 Uhr, Freitag und Samstag 11–2, Sonntag 18–1 Uhr.

Gegenwart
Bergerstraße 6; Tel. 497 05 44.
Das helle, geräumige Café/Bistro hat es innerhalb kürzester Zeit zum In-Schuppen gebracht. Ordentliches Essen und ansprechendes Ambiente. Zum Publikum gehören Ökos und Schickis gleichermaßen. Geöffnet Montag bis Donnerstag 9–1 Uhr, Freitag 9–2 Uhr, Samstag 10–2 Uhr, Sonntag 10–1 Uhr.

Größenwahn
Lenaustraße 97; Tel. 59 93 56.
Der Renommierbetrieb der Frankfurter Szene-Gastronomie bietet in seinem Etablissement gutes Essen, viel Lärm und verräucherte Luft. Wer in Ruhe speisen will, kommt am besten vor 20 Uhr. Tip für Sonntag nachmittags: Cappuccino und ein Stück Himbeertorte mit Schlagsahne.
Geöffnet täglich 16–1 Uhr, Sonntag 10–1 Uhr.

Sonus
Bockenheimer Anlage 1a
Tel. 596 25 25.
Der kunstvoll gestaltete Treffpunkt für angewandte Eitelkeit bietet wenig Besonderes, außer daß ein großer Teil seiner meist jugendlichen Besucher sich selbst für außergewöhnlich genug hält.

»Sonus«-Gäste: Das Ambiente fördert die Möglichkeiten effektvoller Selbstdarstellung

Für den Nervenkitzel ein neues Zuhause
Ungeschminkte Wahrheiten, waghalsige Darbietungen, knisternde Erotik – all das soll der »Tigerpalast« bieten, Frankfurts junges Varieté

Nachtleben! Das Wort läßt an rotes Barlicht denken, an Schweiß und schnelles Geld. Manchmal soll es zu schnell verdient werden, dann ist ein Schwerverletzter oder gar ein Toter zu beklagen. Schon lange ist es her, daß die Frankfurter Zeitungen über nächtliche Geschehnisse berichtet haben, bei denen man gern dabeigewesen wäre. Zu viele „Mackies" haben mit ihren Messern ruiniert, was in den zwanziger und dreißiger Jahren untrennbar zum Nachtleben gehörte: das Varieté, Bühne für schillernde Unterhaltung, Schauplatz für Zauberei und Sensationen.
Aber an der Heiligkreuzgasse 20, zwischen dem Gerichtsviertel und Frankfurts zukünftigem Erotik-Großmarkt an der Breiten Gasse, hängt seit Anfang Oktober 1988 ein Schild: „Tigerpalast". Unscheinbar an einem Hinterhof gelegen, beherbergt das ehemalige „Ballhaus" nach 60 Jahren Heilsarmee nun eine sündige Besonderheit: ein Varieté, wie es nach Kriegsende in Deutschland keines gegeben hat; einen großen Saal mit Tischen für etwa 180 Gäste, eine Bar, ein Restaurant im Gewölbekeller. Kein Plüsch, kein Neon – gediegene Eleganz empfängt die erlebnishungrigen Nachtschwärmer.
Viele Zweifler mußten überzeugt werden, bevor der Pfarrerssohn und Ex-Sponti Johnny Klinke und sein Teilhaber, der Kabarettist Matthias Beltz, ihren Traum realisieren konnten: eine Bühne für das heikle Thema „Nacht in der Großstadt".
Einen ähnlichen Ort gab es schon einmal in Frankfurt, größer und feudaler, gegenüber vom Hauptbahnhof gelegen: das „Schuhmanntheater". Vergleichbar vielleicht noch dem Berliner „Wintergarten", war das Schuhmanntheater bis zu seiner Zerstörung 1944 ein Zentrum großstädtischer Unterhaltungskultur. Bald nach Bekanntwerden der Plä-

---

Seit 100 Jahren Ihr Hotel in Frankfurt am Main

HOTEL CONTINENTAL

Baseler Straße 56, 6000 Frankfurt am Main 1
Telefon 069/23 03 41, Telex 4 12 502, Fax 069/23 29 14

HOTEL Hardtwald

Umgeben von alten Baumriesen, in eigenem Park, mitten im Walde liegt das Hotel Hardtwald. Eine Oase der Ruhe und Behaglichkeit, nahe der Stadt. 65 Betten in ansprechenden, sehr geschmackvoll eingerichteten Gästezimmern und Appartements. Rustikaler Gastraum, Hochzeitsraum, Hessenstube mit Kamin, Hardtwaldstube, grosser Garten und Terrasse. Lobenswertes Restaurant und Café. Mehrfach preisgekrönter Blumenschmuck.
Individuell eingerichtete Gästezimmer mit Selbstwahl-Telefon, Minibar und TV, vorwiegend mit Balkon.
Besitz Familie Scheller-Kurze
Philosophenweg, 6380 Bad Homburg v. d. H.
Tel.: 06172/2 50 16-7-8
ab März 1989: 06172/8 10 26-7-8
Telex: wotel 410 594

АЭРОФЛОТ *Soviet airlines*

Frankfurt-Moskau täglich mit günstigen Anschlüssen nach

Afrika, Süd-Ost-Asien, Fernost, Karibik, Lateinamerika

Aeroflot Soviet Airlines
Wilh.-Leuschner-Str. 41
Tel: 069-23 07 71-4

GALERIE GRES

Eschersheimer Landstraße 94
(Ecke Fürstenberger Straße)

6000 Frankfurt a. M. 1

Telefon (0 69) 59 92 02

– Moderne Kunst –

INFO

ne, mit dem „Tigerpalast" die Vergangenheit wiederaufleben zu lassen, erinnerten sich alte Frankfurter Bürger an die beste Revue der Stadt. Sie schrieben wehmütige Briefe: „Mein Mann ist schon 24 Jahre lang tot, aber ich weiß noch genau, wo der Tisch stand, an dem wir uns kennenlernten."

Anknüpfend an die einstige, von Kriegstrümmern, Wirtschaftswunder und Fernsehkultur verschüttete Unterhaltungstradition, soll im Tigerpalast die Nacht wieder zur flitternden Attraktion für die postmodernen Kinder der Großstadt werden: Menschen, Körper, Sensationen – Nervenkitzel durch kontrolliertes Risiko; und das zweimal pro Abend bis früh in den Morgen. Nüchtern haben der Kabarettist und sein Direktor die Lücke im Lebensgefühl der Metropolenbewohner ausgemacht: Die Lust auf Abenteuer im Alltag, die Sehnsucht nach intelligenter Unterhaltung und „gepflegter" Erotik, kurz „all das, was auch wir erwarten von der Stadt, in der wir leben".

An eine nostalgische Neuauflage alter Varieté-Seligkeit ist allerdings nicht gedacht. Vielmehr trägt das „Tigerpalast"-Konzept den veränderten Bedürfnissen einer urbanen Gesellschaft Rechnung. Mit hellwachen Kabarettisten, Akrobaten des Wortes, neben sagenhaften Körperkünstlern, Zauberern und Jongleuren. Ungeschminkte Wahrheiten im Duett mit waghalsigen Darbietungen und schillernden Verführungen: So möchte Johnny Klinke am liebsten die ganze Stadt gestalten.

Wenn nun an den Wochenenden Tanzpaare im Tango-Takt über das Parkett des „Tigerpalasts" wirbeln, sorgen aneinanderreibende Stoffe und schmachtende Blicke für ballhaustypisches Knistern, wächst die Erinnerung an die verlorengegangene Kultur öffentlicher Erotik. Denn übriggeblieben ist vom einstigen Nachtclub-Entertainment meist nur Nepp im Umfeld von „Sex and Crime". Wer davon unbehelligt bleiben will, bleibt zu Hause und schaltet den Fernseher ein, wenn Anzügliches auf dem Nachtprogramm steht.

Klinkes Entwurf trifft da wie ein Regenguß auf die Dürrezone unserer Unterhaltungslandschaft. Sein Vorhaben ist eine ideologische Offensive mit erhoffter Breitenwirkung: Dabei verschränken sich die Interessen des einstigen Straßenkämpfers durchaus mit denen konservativer Stadtväter. Ihnen kann ein stilvolles und seriöses Varieté nur recht sein; sie haben es entsprechend gefördert. Auch die Architekten des neuen Glanzes wissen: Eine Stadt lebt nicht nur von Arbeit und Geld. Wo einerseits das Kapital und andererseits die gnadenlose kulturelle Behäbigkeit regieren, kam kluge Unterhaltung bisher viel zu kurz. Der „Tigerpalast" ist eine Alternative: zu Frankfurts Initiationsritus im Dreivierteltakt, dem Opernball, zu den wenigen subkulturellen Nischen und erst recht zu Discopop und Apfelwein-Gemütlichkeit. Mit Tango, Kabarett und Zauberei soll die Stadt nun auch nachts Metropole sein.

Hartwin Möhrle

Johnny Klinke präsentiert den Unterhaltungstempel vor der Vollendung

---

Immobilienservice der neuen Generation

Im Zentrum von Frankfurt, einer Stadt, die seit dem Wiederaufbau schlechthin für Banken und Immobiliengeschäfte steht, hat sich ein Maklerteam zusammengefunden, das neue Wege geht. Wir setzen nicht auf Insertion allein, sondern erwerben das Vertrauen der Kunden durch persönliche Kundenbetreuung, diskrete Verhandlungsführung sowie innovative Ideen zur weiteren Verwertung der Liegenschaften. Oft fehlt eine zündende Idee, und die scheinbar unverkäufliche Immobilie wird ein attraktives Angebot. Nutzen Sie unsere Kontakte und Erfahrung, wenden Sie sich an uns – wir helfen gern.

Schünke Immobilien
Inh.
Dipl.-Ing. A. Schünke
Zeil 22
6000 Frankfurt 1
Telefon: 0 69/2 00 82-87
Telefax: 0 69/2 00 85

Mitarbeiter von Schünke Immobilien

Erleben Sie
einen gediegenen Hauch
von gestern
in Harmonie mit dem Komfort
von heute
bedacht auf Ihre Wünsche
von morgen

HOTEL HESSISCHER HOF

6000 Frankfurt am Main 1
Friedrich-Ebert-Anlage 40
Telefon: (0 69) 7 54 00
Telex: 4 11 776 hesho d
Telefax: (0 69) 75 40-924

Geöffnet Montag bis Donnerstag 11.30–15 und 17–1 Uhr, Freitag bis 2 Uhr, Samstag und Sonntag 17–2 Uhr.

Stattcafé
Grempstraße 21; Tel. 70 89 07.
„Ich bin nur unverkrampft, dort wo mein Müsli dampft." In dem heimeligen Café im Uni-Stadtteil Bockenheim ist die Szene-Welt noch einigermaßen in Ordnung.
Geöffnet 10–20 Uhr, Mittwoch bis 24 Uhr, Donnerstag geschlossen.

Strandcafé
Koselstraße 46; Tel. 59 59 46.
Seit den siebziger Jahren scharen sich hier die verunsicherten Ex-Straßenkämpfer trostsuchend und -spendend umeinander und bilden am Tresen eine der letzten Sponti-Bastionen. Auch die ehemaligen Fürsten der Bewegung halten hier Hof – am Samstagnachmittag, nach einem zum Ritual gewordenen Fußballspiel.
Geöffnet täglich 9–14 Uhr.

TAT-Café
Eschersheimer Landstraße 2 Tel. 15 45-113.
Nicht nur nach den Theatervorstellungen im gleichen Haus eine beliebte Innenstadt-Adresse. Gleichzeitig ein kleiner Aufführungsort.
Geöffnet bis zum 1. November täglich 17–2 Uhr; danach 10–2 Uhr, Samstag 11–2 Uhr, Sonntag 15–2 Uhr.

Freizeit
Auslauf

Das Image der Stadt ist in Beton, Stahl, Asphalt gegossen, und die Optik der städtischen Informationsbroschüren stärkt dieses Bild. Und doch: Es gibt sie, die grünen Lungen, und es sind sogar mehr, als man auf Anhieb denken mag. Eine Auswahl hat GEO auf Seite 84/85 vorgestellt.
Zwei weitere grüne Adressen sind der **Botanische Garten** der Universität (Tel. 798 47 63) neben dem Palmengarten, der täglich von 9–18 Uhr, an Sonn- und Feiertagen von 9–13 Uhr geöffnet und von Ende Oktober bis Mitte März geschlossen ist. Ganz im Westen, im Stadtteil Schwanheim und schon im Angesicht des Hoechst-Fabrikgeländes, liegen die **Schwanheimer Dünen**. Dieses Naturschutzgebiet, Lebensraum seltener Pflanzen und Vögel, wird streng überwacht: Spaziergänger dürfen die markierten Wege durch die Wanderdüne nicht verlassen.

Bundesgartenschau

Höchstleistungen der Gartenbaukunst darf man vom 28. April 1989 an bestaunen, wenn die 20. Bundesgartenschau in Frankfurt eröffnet wird. Das 90 Hektar große Ge-

Selten goldene Schüsse

»Eintracht« – das ist seit 25 Bundesligajahren Fußball nach dem Motto: immer schön – und brav

„Hern Se mer uff", sagt der Mann an Moppels Tresen in der Leerbachstraße und gibt damit zu erkennen, daß er wenig Lust verspürt, über ein Thema zu sprechen, das in Frankfurt anscheinend keines mehr ist: die „Eintracht".
Zwar hat Fußball in der Stadt am Main nach dem Krieg nie die große Rolle gespielt wie im Kohlenpott, in München oder auch in Hamburg, aber es war früher öfter und leidenschaftlicher die Rede von den – nach ihrem Vereinswappen so benannten – Adlerträgern. Die Frankfurter haben kein sonderliches Interesse mehr am Kampf Mann gegen Mann ums runde Leder. Nur noch ein Drittel der Bevölkerung verdient Geld mit seiner Hände Arbeit, die anderen sind Büromenschen oder im weiteren Sinne Dienstleistende. Dem Fußball aber haftet nach wie vor der Ruch des „Proletensports" an: blaue Flecken für den, der ihn aktiv betreibt, oder eine Bierdose in den Nacken dessen, der passiv auf dem Rang steht – kein Thema für die Banken-Yuppies.
Die Jungen spielen Tennis, wie ihre beliebten Väter; oder gar schon Golf, wie die rüstigen Großväter. Der weiße und der grüne Sport haben Zukunft, längst sind sie Teil des Business geworden. Geschäftsabschlüsse macht man heute am 9. Loch und nicht mehr in der Sportfeld-Gaststätte nach einem Eintracht-Sieg – zumal es im Waldstadion mit dem Siegen schon seit Jahren nicht mehr recht klappen will.
Und das ist wohl der noch näher liegende Grund für die allgemeine Verdrossenheit. Abgesehen von den Erfolgen im Pokalwettbewerb des Deutschen Fußball-Bundes und im UEFA-Cup, liegt der letzte ganz große Sieg bald 30 Jahre zurück: 1959 gewannen die Frankfurter in einem mitreißenden Endspiel in Berlin gegen den Erzrivalen Kikkers Offenbach mit 5:3 die Deutsche Meisterschaft – die Stadt stand kopf. 650 000 Einwohner zählte sie damals – und 350 000 von ihnen säumten die Straßen zu einem triumphalen Empfang. Im Jahr darauf gelang den Riederwäldern – das Vereinsstadion liegt noch heute im Vorort Riederwald – zwar nicht der Sieg, aber doch ein unerhörter Erfolg. Als erste deutsche Mannschaft zogen sie in ein europäisches Pokalfinale ein. Die Eintracht verlor in Glasgow gegen Real Madrid mit 3:7, aber das war, gemessen an den Spielkünsten des vielfachen spanischen Meisters, nichts Ehrenrühriges.
Seit Gründung der Bundesliga, 1963, zählt die Eintracht neben dem HSV, dem 1. FC Köln und dem 1. FC Kaiserslautern zu den Vereinen, die ohne Unterbrechung in der obersten Klasse kicken. Die Frankfurter erspielten sich schnell den Ruf der „Diva vom Main", der die Kritik immer hohes technisches Können, aber mangelnden Kampfgeist nachsagte. Daran hat sich im Grunde bis heute nicht viel geändert. Grandios herausgespielten Siegen folgte auf dem Fuß oft schlichtes Versagen.
Viele Jahre wurde die Mannschaft geprägt von den auch international anerkannten Stars Jürgen Grabowski und Bernd Hölzenbein. Doch trotz dieser Glanzpunkte in der Vereinsgeschichte blieb die Eintracht im Bundesliga-Alltag gegenüber den Clubs aus anderen Großstädten immer nur bessere Mittelklasse. In den Endkampf um den Meistertitel hat sie nie mehr ernsthaft eingegriffen.
Dagegen ging es außerhalb des Spielfeldes oft recht stürmisch zu. Nach Jahren stetiger und ruhiger Vereinsführung kam es Anfang der Achtziger zu heftigen Turbulenzen auf den Hauptversammlungen. Über den Adlerträgern kreiste unübersehbar der Pleitegeier. Aber auch diese Krise wurde überstanden, denn Geld gibt es heute mehr denn je in der Stadt. Von Spendengeldern, wie bis Anfang der dreißiger Jahre, kann der Club heute allerdings nicht mehr leben. Zwar

Lajos Detaris »Judaskuß«: nach dem Pokaltriumph den Klub verlassen

lände liegt innerhalb des fast doppelt so großen, in den Nidda-Auen im Frankfurter Nordwesten entstehenden „Volkspark Niddatal". Herzstück der BUGA '89 wird die „Schau der Gärten" mit 21 Haus-, Themen- und Charaktergärten sein. Vom Aussichtsturm aus 58 Meter Höhe blickt man hinunter auf die ganze grüne Pracht und auf den künstlich angelegten Bachlauf, der das Areal auf einer Länge von zweieinhalb Kilometern durchfließt und an die ursprüngliche Auenlandschaft erinnern soll. Weitere Attraktionen werden die 19 wöchentlich wechselnden Hallenschauen sein, die, beispielsweise, Wissenswertes über Balkonschmuck, Ikebana oder Hydrokultur vermitteln. Ein Rah-

wird auch jetzt noch von Zeit zu Zeit in den einschlägigen Lokalen der selbsternannten Tribünenprominenz – etwa in der „Leiter" oder im „Jardin" – ein Tausender zur Sponsorship rübergeschoben, aber solide bilanzieren läßt sich damit natürlich nicht. Zumal diese „Spenden" nicht unbedingt geeignet sind, den lädierten Ruf des Vereins als seriöses Element städtischen Lebens aufzupolieren.

In jüngerer Zeit allerdings schien die Eintracht wieder etwas besser vor dem Wind zu liegen. In der Mannschaft spielten einige bemerkenswerte Spieler, man denke nur an die zu Leverkusen gewechselten Bum Kun Cha und Ralf Falkenmayer. Zuerst als Riesen-Flop abgeschrieben, dann aber ganz groß eingeschlagen hatte in der ungarische Ballkünstler Lajos Detari. Er bot Fußball in klassischer Eintracht-Manier: technisch perfekt mit kleinem Hang zu Allüren. Noch nie hatte ein Bundesliga-Verein für einen ausländischen Spieler soviel bezahlt wie für Detari. Doch schien er die 3,5 Millionen Mark wert zu sein: Mit ihm gewannen die Frankfurter Kicker das Pokalfinale 1988. Und der goldene Schuß kam von Detari.

Es war sein Abschiedsgeschenk. Denn während die Eintracht-Fans wieder von internationalem Ruhm träumten, machte sich Detari nach nur zwölfmonatigem Gastspiel am Main urplötzlich auf und davon. „Olympiakos Piräus" soll 15 Millionen Mark für den Transfer hingeblättert haben. Detaris Hinterlassenschaft: eine Menge Geld – und sehr viel böses Blut. *Frank Gotta*

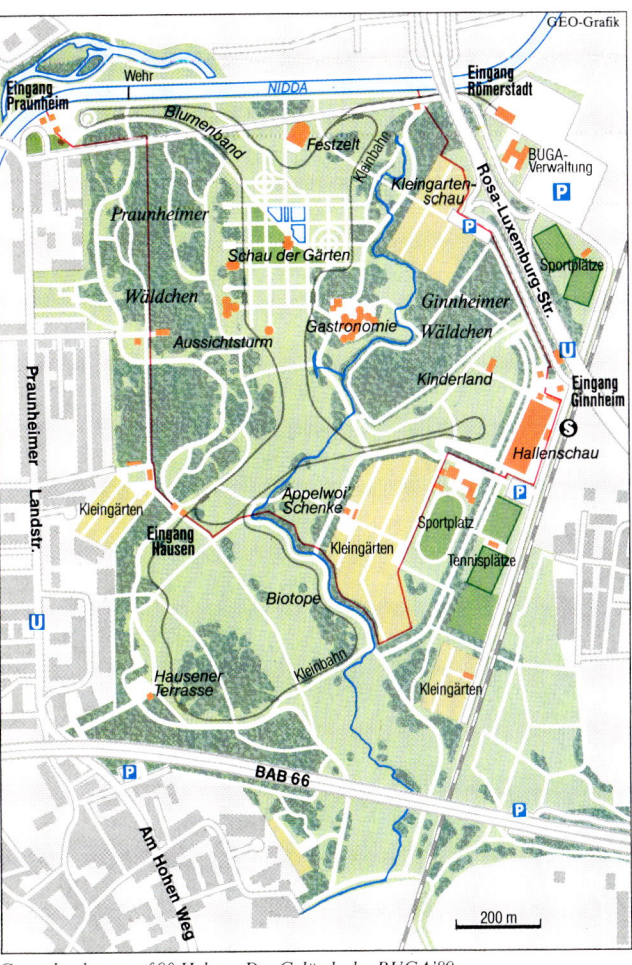

Gartenbaukunst auf 90 Hektar: Das Gelände der BUGA '89

menprogramm von über 3000 Einzelveranstaltungen – kulturellen Darbietungen, Fachvorträgen, Kongressen – komplettiert die grüne Schau. Eine Eintrittskarte – 12 Mark kostet die Tageskarte für Erwachsene – berechtigt zum Besuch aller Veranstaltungen auf der BUGA '89 und zur Hin- und Rückfahrt im gesamten Gebiet des Verkehrsverbundes. Nach dem 15. Oktober werden Turm, batteriegetriebene Kleinbahn, Restaurantzelte und die anderen Einrichtungen wieder abgebaut; den Frankfurtern bleibt von der 200-Millionen-Schau ein „renaturierter" Bürgerpark. Informationen über die BUGA '89: Tel. 53 09 06-0.

Sportliches

Kompetente Auskunft über Sportstätten und Möglichkeiten, selber aktiv zu werden – ob nun beim Golf oder Bowling, Squash oder Rollschuhlauf –, gibt das Sport- und Badeamt der Stadt, Tel. 212-35 65.

Baden gehen

Brentanobad
Rödelheimer Parkweg
Tel. 78 36 95.
Ein Parkbad mit einer großen, teils von alten Bäumen beschatteten Liegewiese, auf der sich im Sommer ganz Frankfurt tummelt: von der trendgerecht vorgebräunten Grazie bis zum rüstigen Mittsiebziger.

Rebstockbad
August-Euler-Str. 7
Tel. 70 80 78.
Nicht nur ein Hallenbad, sondern ein Freizeitzentrum im Rebstockpark: Wellenbad mit Palmenstrand, Schwimmkanal ins Außenbecken, schwungvoll gestylte Riesenrutsche, Planschpool, japanische Sauna, Solarium, Gymnastiksaal, Schnellrestaurant, Billardtische – die Zeit wird einem nicht lang.

Stadionbad
Mörfelder Landstraße 362
Tel. 67 80 40.
Einst ein schmuckloses Bad neben dem Waldstadion – bis es 1987 zum Wasser-Paradies aufgepeppt wurde: Riesenrutschbahn, Sprungbretter, Spaß-Becken, Liege- und Spielwiese, Ruhewiese und Kinderspielplatz garantieren gesteigerten Freizeitwert. Gleich nebenan: die 20 Tennisplätze im Waldstadion, auf denen jedermann für 14 Mark pro Stunde spielen darf.

Schlittschuhlaufen

Eissporthalle
Bornheimer Hang 4/Ratsweg
Tel. 41 91 41.
Die kunstvolle Beherrschung der schmalen Kufen vorausgesetzt, gleiten Sie zu Disco-Klängen beschwingt übers Eis – entweder in der Halle, wo sonst die Eishockeyprofis dem Puck nachjagen, oder auf dem 400-Meter-Oval im Freien. Von März bis Juli ist geschlossen, ab Mitte August gibt's täglich eine Laufzeit, im September und Oktober deren drei, und von Anfang November bis Ende Februar werden von 9–22.30 Uhr durchgehend Kurven und Pirouetten gedreht.

Zusehen

Rennbahn Niederrad
Schwarzwaldstr. 125
Tel. 67 70 18.
Profi- und Gelegenheitszocker oder einfach nur Pferdefreunde bevölkern Tribüne und Stehplätze. An 21 Renntagen werden zwischen Mitte März und Ende November etwa 200 Galopprennen ausgetragen, das höchstdotierte (250 000 Mark) geht im Juli um den Henry-M.-Betrix-Pokal.

Waldstadion
Mörfelder Landstr. 362
Tel. 67 80 40.
Eine der schönsten Sportstätten der Republik und alle 14 Tage Arena für die Profikicker der Frankfurter Eintracht. Richtig voll wird's im Stadion, das 61 000 Zuschauer faßt, aber meist nur bei Rockkonzerten im Sommer.

Hartwin Möhrle, 32, freier Journalist und seit zwölf Jahren in Frankfurt zu Hause, hat für GEO die Federführung bei der Erarbeitung dieses Infoteils übernommen. Weitere Mitarbeiter waren Walter E. Baumann, Bärbel Döring, Irmi Geldmacher, Bettina Höfling, Georg Simader. – Dokumentation des Infoteils: Carola Hilmes.

GEO 223

Das reinste Vergnügen. Platin.

Ist es nicht reizvoller, stets Dame zu sein, statt dann und wann Dame zu spielen. Und dabei Schmuck zu tragen, der nicht weniger fasziniert. Aus Platin, dem *kostbarsten* Schmuckmetall.

Strickcollier mit Anhänger aus mattiertem und poliertem Platin. Passend dazu Ring.

Sein besonderer Wert liegt in seiner *Seltenheit*: Erst zehn Tonnen Erz reichen für eine Unze Platin; lediglich einunddreißig Gramm. Mit dieser bemerkenswerten *Rarität* kann auch das gute, alte Gold nicht glänzen. Platin ist nun mal in jeder Beziehung das *reinste* Vergnügen. Und ein erfreulich individuelles Spiel mit Stil. Mehr über dieses edelste aller Edelmetalle sagt Ihnen Ihr Juwelier.
Oder die Platin Gilde International, GS, Postfach 101766, 6000 Frankfurt/Main 1.

ZU WISSEN ES IST PLATIN.

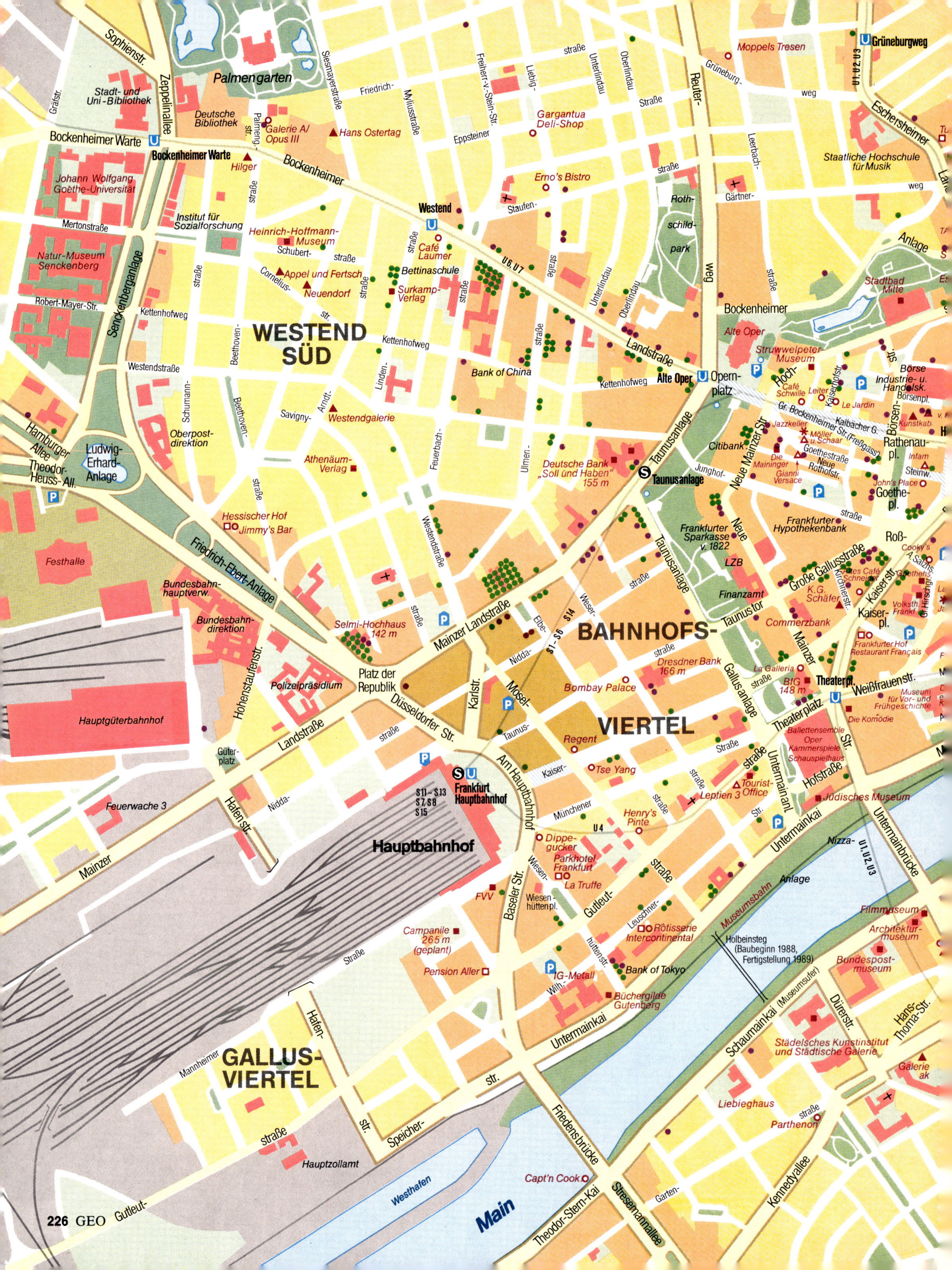
Sophienstr.
Palmengarten
Stadt- und Uni-Bibliothek
Gräfstr.
Zeppelinallee
Deutsche Bibliothek
Palmeng.-str.
Galerie A/ Opus III
Hans Ostertag
Siesmayerstraße
Friedrich-
Myliusstraße
Freiherr-v.-Stein-Str.
Liebig-
Unterlindau
Oberlindau
Straße
Reuter-
Moppels Tresen
Grüneburg-
weg
Grüneburgweg
U1, U2, U3
Eschersheimer
Staatliche Hochschule für Musik
Gargantua Deli-Shop
Eppsteiner
Bockenheimer Warte
Bockenheimer Warte
Hilger
Bockenheimer
Johann Wolfgang Goethe-Universität
Erno's Bistro
Staufen-
Leerbach-
straße
Gärtner-
weg
Westend
Mertonstraße
Institut für Sozialforschung
Heinrich-Hoffmann-Museum
Schubert-
straße
Café Laumer
U6, U7
Roth-
schild-
park
Anlage
Natur-Museum Senckenberg
Senckenberganlage
Cornelius-
Appel und Fertsch
Bettinaschule
Surkamp-Verlag
Neuendorf
Stadtbad Mitte
Robert-Mayer-Str.
Kettenhofweg
WESTEND SÜD
Kettenhofweg
Unterlindau
Oberlindau
Bockenheimer
Alte Oper
Landstraße
Struwwelpeter-Museum
Westendstraße
Beethoven-
Linden-
Bank of China
Kettenhofweg
Alte Oper
Opern-
platz
Hoch-
Café Schwille
Leiter
Börse
Industrie- u. Handelsk.
Börsenpl.
Le Jardin
Schumann-
Savigny-
Arndt-
Westendgalerie
Jazzkeller
Gr. Bockenheimer Str. (Freßgass)
Kalbacher G.
Möller
u. Schaar
Börsen-
Kunstkab.
Hamburger Allee
Ludwig-Erhard-Anlage
Oberpost-direktion
Beethoven-
Athenäum-Verlag
Feuerbach-
Ulmen-
Deutsche Bank „Soll und Haben" 155 m
Taunusanlage
Citibank
Neue Mainzer Str.
Goethestraße
Die Maininger
Gianni Versace
Neue Rothofstr.
Rathenau-pl.
Steinw.
Theodor-Heuss-All.
straße
Junghof-
Taunusanlage
John's Place
Goethe-pl.
Hessischer Hof
Jimmy's Bar
Festhalle
Westendstraße
Frankfurter Sparkasse v. 1822
Neue
straße
Frankfurter Hypothekenbank
Roß-
Cooky's
Friedrich-Ebert-Anlage
Taunusanlage
LZB
Große Gallusstraße
Altes Café Schneider
Kirchnerstr.
Kaiserstr.
Bundesbahn-hauptverw.
Weser-
straße
Finanzamt
K.G. Schäfer
Volksth. Frankf.
Bundesbahn-direktion
Selmi-Hochhaus 142 m
straße
Mainzer Landstraße
Elbe-
S1-S6
S14
BAHNHOFS-
Taunustor
Commerzbank
Kaiser-pl.
Frankfurter Hof Restaurant Français
Hohenstaufenstr.
Polizeipräsidium
Platz der Republik
Nidda-
Dresdner Bank 166 m
straße
Gallusanlage
Mainzer
La Galleria
straße
BfG 148 m
Theaterpl.
Weißfrauenstr.
Hauptgüterbahnhof
Düsseldorfer Str.
Karlstr.
Mosel-
Bombay Palace
Museum für Vor- und Frühgeschichte
Landstraße
Taunus-
VIERTEL
Theaterplatz
Die Komödie
Güter-platz
straße
Regent
Straße
Ballettensemble
Oper
Kammerspiele
Schauspielhaus
Feuerwache 3
Frankfurt Hauptbahnhof
S11 - S13
S7, S8
S15
Am Hauptbahnhof
Kaiser-
Tse Yang
straße
Hafenstr.
Nidda-
straße
Leptien 3
Tourist-Office
Untermainanl.
Hofstraße
Jüdisches Museum
Münchener
Henry's Pinte
Str.
Untermainkai
U4
Hauptbahnhof
Dippe-gucker
Parkhotel Frankfurt
La Truffe
Nizza-
U1, U2, U3
Untermainbrücke
Mainzer
Wiesen-
Baseler Str.
straße
Anlage
FVV
Wiesen-hüttenpl.
Gutleut-
Museumsbahn
Filmmuseum
Campanile 265 m (geplant)
Leuschner-
Rötisserie Intercontinental
Holbeinsteg (Baubeginn 1988, Fertigstellung 1989)
Architektur-museum
Straße
Pension Aller
hüttenstr.
IG-Metall
Bank of Tokyo
Bundespost-museum
Wilh.-
Büchergilde Gutenberg
Schaumainkai (Museumsufer)
Dürerstr.
Hans-Thoma-Str.
Hafen-
Untermainkai
Städelsches Kunstinstitut und Städtische Galerie
Mannheimer
GALLUS-VIERTEL
str.
Galerie ak
Liebieghaus
straße
Parthenon
str.
Speicher-
Friedensbrücke
straße
Hauptzollamt
Westhafen
Capt'n Cook
Kennedyallee
Main
Garten-
Theodor-Stern-Kai
Stresemannallee
Gutleut-

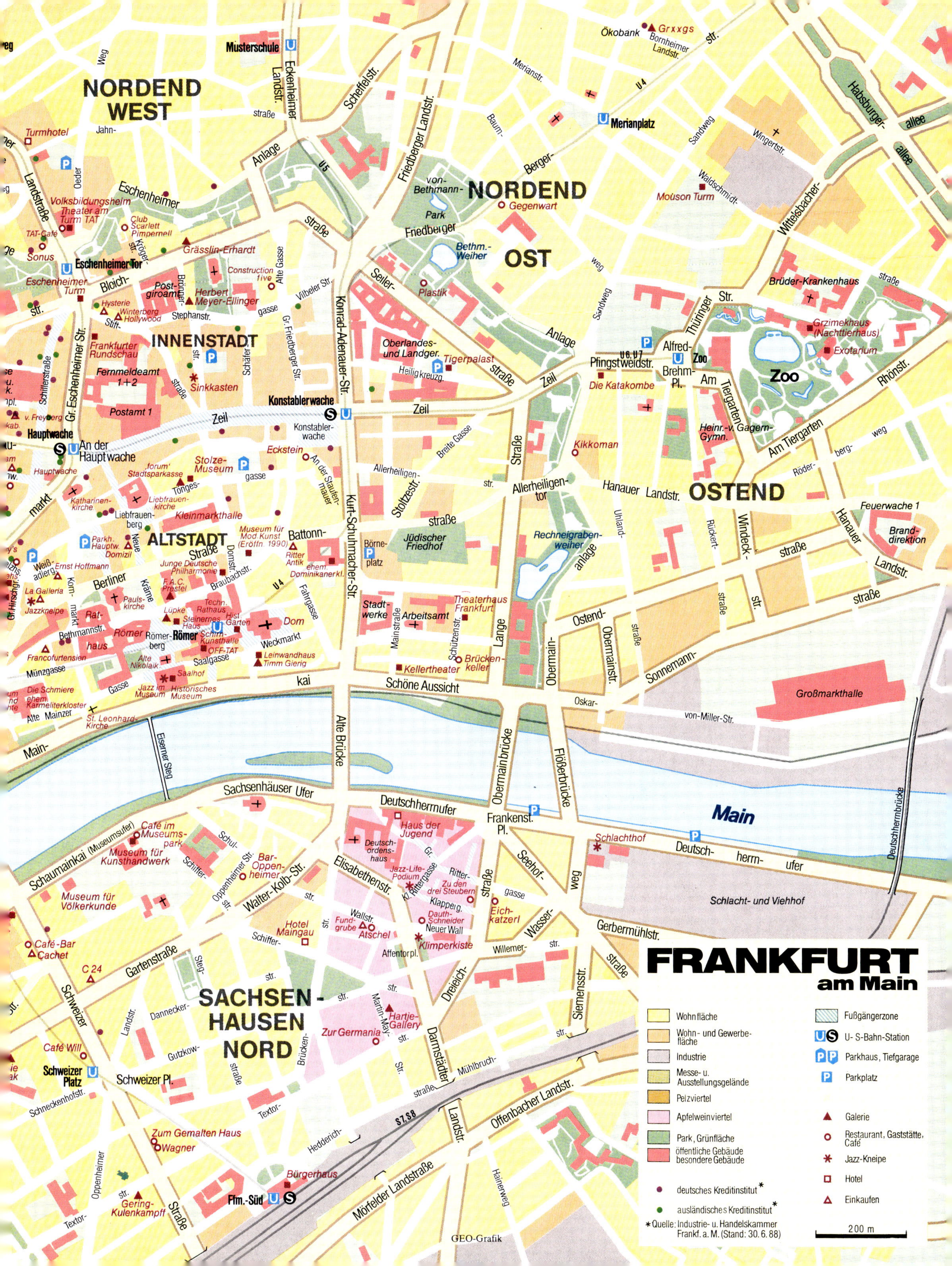
FRANKFURT
am Main
NORDEND WEST
NORDEND
OST
INNENSTADT
ALTSTADT
OSTEND
SACHSEN-HAUSEN NORD
Zoo
Main
Musterschule
Eckenheimer Landstr.
Scheffelstr.
Friedberger Landstr.
Merianstr.
Merianplatz
Ökobank
Grxxgs
Bornheimer Landstr.
Habsburger-allee
Wingertstr.
Sandweg
Waldschmidt-str.
Mouson Turm
Wittelsbacher-allee
Turmhotel
Jahn-
Oeder Weg
Eschenheimer Anlage
Volksbildungsheim
Theater am Turm TAT
TAT-Café
Club Scarlett Pimpernell
Sonus
Eschenheimer Tor
Eschenheimer Turm
Bleich-str.
Grässlin-Erhardt
Post-giroamt
Herbert Meyer-Ellinger
Construction five
Alte Gasse
Vilbeler Str.
Stephanstr.
Hysterie
Winterberg Hollywood
Frankfurter Rundschau
Fernmeldeamt 1+2
Postamt 1
Sinkkasten
Schillerstraße
Gr. Eschenheimer Str.
Gr. Friedberger Str.
Konrad-Adenauer-Str.
Konstablerwache
Zeil
Hauptwache
An der Hauptwache
v. Freyberg
von-Bethmann-Park
Gegenwart
Friedberger Anlage
Bethm.-Weiher
Plastik
Seiler-str.
Oberlandes- und Landger.
Tigerpalast
Heiligkreuzg.
Pfingstweidstr.
Die Katakombe
Alfred-Brehm-Pl.
Thüringer Str.
Brüder-Krankenhaus
Grzimekhaus (Nachttierhaus)
Exotarium
Am Tiergarten
Tiergarten-str.
Heinr.-v. Gagern-Gymn.
Rhönstr.
Röder-berg-weg
Kikkoman
Hanauer Landstr.
Feuerwache 1
Brand-direktion
Eckstein
Stolze-Museum
Tönges-gasse
forum Stadtsparkasse
Liebfrauen-kirche
Liebfrauen-berg
Katharinen-kirche
Kleinmarkthalle
Museum für Mod. Kunst (Eröffn. 1990)
Battonn-str.
Ritter Antik
ehem. Dominikanerkl.
Börne-platz
Jüdischer Friedhof
Allerheiligen-str.
Allerheiligen-tor
Stoltzestr.
Breite Gasse
Kurt-Schumacher-Str.
Rechneigraben-weiher
Uhland-str.
Rückert-str.
Windeck-str.
Ostend-str.
Obermainstr.
Obermain-anlage
Sonnemann-str.
Großmarkthalle
Oskar-von-Miller-Str.
Parkh. Hauptw.
Domizil
Ernst Hoffmann
Weißadlerg.
La Galleria
Jazzkneipe
Berliner Str.
Junge Deutsche Philharmonie
F.A.C. Prestel
Braubachstr.
Techn. Rathaus
Hist. Garten
Dom
Fahrgasse
Domstr.
Lüpke
Steinernes Haus
Schirn Kunsthalle
OFF-TAT
Römer
Römer-berg
Rathaus
Paulskirche
Bethmannstr.
Francofurtensien
Münzgasse
Alte Nikolaik.
Saalgasse
Saalhof
Leinwandhaus
Timm Gierig
Weckmarkt
Stadtwerke
Arbeitsamt
Theaterhaus Frankfurt
Kellertheater
Brückenkeller
Schützenstr.
Mainstraße
Lange Straße
Schöne Aussicht
Jazz im Museum
Historisches Museum
Die Schmiere
ehem. Karmeliterkloster
Alte Mainzer Gasse
St. Leonhard-Kirche
Main-kai
Eiserner Steg
Alte Brücke
Obermainbrücke
Flößerbrücke
Deutschherrnbrücke
Sachsenhäuser Ufer
Deutschherrnufer
Haus der Jugend
Deutschordenshaus
Frankenst. Pl.
Schlachthof
Deutsch-herrn-ufer
Schlacht- und Viehhof
Café im Museumspark
Museum für Kunsthandwerk
Schaumainkai (Museumsufer)
Schulstr.
Oppenheimer Str.
Bar-Oppenheimer
Walter-Kolb-Str.
Elisabethenstr.
Jazz-Life-Podium
Kl. Rittergasse
Zu den drei Steubern
Klapperg.
Dauth-Schneider
Neuer Wall
Wallstr.
Fundgrube
Atschel
Klimperkiste
Affentorpl.
Eichkatzerl
Seehofstr.
Wasserweg
Gerbermühlstr.
Willemer-str.
Museum für Völkerkunde
Hotel Maingau
Schifferstr.
Café-Bar Cachet
C 24
Gartenstraße
Dannecker-str.
Gutzkow-straße
Landstr.
Schweizer Str.
Café Will
Schweizer Platz
Schweizer Pl.
Schneckenhofstr.
Hartje-Gallery
Zur Germania
Martin-May-str.
Brückenstr.
Dreieichstr.
Darmstädter Landstr.
Textorstr.
Mühlbruchstr.
Offenbacher Landstr.
Siemensstr.
Hedderichstr.
Zum Gemalten Haus
Wagner
Bürgerhaus
Flm.-Süd
Gering-Kulenkampff
Oppenheimer Straße
Mörfelder Landstraße
Hainerweg
S7,S8
U4
U5
U6,U7
GEO-Grafik
Wohnfläche
Wohn- und Gewerbefläche
Industrie
Messe- u. Ausstellungsgelände
Pelzviertel
Apfelweinviertel
Park, Grünfläche
öffentliche Gebäude besondere Gebäude
deutsches Kreditinstitut*
ausländisches Kreditinstitut*
*Quelle: Industrie- u. Handelskammer Frankf. a. M. (Stand: 30.6.88)
Fußgängerzone
U- S-Bahn-Station
Parkhaus, Tiefgarage
Parkplatz
Galerie
Restaurant, Gaststätte, Café
Jazz-Kneipe
Hotel
Einkaufen
200 m

KANADA
Das nächste GEO-Special erscheint am 7. Dezember

»Kanata«, Dorf – so nannten Ureinwohner vom Stamm der Irokesen den Ort, an dem im 16. Jahrhundert französische Seefahrer landeten. »Die paar Morgen Schnee«, spottete später der Dichter Voltaire über die ersten europäischen Kolonien auf dem unwirtlichen Stück Erde. Doch aus dem belächelten Pionierland ist der zweitgrößte Staat der Welt geworden – ein Faszinosum, das bis heute voller Geheimnisse steckt. Vor allem die Weiten vom Atlantik bis zum Pazifik und zum Nordpolarmeer, dazu eine Natur wie aus Schöpferhand, haben die Menschen geprägt. Kanada – das ist ein Dorado für Eskapisten, doch zugleich Nährboden für Menschen der Tat, die heute vor allem nach urbaner Lebensqualität streben. Denn dieses Land ohne die bedrückende Enge anderer Kontinente hat nie den Blick in die Zukunft verstellt – und sich trotz mancher Probleme damit zu einem Magneten für Einwanderer gemacht. Bis heute aus über 80 Nationen.

Kanada – das sind ursprüngliche Landschaften wie die Rocky Mountains ...

... Menschen vieler Völker wie die Inuit, attraktive Städte wie Vancouver

---

Fotovermerke nach Seiten. Anordnung im Layout: l. = links, r. = rechts, o. = oben, m. = Mitte, u. = unten

Titel:
Rainer Drexel/Bilderberg
Seite 3: Frank Wache: o.; Renate v. Forster/Bilderberg: u.
Seite 4: Rainer Drexel/Bilderberg: l. o., l. m. u.; Anselm Spring: r. o.; Ferdinand Graf Luckner: l. m. o.; Renate v. Forster/Bilderberg: r. m. o.; Jochen Knobloch: r. m. u.; Henning Christoph: l. u.
Seite 5: Fred Prase: l. o.; Henning Christoph: l. m. u.; Hans-Joachim Ellerbrock/Gerd Schafft/Bilderberg: l. u.

»HIER SIND WIR ZU HAUSE«
Rainer Drexel/Bilderberg: 6–40

HOUSTON, BEI OFFENBACH
Anselm Spring: 44–55

MIT MACHT DURCH DIE WOLKEN
Wolfgang Wiese: 59

VON DER RENAISSANCE BIS ZUR PERSPEKTIVE 2000
Historisches Museum, Frankfurt/Margit Matthews: 60 o.; Stadtarchiv, Frankfurt/Stefan Kilian: 60 l. m. o., m. u., l. u.; Ferdinand Graf Luckner: 60 r. u.; Bernd Bauer/Saul Microfilm, Altenstadt: 61–64 (freigeg. durch Reg. Präs. Darmstadt Nr. 527/88); Hans-Jürgen Burkard/Bilderberg: 65 o.; Rainer Drexel/Bilderberg: 65 m. und u.

WO MERR AAN HINNE DIE BIND GIESST
Rainer Drexel/Bilderberg: 67

WOHIN MIT DER LUST?
Fred Prase: 68, 71, 72 o.; Erhard Pansegrau: 70; Andreas Pauly: 72 u.

DIE SCHEIN-WELT
Ferdinand Graf Luckner: 76–82, außer: Hans-Jürgen Burkard/Bilderberg: 82 u.

PARK-PLÄTZE
Renate v. Forster/Bilderberg: 84 l. o., 85 r. o. und r. m. o.; Herbert Fritz: 84 l. m. o.; Hans-Joachim Ellerbrock/Gerd Schafft/Bilderberg: 84 l. m. u., 85 l. o. und r. u.; Wolfgang Tscharnke: 84 l.; Rainer Kiedrowski: 84 r. m.; Timm Rautert/Visum Archiv: 84 r. u.; Wolfgang Lechtaler: 84/85 o.; Dirk Zimmer/Transglobe Agency: 85 r.

DURCH DIE SEELE GEHT EIN RISS
Renate v. Forster/Bilderberg: 86–94, außer: Rainer Drexel/Bilderberg: 94 r. u.

SPIELWIESE DER GEIST-REICHEN
Frank Wache: 97

10 000 SCHNELLE BRÜTER
Wulf Brackrock: 98–101 (Taschenrechner: Fa. Gärtner, Hamburg)

PLATZ DA! DER ZEITGEIST KOMMT.
Rainer Drexel/Bilderberg: 102–114, außer: Peter Flak: 114 l. u.; Renate v. Forster/Bilderberg: 114 r. u.

HESSELBACH HAT AUSGELACHT
Barbara Klemm/FAZ: 117

IMMER KÜHN NACH VORN GEKAUFT
Städelsches Kunstinstitut: 120 l., 123 r.; Privatsammlung Frankfurt: 120 m. o.; Städelsches Kunstinstitut/Ursula Edelmann: 120 m. u., 121 l. m. u., 122 r.; 123 l. m. o.; Heiner Blum: 120 u.; Jochen Knobloch: 121 o.; Degussa-Sammlung/Andreas Koschate: 121 m. o., 122 m. u.; Sammlung Kasack, Frankfurt/Lothar Schnepf: 121 m.; Städelsches Kunstinstitut/Frankfurter Künstlergesellschaft e. V.: 121 u.; Museum für Moderne Kunst, Frankfurt: 122 o., m. o., 124 o., m. o., u.; Museum für Moderne Kunst, Frankfurt/VG-Bild-Kunst, Bonn, 1988: 123 l. o.; Museum für Moderne Kunst, Frankfurt/© 1962 Andy Warhol: 123 l. m. u.; Sammlung K. Hartje, Frankfurt/M. Lukowski: 123 l. u.; Sammlung Carolin Neuendorf, Frankfurt/J. Littkemann: 124 u.; Joachim Lipp: 124 r. u.

PARTY FÜR SCHAUSTELLER UND VOYEURE
Erhard Pansegrau: 128, 132 u.; Henning Christoph: 130, 134; dpa/Fuehler: 132 o.

DOMIZIL DER »JATZER«
Michel + Kieser: 136; Archiv Heinrich Merkel: 137 o., l. u.; Calle Hesslefors: 137 r. u.

GI BLUES
Henning Christoph: 138–152, außer: Peter Hendricks/Fotoarchiv: 152 r. u.

PRO & CONTRA
Sven Simon: 154 l., 155 r.; dpa/Witschel: 154/155 u.; Abisag Tüllmann: 156/157

DIE MAUERBLÜMCHEN
Hans-Joachim Ellerbrock/Gerd Schafft/Bilderberg: 166–176

INFO
Manfred Hamm: 180/181 o.; Timm Rautert/Visum: 180 u., 186 o. und u., 202/203 o.; Erhard Pansegrau: 181 m. o., 182 r.; 188/189 u., 196 o., 202 l., 213 o.; Andrej Reiser/Bilderberg: 181 u., 214 l.; Ferdinand Graf Luckner: 182 l., 186 m., 190, 191 r. o., l. u. und r. u., 192, 194, 208 r., 218 o. und m.; Stadtarchiv, Frankfurt/Stefan Kilian: 183, 184 u., 185 l. u.; Wolfgang Lechtaler: 184 o.; Andreas Pohlmann: 185 o.; Rainer Drexel/Bilderberg: 185 u., 200 o., 202 r. u.; Michael Klennert: 189 o.; Renate v. Forster/Bilderberg: 189 m., 200 u., 203 r. m. o. und r. u., 206 u., 214 r., 216, 217, 221; Hans-Joachim Ellerbrock/Gerd Schafft/Bilderberg: 191 l. o.; Rolf Noack/Fa. Höhl, Hochstadt: 196 u.; Matthias Sauerbier: 198 l.; dpa/Muncke: 198 r.; Jochen Günther: 199 l.; Helmut Schmitz: 199 r.; Joke/Helga Lade: 203 u.; Tom Jacobi/Stern: 203 r. m. u.; Georg Riha: 203 l. u.; Heiner Blum: 204 l. und r. u., 206 l.; Ivan Nemec: 204 r. o., 218 u., 220; Mara Eggert: 208 l., 210 u.; Gert Weigelt: 210 o.; Calle Hesslefors: 213 u.; Sven Simon: 222; Hartwin Möhrle: 223 u.

VORSCHAU
Guido Mangold: 228

KARTEN/ILLUSTRATIONEN
Hans Traxler: 4 r. u., 160–165; Andreas Knoche: 5 l. m. o.; Borislav Sajtinac: 5 r., 97; Detlef Maiwald/Studio für Landkartentechnik: 182, 223, 226/227

REDAKTIONELLE MITARBEIT
Markus Dettmer

Einem Teil der Auflage liegen Prospekte für Mössinger und Gruner + Jahr AG & Co bei.